청소년을 위한
지금 시작하는
인문학 세로
읽기

청소년을 위한 지금 시작하는 인문학 - 세로 읽기

1판 1쇄 2014년 11월 20일
**　　3쇄** 2015년 12월 30일

지 은 이 주현성
일러스트 문수민

발 행 인 주정관
발 행 처 더좋은책
주　　소 경기도 부천시 원미구 상3동 529-2 한국만화영상진흥원 311호
대표전화 032-325-5281
팩시밀리 032-323-5283
출판등록 2011년 11월 25일 (제387-2011-000066호)
홈페이지 www.ebookstory.co.kr
이 메 일 bookstory@naver.com

ISBN 978-89-98015-08-4 04100
　　　978-89-98015-06-0 (세트)

photo ⓒ 연합뉴스

이 서적 내에 사용된 작품 중 저작권 허락을 받지 못한 일부 작품에 대해서는 저작권자가 확인되는 대로 계약을 맺고
그에 따른 저작권료를 지불하겠습니다.

※더좋은책은 북스토리(주)의 임프린트입니다.
※잘못된 책은 바꾸어드립니다.

이 도서의 국립중앙도서관 출판시도서목록(CIP)은 e-CIP 홈페이지
(http://www.nl.go.kr/ecip)에서 이용하실 수 있습니다.
(CIP제어번호 : CIP2014029443)

청소년을 위한
지금 시작하는
인문학 세로읽기

주현성 지음

조흥
더좋은책

삶과 세상에 대해 배우고, 학습 의욕도 키우는

우리 시대 청소년에게 꼭 필요한 인문학

"인문학은 왜 공부해야 하나요?"

"대학 입시 준비도 바쁜데, 굳이 지금 인문학을 공부해야 할까요?"

최근 인문학에 대한 관심이 커지면서 많은 학생들을 강의에서 만날수 있었는데, 그 학생들이 가장 많이 하는 질문입니다. 그럴 때면 저는이렇게 대답합니다.

"인문학 공부가 학교 성적 향상이나 입시 준비에 방해가 된다고 생각하다니, 참으로 안타까운 일이군요. 인문학은 우리 삶에 그 무엇보다유용할 뿐만 아니라, 공부에도 많은 도움이 됩니다. 장차 사회에 필요한 창의적인 인재가 되는 데도 분명 중요한 자산이 되어줄 것입니다."

제 말이 믿기지 않는다고요?

인문학이 교과 공부와 별개의 것처럼 느껴지는 것은 성적의 우선순위가 영어와 수학 점수에서 결정되기 때문입니다. 하지만 충분한 이해 없이 단순한 암기나 반복된 문제풀이만으로는 좋은 점수를 받지 못한다는 사실은 여러분이 더 잘 알 겁니다. 특히 수능과 논술, 면접 등은 해당 지식의 이해와 그 응용 능력을 중점적으로 보기 때문에, 배경지식을 익히고 이해하는 것은 매우 중요합니다. 바로 인문학을 공부하는 목적과 같은 것이지요. 인간과 사회에 대한 전반적인 것들을 다루는 인문학은 다양한 과목의 배경지식이 되어줄 뿐 아니라, 그동안의 통념을 깨뜨리며 세상을 바꾼 위대한 천재들의 다양한 사고방식을 통해 응용력과 창의력 또한 키워나갈 수 있습니다.

하지만 단지 성적 향상 때문에 여러분에게 인문학을 권하는 것은 아닙니다. 오히려 인문학이 우리 삶에 주는 놀라운 유용성 때문에 애써 인문학을 소개하고 싶은 것이지요. 인생 전체를 보면, 청소년기야말로 인격과 가치관이 자리 잡기 시작하는 아주 중요한 시기입니다. 인문학은 여러분에게 훌륭한 멘토가 되어줄 수 있답니다. 인문학에는 인생 선배들의 삶에 대한 고민이 곳곳에 배어 있어 앞으로의 삶과 꿈에 대해 고민하는 여러분에게 친절한 대화 상대가 되어주기 때문이지요.

그래서 이 책에서는 교과 학습에도 적극 도움이 되고, 지식에 대한 흥미와 인간에 대한 이해 또한 담아내고자 했습니다. 『청소년을 위한 지금 시작하는 인문학─가로 읽기』에는 논술, 면접, 수능 등에 도움이 되는 교과 과정에 충실한 인문 지식을, 『청소년을 위한 지금 시작하는 인문학─세로 읽기』에는 교과 과정을 뛰어넘어 우리가 살아가고 있는 시대를 읽기 위한 폭넓은 인문 지식을 나누어 담았습니다.

이 책 『청소년을 위한 지금 시작하는 인문학─세로 읽기』에서는 심리학, 서양 미술사, 동양사, 동양과 한국의 철학, 현대 철학과 과학, 세계화와 그 이슈를 다루고 있습니다.

어쩌면 우리가 가장 궁금해하는 것은 사람의 마음일 것입니다. 하지만 그것을 안다는 것 자체가 가장 막연해 보일 수도 있지요. 이 책의 심리학 편에서는 그렇게 막연해 보이는 마음에 대한 탐구가 어떻게 신뢰할 만한 학문으로 거듭나게 되는지를 살펴보고자 합니다. 서양 미술사에서는 인류가 시작된 원시 시대부터 모네에 의해 현대 미술 운동이 전개되기 이전까지의 미술사를 알아봄으로써, 일정한 패턴을 그리며 전개되는 인류의 생각과 그 표현 방식을 경험해볼 수 있습니다. 동양사는 우리에게 가장 많은 영향을 미친 중국사와 인류 문명의 기원인 중동사를 중심으로 다루었는데요, 이를 통해 동양이 어떻게 세계 변화를 주도해왔으며, 어떻게 그 지위를 잃게 되었는지를 살펴보고자 했습니다. 동양과 한국의 철학에서는 유교, 불교, 도교, 성리학 등 우리 민족의 사고방식에 근원을 이루고 있는 철학들의 기본 전제를 간략하게 소개하였습니다. 이는 우리나라와 동양의 문화에 대해 좀 더 명료하고 설득력 있는 이해를 가능하게 할 것입니다. 또한 과거 확고했던 이성과 과학에 대한 믿음을 의심하기 시작한 현대 철학과 과학, 세계화가 만들어내는 혜택과 문제점을 다룬 세계화와 그 이슈는, 현재 진행되고 있는 경제·사회적 양상을 한눈에 살펴볼 수 있는 기회를 제공해줄 것입니다.

여러분이 이 책을 통해 교과서 속 지식뿐만 아니라 좀 더 폭넓고 좀 더 생생한 인문 지식과 만나길 바라며, 새로운 눈으로 세상과 삶을 대면하는 인문학의 진정한 즐거움을 만끽해보길 기대합니다.

주현성

contents

제5장 우리의 믿음을 해부한다, **현대 철학과 과학**

제6장 미래 지성인의 필수 상식, **세계화와 그 이슈**

제1장

인간의 마음을 읽는다, 심리학

마음의 과학을 소개합니다

누군가를 좋아하게 되면 상대방의 마음이 매우 궁금하죠. 꼭 좋아하는 이성이 아니더라도 우리는 자신에 대한 타인의 평가나 사람들의 생각을 궁금해하기도 합니다. 그래서 많은 이들이 사람의 마음을 읽을 수 있다면 참 좋겠다는 생각을 하고 있지요. 이처럼 인류가 생긴 이래 사람의 마음은 언제 어디서나 관심의 대상이었답니다. 하지만 그 마음을 본격적인 연구 대상으로 삼아 탐구하기 시작한 것은 그리 오래지 않았답니다. 과학적 성과들이 일어나고, 그 흐름 속에서 마음도 과학적으로 또는 객관적으로 연구하려는 움직임이 일었던 것이지요. 이것이 '심리학'입니다.

그런데 많은 사람들이 심리학 하면 마음을 읽는 것으로만 생각하고, 독심술이나 상대방 조정술 정도로 생각하기 쉽습니다. 하지만 심리학은 마음의 작동 원리를 밝히고, 그것을 응용하거나 치료에 적용하는 것이지, 신묘한 술수 같은 것과는 거리가 멀답니다. 오히려 어떻게 하면 좀 더 과학적이고 객관적으로, 우리가 알지 못하는 더 깊은 심리를 파헤칠 것인가에 대해 치열하고 냉정하게 고민해온 탐구 분야라 할 수 있지요.

그렇기 때문에 여기서도 심리학에 얼마나 족집게 같은 연구 결과들이 있는지, 얼마나 놀라운 심리학 방법들이 있는지를 소개하지는 않겠습니다. 오히려 그동안 심리학이 어떻게 인간의 마음을 설득력 있게 설명하려고 노력해왔는지, 어떤 다양한 노력을 통해 객관성과 과학성을 확보하려 했는지, 그리고 지금은 어떻게 그 설득력을 획득해내고 있는지를 소개해보고자 합니다. 왜냐하면 바로 그것이 인류가 만들어온 엄격한 지식의 역사요, 심리학의 역사이기 때문입니다.

마음을 탐구하는
다양한 접근들

사람의 마음을 알고자 떠나는 모험, 심리학. 하지만 마음은 보이지
도 않고 들을 수도 없습니다. 심지어 누군가 마음에 대한 그럴싸한 이
론을 내놓는다 해도, 그것이 그 사람 자신만의 마음인지 모든 사람에
게 공통된 마음인지 밝히는 것도 그리 만만해 보이지 않습니다. 그래
서일까요? 사람의 마음을 알고 싶은 것이야말로 가장 오래된 궁금증
일 텐데도, 심리학을 본격적으로 연구한 시간은 그리 길어 보이지 않
습니다. 고작해야 한때 철학의 방대한 연구목록 중 일부분에서 이야기
되어 왔으며, 19세기에 이르러서야 하나의 과학으로서 마음을 독립적
으로 연구하려는 움직임이 일었답니다.

과학으로서의 심리학의 탄생

여러분이라면 마음을 알아보려고 할 때, 무엇부터 하겠습니까?

아주 오래전으로 거슬러 가보면, 에피쿠로스학파에서도 쾌락을 내세우며 마음의 쾌락과 고통에 대해 다루었다고도 할 수 있지요. 하지만 그들이 다룬 쾌락은 그것이 어떻게 형성되고 작용하는가와 같은 원리에 대한 질문이라기보다, 쾌락이란 어떤 상태인가와 같은 개념 정의와 그 철학적 의미를 묻는 것들이었습니다. 이후 데카르트는 마음도 분명한 실재이기 때문에 육체와 별개로 자기성찰에 의해 연구되어야한다고 말하기도 했습니다. 하지만 여전히 철학적 범위를 벗어나지는 않았지요.

그러다 뉴턴의 시대로 접어들며 과학에 대한 신뢰가 높아지자, 다양한 분야를 과학적으로 다루려는 시도들이 일어났습니다. 이때 요한 헤르바르트 Johann Friedrich Herbart가 마음도 경험적으로 연구되어야 한다고 피력하면서, 심리학도 철학, 생리학과는 다른 독립적인 학문으로 연구하려는 움직임이 일기 시작했습니다. 하지만 정작 그는 이렇다 할 연구방법도, 그에 따른 성과도 내놓지 못했습니다. 오히려 그의 주장에 가장 멋지게 부흥하며 등장한 사람은 오늘날 심리학의 아버지로 불리는 빌헬름 분트 Wilhelm Wundt였지요.

분트는 심리학이 과학이 되기 위해서는 인간의 의식을 실험을 통해 분석할 수 있어야 한다고 생각했습니다. 이에 그는 최초로 심리 실험실을 개설하고, 구체적으로 관찰할 수 있는 감각들이나 그 반응 시간

등을 실험하기 시작하였지요.

예를 들어 메트로놈의 소리를 듣거나 향기를 맡게 하고, 피험자들에게 그것에 대해 느끼는 쾌·불쾌의 감정이나 자극 또는 이완적 느낌 등을 자세히 기록하도록 한 것이지요. 분트는 여기서 피험자들이 자기 나름대로의 성향에 의존하는 것을 피하기 위해, 피험자들을 훈련시키기까지 했답니다. 그는 이를 '내성법Introspection'이라고 불렀는데, 이를 통해 의식적인 정신 상태를 과학적으로 연구할 수 있다

분트 실험과학적 심리학을 시도함으로써 '심리학의 아버지'라 불린다. 이후 심리학은 분트의 실험관찰을 이어받거나 그를 비판하면서 전개된다.

고 생각한 것이지요. 그렇다고 분트는 자신의 내성법이 심리학의 모든 것을 밝혀준다고 생각하지는 않았습니다. 그는 이런 감각 실험 등이 의식의 구성요소 중 하나라고 생각했으며, 이 요소들을 모아 통합하고 구성해봄으로써 심리학 이론을 만들 수 있다고 믿었습니다. 물질이 원소로 구성되어 있듯이 인간의 정신 또한 어떤 요소들로 구성되어 있다고 보았던 것이지요. 그래서 그의 심리학을 '구성주의 심리학Structural Psychology'이라고 부른답니다. 더 나아가 분트는 감각이나 감정 이상의 고등의 정신 과정은 실험법을 적용할 수 없는 영역이라고 생각해, 신화·언어·사회·풍속·종교·예술 등 다양한 문화적 요소들을 심리학 연구에 포함시켰습니다. 이는 이후 문화심리학Cultural Psychology과 사회심리학Social Psychology으로 발전하게 되었지요.

분트의 이런 경험적 접근과 이론화의 노력은 과학적인 심리학으로 인정받기 시작했으며, 이후 그의 실험실에서 공부한 많은 제자들이 학

계로 나가 활약함으로써 심리학의 기반을 마련할 수 있었지요.

한편 분트가 내세운 내성법은 아무리 철저히 한다 해도 한 개인의 판단을 벗어나 객관성을 갖기는 힘든 것이었습니다. 심지어 그가 탐구하고자 한 그 의식이라는 것은 실험하는 순간 정지해 있는 것도 아니랍니다. 한때 분트를 열렬히 지지했던 미국의 윌리엄 제임스는 이런 것들을 지적하며, '기능주의 심리학Functional Psychology'을 내세웠습니다. 그는 눈으로 판단하기 힘든 의식의 내용이 아니라, 사고 과정이나 행동이 우리가 적응하고 생존하는 데 어떤 기능을 하는지를 연구해야 한다고 주장한 것이지요. 심리학 초기에는 이 두 심리학이 팽팽하게 맞서고 있었답니다.

본격적인 탐색에 들어간 심리학의 분파들

심리학 연구가 진척되면서 다양한 입장의 심리학이 등장합니다. 먼저 독일에서는 의식을 구성요소들로 분석해 파악하려 했던 분트의 의도에 반박하며 '형태주의 심리학Gestalt Psychology'이 등장합니다. 그들은 다양한 예를 통해 의식의 구성요소만으로는 의식이 파악될 수 없다는 것을 보여주려 했지요. 예를 들어 사각형의 기본 물질은 직선입니다. 분트의 말대로라면 이 직선만 알면, 사각형을 만들어낼 수 있어야 합니다. 하지만 직선을 4개 늘어놓으면 직선일 뿐이라는 것이지요. 결국 에렌펠스Christian von Ehrenfels는 이 직선이 다시 사각형이 되려면 어떤 형

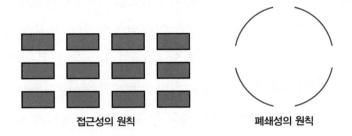

접근성의 원칙   폐쇄성의 원칙

질이 부여되어야 한다고 주장했는데, 단순한 의식의 조각을 넘어 그것
을 통합해주는 형태를 연구해야 한다고 주장하였지요. 위 그림들도 그
런 형태주의의 특징을 잘 보여주는 사례입니다.

그림을 보면 각각이 떨어진 사각형들이 하나의 사각형처럼 인식됩
니다. 이렇게 사물과 사물의 각 부분이 서로 시간 혹은 공간상 밀접하
게 연결될수록 하나의 모형으로 지각되는데, 이를 '접근성의 원칙'이
라고 합니다. 또 오른쪽의 그림처럼 틈이 있는 원을 보더라도 그 빈틈
을 무시하고 여전히 하나의 원으로 인식되는데, 이를 '폐쇄성의 원칙'
이라고 불렀지요.

이렇듯 인지 과정 등에 대한 형태주의 심리학자들의 노력은 한때 심
리학계를 주도한 행동주의 심리학의 오만을 견제하였으며, 이후 현대
심리학의 대세인 인지심리학의 포문을 여는 데 중요한 밑거름이 되었
답니다.

심리학이 의식을 좇는 데 많은 공을 들이고 있다는 것은 자명합니
다. 기능주의 또한 의식을 다루고 싶지만 엄격한 관찰이 불가능하기에

방향을 바꾼 것이지요. 아마도 심리학이 마음을 분석해야 하는 학문이니 당연한 것이겠지요. 하지만 심리학이 우리에게 매력적으로 느껴지기 시작한 것은 그 의식이라는 것을 연구하기보다, 의식이 아니면서도 우리의 의식을 지배하는 것, 즉 '무의식'을 탐구하기 시작하면서부터랍니다. 그리고 그 시작에는 여러분도 너무나 많이 들어 마치 심리학의 창시자처럼 오해하고 있는 프로이트 Sigmund Freud 가 있는 것이지요.

프로이트는 히스테리 환자들을 연구하면서 우리가 의식하지 못하는 무의식이 존재한다는 것을 알게 됩니다. 그리고 꿈의 분석을 통해 그 접근 방법까지 제시해주었지요. 그가 보여준 무의식의 세계는 꼭꼭 숨겨둔 욕망과 충격적인 내용들로 가득했답니다.

그런데 무의식을 분석하는 프로이트의 심리학에는 큰 약점이 있었답니다. 바로 과학성과 치료 효과의 문제였지요. 그래서일까요? 시간이 갈수록 학계에서 힘을 얻기 시작한 것은 '행동주의 Behaviorism'였습니다.

과학을 전면에 내세우는 행동주의는 미국에서 먼저 등장합니다. 그도 그럴 것이 그들은 누구보다도 눈에 보이는 것을 실험하고 관찰하는 데 관심이 많았기 때문입니다. 왓슨 John Broadus Watson 은 무의식은 말할 것도 없이 의식조차도 실험하고 탐구할 수 없는 무형의 것에 불과하다고 지적했지요. 그러면서 오히려 행동을 실험하고 관찰해야 한다고 주장합니다. 왓슨은 생명체에 자극을 주고, 그 자극에 따라 어떤 반응을 보이느냐를 보고 탐구함으로써, 인간의 심리를 과학적으로 탐구할 수 있다고 생각했습니다.

그런가 하면 인간이 가진 잠재력을 중시하는 심리학도 등장합니다.

사실 이전까지의 심리학은 인간을 다루는 학문임에도 불구하고, 과학과 무의식을 내세우며 인간을 단순히 동물과 같은 생리 체계를 가진 존재나 욕구의 덩어리 정도로 이해하려고 했지요. '인본주의 심리학 Humanistic Psychology'은 이런 비인간적인 접근에 반대하고, 인간이 삶을 통제할 능력을 가진 존재라고 전제합니다. 그들은 인간은 더 높이 성장하기 위해 노력하려는 성향을 가지고 있으며, 또한 스스로가 자신의 삶을 결정할 능력까지 갖추고 있다고 믿었습니다. 칼 로저스 Carl Ransom Rogers를 비롯한 인본주의 심리학자들은 실험보다는 임상 경험을 통해 그 이론을 전개해나갔으며, 상담 등에서 큰 효과를 나타낼 수 있었답니다.

지금까지 살펴본 심리학의 접근 중에서 정신분석학이나 행동주의 심리학, 인본주의 심리학은 오늘날에도 여전히 그 영향력을 잃지 않고 있는 심리학 분파들입니다. 하지만 이후 새롭게 부각되며 오늘날 강한 영향력을 행사하는 접근법이 있습니다. 바로 인지심리학과 뇌 과학이지요.

　'인지심리학Cognitive Psychology'은 말 그대로 우리의 인지능력과 인지과정을 탐구하는 것이랍니다. 심리학이란 마음속, 즉 우리의 의식 속에 일어나는 것을 탐구하는 것이라는 점에서, 다시 진정한 탐구 대상으로 돌아간 듯한 느낌도 듭니다. 하지만 이는 단순한 관심의 복구가 아니랍니다. 그동안 막연해 보였던 인식의 연구가 언어학 및 심리학의 발달로 좀 더 접근이 가능해졌기 때문이지요. 인지심리학에서는 컴퓨터의 정보처리방식까지 활용하며 그 객관적 탐구 가능성을 열어 보였지요. 심지어 MRI 영상 촬영 같은 과학기술의 발달은 실제 활동하고 있는 뇌의 모습을 생생하게 보여줌으로써, 뇌 과학이 과학적으로 인지과정을 추적할 수 있는 혁신적 계기를 마련해주기도 했답니다. 이것이 오늘날 대부분의 심리학자들이 인지심리학과 뇌 과학에 관심을 놓지 않고 있는 이유입니다.

　자, 그럼 이제부터는 지금껏 소개해온 심리학의 여러 분파 중 현재까지 많은 영향력을 미치고 있는 분파들을 중심으로 좀 더 자세하게 살펴보기로 하겠습니다.

프로이트와
무의식의 탄생

    많은 사람들이 심리학자 하면 떠올리는 이름, 프로이트. 그는 '무의식 Unconsciousness'이라는 개념을 소개함으로써 이 세상을 발칵 뒤집어놓았습니다. 물론 무의식이라는 개념은 이전에도 있었지요. 하지만 그 무의식이 실재한다는 것을 보여주고, 자유연상법 Free Association 이나 꿈의 해석 Interpretation of Dreams 을 통해 무의식에 어느 정도 접근 가능하다는 것을 제시해준 사람은 프로이트가 처음이지요. 그렇다면 프로이트는 어떻게 무의식을 알게 되었을까요? 이 이야기에서 빼놓을 수 없는 사람이 있습니다. 일명 '안나 오'라 불리는 여인, 베르사 파펜하임 Bertha Pappenheim 입니다.

프로이트, 무의식을 발견하다

어느 날 프로이트가 아버지처럼 따르던 브로이어 Joseph Breuer 에게 '안나 오'라는 여인이 찾아와 최면 치료를 받게 됩니다.

그녀는 아버지를 헌신적으로 간병하던 중에 독특한 히스테리 증상을 보이기 시작합니다. 일례로 어느 무더운 여름 날, 아무런 이유도 없이 그녀는 물을 전혀 마실 수 없게 되었습니다. 그녀는 갈증에 물 잔을 들어 올렸지만, 잔이 입술에 닿는 순간 자신도 모르게 잔을 밀쳐버리는 것이었지요. 이런 현상은 6주가량 지속되었고, 어쩔 수 없이 그녀는 멜론 같은 과일에 의존해야 했지요. 그러던 어느 날 최면 중에 있던 그녀가 혐오감에 가득 차 불평을 하기 시작했습니다. 별로 좋아하지 않는 영국인 여자 친구를 향해 비난을 퍼부은 것인데요, 어느 날 그녀의 방에 들어갔더니 영국인 여자 친구가 데려온 작은 개(그녀의 말로는 끔찍한 짐승)가 자신의 잔에 든 물을 마시고 있더라는 것입니다. 당시 그녀는 예의상 아무 말도 못 했지만, 그때 불쾌감과 울분이 쌓인 것이지요. 안나 오는 마음껏 울분을 표현하고 난 뒤, 물을 달라고 해서 마시고는 최면에서 깨어났다고 합니다. 이후 아무렇지도 않게 물을 마실 수 있게 되었고, 이런 증상이 재발하지 않았다고 합니다.

안나 오는 그 이외에도 많은 이상 증상을 보였습니다. 모국어인 독일어를 잊어버리고 영어와 프랑스어, 이탈리아어로만 말했으며, 이유 없이 마른기침을 하기도 했지요. 또한 환각 증세와 함께 팔다리가 마비되는 증상까지 보인 적도 있었습니다. 다행히 그녀의 수많은 사례들은 대부분이 분명한 이유가 있었고, 그것을 최면 속에서 끌어내 이야기하면 사라지곤 했답니다.

브로이어는 이 사례들을 프로이트와 의논하였는데요, 그러면서 두 사람은 서서히 무의식의 실체를 알아가기 시작했습니다.

안나 오는 그 기분 나쁜 영국인 친구와 개에 대해 평소에는 전혀 인식하지 못하고 있었지요. 의식은 전혀 모르고 있었던 것이지만, 그녀의 마음속에서는 그 기분 나빴던 사실들이 분명하게 저장되어 있었던 것입니다. 바로 이것이 무의식인 것이지요. 그

안나 오 부유한 유대인 가정에서 태어난 안나 오는 아버지를 간병하는 과정에서 다양한 히스테리 증상을 보였다. 그녀는 평생을 독신으로 살면서 불우이웃과 여성들을 위해 헌신했다.

무의식이 언제부터인가 현실의 신체를 지배하기 시작했고, 물을 입에 대는 순간 개가 먹던 물에 대한 불쾌감이 물을 거부하게 만들어버린 것입니다. 이 무의식의 불쾌감을 해소해주자 무의식이 안정을 되찾은 것이지요. 이로써 브로이어와 프로이트는 의식이 모르고 있는 무의식을 확인했으며, 그 무의식이 의식보다 더 강하게 작용할 수 있다는 것도 알게 되었답니다.

안나 오의 사례들은 브로이어와 프로이트에게 행운과도 같은 것이었습니다. 다른 사람들의 사례에 비해 원인과 결과가 분명히 드러났기 때문입니다. 그래서 마음속의 사건과 현실의 이상행동 간의 상관관계를 분명하게 볼 수 있었던 것이지요. 안나 오의 사례가 실려 있는 책 『히스테리 연구 Studien über Hysterie』를 무의식 연구 또는 정신분석학의 시발점으로 보고 있답니다.

그렇다면 무의식에는 어떻게 접근할 수 있을까요? 의식은 우리가 분명히 의식할 수 있습니다. 하지만 무의식은 말 그대로 의식할 수 없는 의식이지요. 그러므로 우리가 무의식을 의식할 수 있게 하려면 특정 방법이 필요할 수밖에 없답니다.

브로이어는 그 방법으로 당시 의학계에 풍미하던 최면술을 이용했습니다. 하지만 프로이트는 최면 치료에 서툴렀다고 해요. 그래서 프로이트는 환자에게 최면을 걸지 않고, 생각을 집중시켜 떠오르는 대로 말하게 하는 자유연상법을 고안해냈습니다. 그는 환자에게 아무렇게나 떠오르는 생각들을 계속해서 말하게 하고, 그 과정에서 일어나는 심리적 저항 등을 추적해 숨겨진 무의식을 파악하고자 한 것입니다. 환자가 떠오르는 단어와 생각들을 스스럼없이 열거해나가다가, 멈칫하거나 회피하고자 하는 부분에서 그는 심리적 저항을 찾아냈지요. 그리고 그것을 추적해나가면서 무의식을 해석할 수 있게 되었답니다. 그는 이후 여러 환자들을 접하면서 빠르게 무의식에 대한 체계를 잡아나가기 시작했습니다.

하지만 프로이트의 분석 대상은 여성 히스테리 환자들에 국한되어 있다는 문제가 있었지요. 결국 남성이나 정상인의 무의식 사례가 없다는 단점이 있었던 것입니다. 이에 프로이트는 급기야 정상인이면서 남성인 자기 자신을 스스로 심리 분석하게 됩니다. 그런데 자신이 스스로 의식하지 못하는 무의식을 분석한다는 것이 말이 될까요? 그래서 그가 스스로를 분석하는 방법으로 이용한 것이 바로 꿈입니다. 그는 꿈의 분석이 무의식으로 가는 지름길이라고 역설하면서, 그 사례를 담은 『꿈의 해석 Die Traumdeutung』을 내놓았지요. 이로써 자유연상법과 꿈의 분석, 이 2가지 방법은 무의식으로 가는 분명한 지도를 그려주며, 정신분석학의 가장 기본적인 도구가 되었답니다.

꿈의 구조와 무의식

꿈과 무의식의 관계를 설명하기 위해 프로이트는 꿈을 '발현몽 Manifest dream'과 '잠재몽 Latent dream'으로 나누었습니다.

발현몽은 우리가 일반적으로 말하는 꿈으로, 우리가 꿈을 꾸었다고 말하는 꿈속에서 인식하는 꿈, 머릿속에 재생되는 꿈을 말하지요. 반면 잠재몽은 그런 꿈을 꾸게 했던 실제 원인을 말합니다. 다시 말해 실제로 우리가 꾸고 싶었던, 욕망하고 있던 꿈이지요. 이것이 우리가 의식하지는 못해도 본능과 무의식이 갈구하고 표현하고자 했던 꿈인 것이지요. 이 잠재몽의 내용이 곧 무의식의 내용이랍니다.

잠을 잔다는 것은 신체 활동과 뚜렷한 의식이 중단된 상태를 의미합니다. 꿈이란 것은 이렇게 모든 것이 중단되어 있고 의식이 그 통제력

잠재몽
욕망, 무의식, 본능.
적나라함, 받아들이기 힘듦.

꿈 작업
검열
왜곡

발현몽
우리가 꾸는 꿈, 받아들일 만함.
앞뒤 안 맞음, 과장, 빠짐, 왜곡.

을 잃고 있는 상황에서 꾸게 되는 것이지요. 그러므로 이때 꾸는 꿈의 내용들은 자신의 솔직한 욕망이 표출되는 것이라 할 수 있답니다. 프로이트는 이에 '꿈은 소원 성취'라고 단언합니다. 즉 꿈을 꾼다는 것은 마음속에 갈구하는 것을 머릿속으로 실제 성취하고 있다는 것이지요. 그 일례로 프로이트의 딸인 안나가 병에 걸려서 금식을 해야 했을 때, 그녀는 딸기, 오믈렛 그리고 푸딩에 관한 꿈을 꾸었다고 합니다. 몸은 굶주려 있기 때문에 머리가 직접 음식을 섭취하는 꿈으로 갈증을 메우고 있는 것이지요.

그렇다면 꿈꾸는 사람의 솔직한 욕망이 너무나 적나라하거나 쉽게 용납될 수 없는 것이라면 어떨까요? 아마도 꿈꾸는 사람은 깨어나서 몹시 괴로워하거나, 이미 그 이전에 괴로워서 잠에서 깨버렸을 것입니다. 그래서 잠은 스스로를 유지하기 위해서라도 그 꿈을 받아들일 수 있는 것으로 바꾸어버린다고 프로이트는 주장합니다. 이렇게 잠재몽이었던 적나라한 꿈들은 검열을 받고, 왜곡되어버리지요. 바로 이런 이유로 꿈은 많은 부분 앞뒤가 안 맞고, 기괴하거나 무엇인가 뒤바뀐 느낌이 들기도 하며, 잘 잊어버리기도 하는 것입니다. 프로이트는

전치 꿈에서 어떤 상황에 대한 감정이 다른 것들과 연결되어 나타나는 현상. 내가 화내야 하는데 상대방이 화낸다거나 하는 식으로 주체나 대상이 바뀌어버린다.
압축 꿈에서 2개 혹은 그 이상의 생각들이 융합되어 나타나는 현상. 여러 가지 원인이 하나로 뭉뚱그려 나타난다.
상징화 꿈에 나타나는 이미지나 생각들이 일반적인 상징물로 재현된다. 프로이트는 이런 상징들을 대부분 성적인 것으로 보았다.
저항 꿈이 검열을 통해 꿈속의 생각이 의식에 들어오는 것을 막는 현상. 꿈을 꾼 뒤 잘 잊어버리는 이유다.

이런 왜곡을 '꿈 작업'이라고 명명했으며, 보통 '전치, 압축, 상징화, 저항" 같은 왜곡 방법이 주로 작동한다고 말하고 있답니다. 그리고 그가 들고나온 꿈의 분석이란 이렇게 다양한 방법으로 왜곡되어 있는 꿈들의 진짜 의미를 찾아 나서는 것을 말한답니다.

이 꿈의 분석을 쉽게 이해하기 위해 꿈 해몽과의 차이를 한번 짚어보기로 하겠습니다. '돼지가 꿈에 나타나면 돈이 들어온다' '대통령 꿈을 꾸면 복권에 당첨된다'는 등 예부터 우리는 꿈을 통해 길흉(吉凶)을 점쳐왔습니다. 한마디로 꿈을 예시, 징조로 본 것이지요. 이를 꿈 해몽이라 하며, 미래를 예측하는 예지적 성격이 강하지요. 물론 현재의 불안이나 걱정거리로 해석하기도 한답니다. 시간적으로 본다면 현재에서 미래로 향하는 내용이라고 볼 수 있지요.

하지만 꿈의 분석 또는 꿈의 해석은 시간적으로 반대랍니다. 현재로부터 과거를 파악하는 것이지요. 그것은 앞으로의 길흉을 이야기하기보다, 과거의 마음속 상처와 응어리를 이야기하는 것이랍니다. 따라서 해몽처럼 현재 자신이 안고 있는 불안과 걱정거리를 이야기하면서도 좀 더 오래된, 좀 더 내면 깊은 곳, 쉽게 말할 수 없는 억제된 바람 같은 무의식적인 욕망까지 구체적으로 읽어낼 수 있는 것이지요.

해석하는 방법에도 차이가 있답니다. 해몽은 상징과 이야기 카테고리를 중요시합니다. 해몽자는 꿈을 들어보고 자신이 알고 있는 꿈의 상징들과 이야기 카테고리에 빗대어 해석하면 됩니다. 예를 들면 돼지가 돈을 상징하는 것으로 해몽하거나, 나체로 거리를 헤매는 꿈은 재수가 좋아지고 주변의 일들이 거짓말처럼 자연스럽게 해결된다는 식

으로 해몽하는 것이지요.

한편 꿈의 해석도 꿈의 상징들을 이용해 해석하기도 하지요. 하지만 그것은 일부분에 불과하답니다. 대부분은 해석가의 상징체계와 지식이 아닌, 꿈을 꾼 사람 자신이 꿈과 관련해 떠올리는 생각의 파편들에 의존하여 해석하기 때문이지요. 그래서 꿈의 해석을 시작할 때 꿈을 꾼 사람에게 어떤 부분이 기억나는지 물은 다음, 그 부분에 대해 누가 떠오르는지, 어떤 사건이 생각나는지, 어떤 느낌이 드는지를 연상케 하고 또 말하게 하는 것이랍니다.

따라서 해몽이 하나의 꿈 이야기에서 풀어내는 것이라면, 꿈의 해석은 당시의 꿈과 그 꿈으로 인해 연상되는 또 다른 꿈까지 함께 연계하여 해석해야 하는 것입니다. 한마디로 꿈의 해석은 꿈꾸는 사람의 꿈과 꿈꾸는 사람의 꿈 바깥의 세상과 꿈꾸는 사람의 또 다른 꿈들을 넘나들며, 그 연결 고리들을 찾아 추적해나가는 퍼즐게임이라고 할 수 있지요. 그래서 꿈의 해석에서는 꿈의 스토리가 중요한 것이 아니라, 각 꿈의 파편들이 서로 어떻게 연결되면서 나름의 의미를 형성하느냐가 중요한 것이 된답니다.

프로이트는 그렇게 무의식을 발견하고, 또 어떤 방법들을 통해 무의식에 접근할 수 있는지를 제시했습니다. 더 나아가 그는 인간이 이 무의식에 강한 지배를 받는다고 역설합니다. 프로이트의 무의식에 대한 주장은 이성적인 의식을 전제로 논의되던 기존의 철학과 사유 체계에 엄청난 충격을 주었지요. 이에 그는 다윈과 함께 20세기 사상에 가장 큰 영향을 준 인물로 평가되기도 한답니다. 또한 그가 주장한 성적 충동은 당시에 지배적이던 기독교적 가치에도 충격을 주면서, 인간의 욕망에 대한 이해를 한층 더 높여주었답니다. 그 결과 인간을 바라보는 관점도, 인간 머릿속에 있는 생각이나 마음속에 있는 심리를 바라보는 관점도 달라져 버렸습니다. 이제 인간을 이야기할 때 무의식적인 부분을 빼고 이야기한다면, 무언가를 놓치고 이야기하는 것이 되어버리는 것이지요.

오늘날 우리는 정신분석학적 해석이라든가 아동 초기의 외상적 경험, 무의식적 갈등, 억압적 욕망, 방어기제 등과 같은 프로이트가 만들어낸 용어를, 고전문학과 대중문화, 역사, 인류학, 사회과학, 예술 등 그 어디에서든 쉽게 만날 수 있답니다.

과학적 행동주의와
인간적 인본주의

프로이트 심리학은 대중의 호기심을 자극했지만 과학자들에게는 의심의 대상이었지요. 솔직히 프로이트가 제시한 무의식과 그 해석은 정확히 실험하고 검증할 수 있는 것이 아니었습니다. 원래 과학이란 것은 A가 실험을 하든, B가 실험을 하든 같은 결과가 나와야 하는 것이지요. 하지만 정신분석학 전문가들은 하나의 사건을 가지고도 모두 서로 다른 접근과 해석을 내놓았답니다. 게다가 치료 효과 또한 늘 의문의 대상이었는데요, 심지어는 과거의 상처를 꺼내놓아 증상이 더 악화되는 경우도 적지 않았답니다. 이렇게 정신분석학은 심리학을 가장 매력적인 것으로 만들어놓았지만, 과학적으로 심리학을 접근하려는 이들에게는 불신의 대상이기도 했답니다.

과학자들에게는 무의식뿐만 아니라 의식조차도 관찰하고 실험할수 있는 대상이 되기엔 꺼림칙한 것이었습니다. 오히려 그들에게는 과거 기능주의가 더 매력적일 수도 있었습니다. 그런데 기능주의는 이미볼 수도 없는 의식을 관찰·실험하는 것을 포기해버렸지요. 이런 과학적인 심리학자들에게 생리학자 파블로프 Ivan Petrovich Pavlov 의 개 실험은아주 주목할 만한 사건이었답니다. 이제 눈에 보이는 행동을 실험하고관찰하면 인간의 의도와 의식을 실험하고 또 조절할 수 있다고 믿는이들이 힘을 얻게 되는데요, 바로 행동주의 심리학자들입니다.

보이는 것을 실험하고 탐구하는 행동주의 심리학

생리학자였던 파블로프는 개 실험을 통해 새로운 사실을 보여줍니다. 그는 개에게 먹이를 줄 때마다 종을 울렸어요. 이를 반복하자 개는먹이를 주지 않고 종소리만 울려도 침을 흘린다는 사실을 알게 됩니다. 이는 자극(먹이)을 줄 때 종소리를 연합시킴으로써, 개가 종소리만들어도 침을 흘리는 등의 특정 반응을 만들어낼 수 있다는 것을 의미했지요.

이 실험은 당시 의식 탐구가 비과학적이라고 생각한 왓슨 John Broadus Watson 에게 하나의 좋은 예를 제공해주었지요. 왓슨은 인간 또한 같은동물로서 이와 크게 다르지 않다고 생각했습니다. 이에 그는 파블로프

의 실험처럼 자극과 그에 대한 반응을 연구하는 방식을 앨버트 Albert라는 11개월 된 아이에게 적용합니다.

왓슨은 맨 처음 아이에게 하얀 쥐를 보여줍니다. 아이는 쥐를 장난감처럼 어루만질 뿐 그 어떤 공포도 보이지 않았지요. 이번에는 아이가 쥐를 만질 때, 그 뒤에서 철 막대기를 망치로 두들겨 요란한 굉음을 냅니다. 그러자 아이는 굉음에 놀라 울기 시작했지요. 이후 이 실험을 몇 차례 반복하고 나자, 아이는 이제 굉음이 없는 상황에서도 쥐를 보기만 하면 공포를 느꼈다고 합니다. 심지어 이후 앨버트는 쥐와 비슷한 털을 가진 다람쥐, 개, 모피, 산타클로스의 수염에서도 공포를 느끼게 되었답니다.

왓슨은 이러한 실험을 통해 행동을 조작하고 탐구하는 것만으로도 얼마든지 의식과 마음을 통제할 수 있다고 주장했습니다. 당시 과학을 앞세우면서도 동물의 행동과 보이지 않는 의식을 함께 연구함으로써 인간을 이해하려던 분위기가 있었는데 이마저 일축시켜버렸지요. 그에게는 오직 눈에 보이는 행동을 관찰하고 실험하며, 또 조작하고 그에 대한 반응을 연구하는 것만이 과학에 부합하는 것이었지요. 또한 그는 그것만으로 우리가 다루어야 할 인간의 마음에 대한 문제들은 모두 해소될 수 있다고 믿었답니다. 심지어 그는 정상적인 아이를 자신에게 맡기면 부모가 원하는 성격, 직업, 능력을 갖춘 사람으로 만들어주겠다는 공언까지 할 정도였지요.

왓슨은 그렇게 행동 연구만을 강조하는 행동주의 심리학Behavioristic Psychology의 포문을 열었으며, 사람들에게 많은 관심을 불러일으켰습니다. 과학적으로 마음을 탐구하려던 많은 학생들에게 지지를 얻어냈으며, 육아와 교육 분야에서도 관심을 갖고 그의 이론을 실제 생활에 적용해보기도 했답니다.

슈퍼스타 스키너, 한 세대를 풍미하다

의식을 제거해버린 왓슨의 심리학은 체계적이기보다는 단순한 것이었지요. 많은 심리학자들이 행동주의에 동참했지만, 그 단순함 때문에 무엇인가가 결여되어 있다는 느낌을 지울 수 없었습니다. 게다가 왓슨의 행동주의가 보여준 후유증도 속속 등장했지요. 앨버트가 이후 많은 공포증에 시달려야 했듯이, 그의 강압적으로 조작된 방법은 육아나 교육에서도 공포나 반감 등의 부작용이 보고되기 시작한 것입니다. 이에 왓슨의 완고한 행동주의는 서서히 인기를 잃어갔고, 행동의 연구에 의식이나 그에 상응하는 것들을 병행하려는 심리학적 움직임이 다시 일기 시작했습니다. 일례로 톨만Edward C. Tolman은 "유기체의 행동에는 목적이 있다. 누군가 식당에 들어가는 것을 보면 그가 배가 고파서 식사하러 간다는 것을 알 수 있다"라고 주장하며, 행동에 목적을 접목시키고자 했답니다.

그런데 이때 혜성처럼 스키너 Burrhus Frederic Skinner 가 등장합니다. 그는 의식의 결여에 대한 왓슨의 행동주의에 쏟아진 비판을 정면으로 돌파하며, 더 급진적인 행동주의로 나아가버립니다.

스키너는 의식의 존재는 인정하지만, 의식은 결코 연구 대상이 아니라고 다시 한 번 강조합니다. 그리고 다른 심리학자들처럼 다시 의식에 대해 연구하기보다, 유기체가 가진 '능동적 조건반응 Conditioned Response'을 내세우며 '신행동주의 Neobehaviorism'를 주창합니다.

그렇다면 유기체가 가진 능동적 조건반응이란 무엇일까요?

우리는 여기서 파블로프의 개 실험을 다시 생각해볼 필요가 있습니다. 개에게 먹이를 줄 때마다 종을 울림으로써 하나의 조건이 형성되었지요. 이렇게 형성된 조건으로 개는 먹이 없이 종을 울려도 침을 흘리게 되는 것이고요. 여기서 중요한 것은 개는 아무것도 하지 않고 수동적으로 반응만 한다는 점입니다. 개의 의식이나 의지라고는 개입할 여지가 없는 것이지요. 스키너는 이를 '고전적 조건형성 Classical Conditioning'이라고 불렀습니다.

반면 스키너의 실험을 한번 살펴볼까요?

그는 자신이 고안한 스키너 상자 안에 쥐를 놓아둡니다. 이 상자는 그 안에서 동물이 레버를 누르면 먹이가 하나씩 나오도록 설계되어 있지요. 맨 처음 쥐는 상자 안을 여기저기 돌아다닙니다. 그러다 우연히 레버를 누르지요. 그러자 먹이가 나옵니다. 쥐는 신 나게 먹이를 먹고 또 돌아다니지요. 그렇게 돌아다니다가 또 우연히 레버를 누릅니다. 물론 또 먹이가 나와서 기분 좋게 먹었지요. 중요한 건 이제 가만히 두

실험결과

반응횟수

시간

어도 쥐가 알아서 레버를 누르고 먹이를 받아먹는다는 것입니다. 쥐가 레버를 누르는 횟수를 그래프로 그려보면 위의 '실험결과' 그림과 같습니다.

실험결과 그래프를 통해 알 수 있는 것은 쥐가 레버를 누르는 횟수가 눈에 띄게 증가하고 있다는 것이지요. 그러다가 쥐가 어느 정도 포만감을 느끼면 레버를 누르는 횟수를 줄인다는 것이고요. 하지만 이 실험에서 스키너가 진짜 보여주려는 것은 다른 데 있습니다. 이 실험은 분명 쥐의 행동만을 관찰하고 실험하고 있습니다. 그렇지만 우리는 동시에 쥐의 욕구 변화를 눈으로 확인할 수 있습니다. 그토록 눈으로 볼 수 없다고, 그래서 실험하고 검증할 수 없는 것이라고 포기했던 의식을, 이제 스키너가 행동만으로 관찰하고 검증하고 있었던 것이랍니다. 그리고 유기체의 능동적 의지를 조건 반응화하는 것을, 스키너는 '조작적 조건형성 Operant Conditioning'이라고 불렀지요.

스키너는 눈으로 관찰 가능한 행동만으로 심리학의 본래 목적인 의식을 탐구할 수 있게 해주었고, 바로 이 점이 그를 심리학계의 대스타로 만들었습니다. 그는 서서히 관심을 잃어가던 행동주의를 다시 세우며 강한 영향력을 행사해나갔으며, 세계 곳곳에서 행동주의가 심리학의 중심이 되었답니다. 과거 우리에게 아주 익숙한, 교육이나 심리치료에서 행하는 보상과 처벌의 방법들은 모두 스키너의 이론에 근거한 것이랍니다. 스키너와 그의 심리학은 인지심리학이 대두되는 1960년대 말까지 그 누구도 넘볼 수 없는 강한 영향력을 행사할 수 있었지요.

인간은 동물이 아니다, 인본주의 심리학

이렇게 과학을 앞세운 행동주의가 강력히 대두되면서 당시 흥미진진한 해석으로 널리 퍼져 있던 정신분석학과 팽팽히 맞섰습니다. 하지만 그들이 바라보는 인간은 동물과 비슷하거나 동물만큼이나 욕망에 강하게 지배되는 존재에 불과했지요. 이에 칼 로저스 Carl Ransom Rogers 와 매슬로우 Abraham H. Maslow 등이 나타나 "그들은 인간 존재를 인간적인 방식으로 다루지 않았다. 또한 실제적인 삶의 문제를 다루지도 않았다"고 비판하며, 인간만이 갖고 있는 본성을 긍정적으로 살려내는 심리학을 제시하고자 했습니다. '인본주의 심리학' 또는 '제3의 심리학'으로 불리기도 한 이들은 그렇게 인간을 인간답게 하는 심리학을 강조하기 시작했습니다.

인본주의 심리학자들은 인간이 자신의 삶을 통제할 수 있으며, 자신의 삶을 결정할 수 있는 자유의지를 가지고 있다고 믿었습니다. 또한 본능을 넘어 스스로 성장·발전하려는 욕구를 가지고 있다고 생각했지요. 그들은 이론이나 형식적 실험에 치중하기보다, 실제 상담과 치료과정 속에서 경험하는 임상 경험을 토대로 자신들의 이론을 다듬어 나갔습니다.

먼저 인본주의 심리학의 대표주자 칼 로저스는 탁월한 임상 경험을 통해 내담자 중심 치료를 내세웠습니다. 이는 내담자가 스스로 자신의 문제를 파악하고 해결할 수 있는 능력이 있음을 전제하고, 상담자는 이를 돕는 것이지요. 이때 상담자는 내담자에게 지시·설득·해석·충고를 하기보다, 먼저 내담자가 현재 자신의 느낌과 태도를 스스로 이해하도록 분위기를 조성하고자 노력했습니다. 일례로 내담자가 "난 항상 우울해요"라고 하소연한다면, 상담자는 "당신은 계속 불행하다고 생각하는군요?"라고 반응합니다. 그러면 내담자는 자신의 감정을 좀 더 객관적으로 확인하게 되고, 자신의 감정을 이해받고 있다는 느낌과 함께 더 자유롭게 자신을 탐색할 수 있게 되는 것이지요. 이후 상담자가 내담자가 겪고 있는 문제를 더욱 잘 드러내고 이해하게 함으로써, 내담자 스스로가 문제 해결의 방향을 결정하도록 돕는 것입니다.

5단계 – 자아실현의 욕구 자신이 가진 가능성을 찾아 온전히 실현하려는 욕구
4단계 – 자아존중의 욕구 존경받고자 함과 존경하고자 하는 욕구
3단계 – 소속 및 애정의 욕구 가족 간의 사랑, 우정, 동료애, 사회집단의 소속감, 남녀 간의 사랑 등
2단계 – 안전의 욕구 보호 본능에 입각한 욕구
1단계 – 생리적 욕구 생명을 유지하는 데 필요한 인간으로서의 기본적인 욕구

칼 로저스는 이렇듯 내담자 스스로의 자기 이해 능력과 성장하고자 하는 욕구를 믿고 또 지지해줌으로써 탁월한 상담가로서의 명성을 얻었을 뿐 아니라, 상담 기법의 발전에 없어서는 안 될 핵심적인 역할을 하였답니다.

한편 또 한 명의 대표적 인본주의 심리학자인 매슬로우는 제퍼슨, 링컨, 아인슈타인 등 존경받는 인물과 자신의 주변 사람들을 연구함으로써, 인간이 가진 욕구의 체계를 제시해 보이기도 했답니다.

매슬로우는 인간의 동기에는 위계가 있어서 각 욕구는 하위 단계의 욕구들이 어느 정도 충족되었을 때 점차 상위 욕구로 나아간다고 주장하였습니다. 그는 인간의 욕구를 생리적 욕구·안전의 욕구·소속 및 애정의 욕구·자아존중의 욕구, 자아실현의 욕구 등 5단계로 구분하였는데요, 결국 인간이란 생리적 욕구 및 애정과 존중받고 싶은 욕구를 뛰어넘어 스스로 높은 삶의 가치를 실현하려는 자아실현 욕구로까지 나아간다는 것을 분명히 보여주려 한 것이지요. 그는 여기서 하위 단계가 만족되지 못하면, 상위 단계로 올라가지 못한다는 것도 분명히 하고 있답니다.

인본주의 심리학은 오늘날에도 상담 등에서 여전히 그 힘을 발휘하고 있으며, 임상심리학Clinical Psychology이나 상담의 기법 등을 발전시키는 데 많은 영향을 미쳤다고 할 수 있습니다. 또한 그동안의 심리학이 간과했던 인간의 가치와 의식, 자아, 자아실현 등의 개념을 다시 한 번 되짚어볼 수 있게 했으며, 이런 개념들을 다시 심리학의 주된 대상으로 삼는 기회를 마련하는 데도 좋은 역할을 했다고도 할 수 있답니다.

삶의 의미를 추구한
칼 융과 프랭클의 심리학

　　인본주의 심리학자들은 인간의 자유의지와 자아실현 욕구를 믿으며 인간의 가치를 높이려 했지요. 여기에 그와 궤를 같이하면서 좀 더 구체적인 삶의 태도와 자아실현의 방법 등을 제시하며, 실제 생활 속에서 삶의 철학으로서의 역할을 자처한 심리학자들이 있어 소개해봅니다. 바로 칼 융Carl Gustav Jung과 빅터 프랭클Viktor Emil Frankl인데요, 이들 또한 넓게는 인본주의 심리학자에 포함되기도 한답니다. 이 둘은 모두 우연하게도 프로이트의 직간접적인 제자라 할 수 있는데요, 둘 다 아주 독특한 개인적 경험을 토대로 자신의 삶에 대한 이론을 전개해나갔답니다.

자기실현을 제시한 칼 융의 분석심리학

한때 프로이트의 수제자였던 칼 융은 과학을 내세우기는커녕, 비과학적이고 영적인 것까지 추구하는 정신분석학자였답니다. 그는 스스로가 신비로운 경험의 소유자이기도 했는데요, 미신적으로 보이는 심령적인 것들을 고집했기 때문에 스승인 프로이트와도 결별해야 했습니다. 그래서인지 그의 이론을 쉽게 받아들이지 못하는 사람도 많답니다. 칼 융이 말하는 원형Archetype이니 집단 무의식Collective Unconsciousness 같은 것들은 일반 상식으로는 쉽게 이해하기 힘들기 때문이지요. 그러나 그의 이론은 많은 상담 치료와 자신의 경험에 기반을 둔 것이며, 동시에 수천 년을 이어져 온 신화와 다양한 종교 등과도 관련되어 있는 것이었지요. 그 결과 많은 사람들이 그의 뒤를 따르며 심리적 안정 효과와 치료 효과를 경험하거나 자기실현을 시도하게 되었답니다.

융은 먼저, 인간은 자신이 인정하기 힘든 인격의 다른 측면인 그림자Shadow를 가지고 있다고 말합니다. 그는 자아와 그림자가 서로 양극에 있다고 말하면서, 우리가 볼 때는 열등하거나 야만적으로 보이는 어두운 면이 그림자라고 말합니다. 이 그림자가 우리 스스로 긍정적으로 보는 자아와 반대편에 있으면서 균형을 이룬다고 주장했지요. 융은 우리가 이유 없이 어떤 사람을 싫어하게 되는 경우, 그 사람이 바로 자신의 그림자를 보여주고 있기 때문이라고 지적합니다. 그리고 이 그림자는 꿈속에서 대개 부정적인 인물 등으로 나타난다고 합니다. 융은 그림자를 나쁜 것으로 외면하기보다, 자신의 일부분으로 인정하고 적절하게 받아들임으로써 자아와 무의식이 통합될 수 있다고 주장합니다. 그리고 자신의 그림자를 충분히 고찰할 수 있을 때, 꿈 등을 통해 다음 단계라고 할 수 있는 아니마Anima와 아니무스Animus를 접할 가능성이 높아진다고 말하고 있답니다.

여기서 '아니마'는 남성 안에 있는 여성성이지요. 반대로 '아니무스'는 여성 안에 있는 남성성입니다. 융은 남성적인 것은 논리적이며 이성적인 면이 강하고, 여성적인 것은 감성적이며 공감하는 면이 강하다고 전제하고 있지요. 그래서 남자는 그 무의식 내부에 여성적인 것, 감성적인 것을 품고 있고, 반대로 여자는 이성적인 것을 품고 있다고 합니다. 그리고 우리가 쉽게 사랑에 빠지는 경우도 많은 부분 자신의 아니마나 아니무스와 유사한 대상을 찾았기 때문이라고 강조하고 있답니다. 그런데 이 아니마와 아니무스는 각 민족 속에 내려오는 오랜 집단 무의식의 영역이라고 합니다. 그렇기 때문에 파악하기가 더 복잡하며, 꿈속에서 등장하는 상징물 또한 더욱 격렬한 심리적 반응을 느끼게 한다고 합니다. 그래서 이런 꿈은 깨어난 후에도 강한 심리적 여운과 신비로운 감정을 동반하기도 하지요.

남성은 꿈속에서 창녀, 신성한 영적 지도자나 동굴, 비옥한 토양, 바다 등으로 아니마를 접할 수 있으며, 여성은 영웅, 시인, 영적 지도자나 검, 불꽃같은 바람, 불 등의 이미지로 아니무스를 접할 수 있답니다. 융은 이런 각자의 아니마와 아니무스를 인식함으로써, 진정한 자기실현의 길로 나아갈 수 있다고 주장합니다.

그렇다면 융이 말한 자기실현이란 무엇일까요?

우리가 의식하는 것이 자아라면, 이 의식에 우리가 의식하지 못하는 무의식 또는 집단의식까지 포함하는 말이 '자기^{Self}'입니다. 그러므로 자기실현이란 단순히 스스로가 의식하는 바람과 욕구를 충족시키고 실현해나가는 것이 아니라, 자신의 무의식의 욕구까지도 모두 충족시켜가며 실현하는 온전한 실현인 것이지요. 그래서 자기실현이라는 것은 자신의 못난 점, 부정적인 것, 뿌리 깊게 새겨져 있는 무의식적 욕망이나 집단의식조차도 다 인정하며 찾아가는, 온전한 의미의 자기를 찾아 떠나는 여행인 것입니다. 우리는 이런 융의 생각들을 파울로 코

만다라 우주 혹은 자기 전체를 나타내는 상징적 원형으로 융이 프로이트와 결별 후 자기 극복 과정에서 많이 사용하였다. 불교, 기독교 등 종교적 깨달음이나 영적 훈련을 추구하는 곳에서도 자주 사용된다.

엘료의 소설 『연금술사』에서 유사하게 만나볼 수 있습니다.

한편 융은 개인 무의식과 집단 무의식 등을 의식화하는 데 이해를 돕기 위해 인간 행동의 유형을 외향형과 내향형, 감각형과 직관형, 사고형과 감정형, 판단형과 인식형 등의 4가지 기능으로 나누어 설명했는데요, 이는 후에 'MBTI'라고 하는 성격유형검사에 반영되어 널리 사용되고 있습니다. 또한 융의 의식화를 돕기 위한 놀이와 만다라 그리기 등의 작업은 오늘날 미술 치료 등에도 직접적인 영향을 미치고 있답니다.

구체적인 생활철학을 제시한 빅터 프랭클

빅터 프랭클은 유대인이었기에 나치의 포로수용소에서의 극단적인 삶을 경험해야 했지요. 그는 다른 포로들처럼 사랑하는 가족과 생이별을 해야 했고, 수용소에 갇혀 언제 죽을지 모르는 공포, 굴욕, 무의미한 고통 속에서 하루하루를 지내야 했답니다. 여기에 독일군에게 책으로 내려고 했던 소중한 원고까지 빼앗기자 그는 몹시 절망합니다. 그때 누군가가 빅터가 입을 죄수복을 건네주었는데요, 그 옷 안에는 작은 종이쪽지가 있었다고 합니다. 그 쪽지에는 '진심으로 네 영혼과 힘을 다하여 하느님을 사랑하라'라는 구절이 쓰여 있었는데, 그 글을 보는 순간 그는 무슨 일이 닥치더라도 열심히 살아서 하느님이 주신 삶의 목적을 찾아야겠다고 결심하게 됩니다.

빅터 프랭클의 『죽음의 수용소에서』, 1946년 나치 수용소에서의 경험을 『강제수용소를 체험한 한 심리학자』라는 이름으로 첫 출판하였다. 이후 로고테라피에 대한 이론적 설명이 덧붙여졌으며, 한국 및 세계 각국에 알려져 꾸준한 사랑을 받고 있다.

프랭클은 그후 인간으로서 존엄성을 잃지 않고 살기 위해 최선을 다하게 되었지요. 당시 포로들은 씻는 물은커녕 마실 물조차 얻기 힘든 상황이었습니다. 하지만 그는 하루에 한 컵씩 배급되는 물을 반만 마시고 나머지는 세수를 하는 데 사용했으며, 유리 조각으로 면도도 했지요. 턱없이 부족한 물과 유리 조각으로 하는 세수와 면도가 제대로 될 리 없었겠지요. 하지만 그는 몸 씻기와 면도를 게을리하지 않았는데요, 극한 상황 속에서도 스스로가 인간으로서의 존엄성을 지키고자 한 것입니다. 또한 결코 낙담하거나 절망하는 말은 입에 담지도 않았다고 합니다. 그 덕분에 그는 다른 유대인보다 건강하고 깨끗해 보여 죽음의 가스실로 끌려 들어가는 것을 면할 수 있었고, 끝까지 살아남아서 해방을 맞이했답니다.

프랭클은 이런 자신의 경험을 통해 어떤 상황 속에서도 스스로가 삶의 자세를 선택할 수 있다는 것과, 삶의 의미가 가지는 심리적 중요성을 인식하게 되었다고 합니다.

한편 정신분석학자였던 프랭클은 삶의 의미를 찾지 못해 공허감과 욕구불만으로 신경증을 앓고 있는 환자들도 목격하게 되었지요. 이에 그는 '의미 치료'라 불리는 '로고테라피 Logotherapy'를 제안하게 됩니다. 이는 환자가 도피하고 있는 삶의 의미에 대한 생각과 책임을 환기시키고, 스스로가 삶의 의미와 가치를 찾아 적극적으로 책임지도록 조력하는 것이지요. 이런 그의 심리학은 삶의 의미를 잃은 신경증 환자뿐만 아니라 정신병이나 죽음을 앞두고 있는 시한부 환자들에게도 많은 도움을 주고 있으며, 일반인에게도 구체적인 생활철학을 제시해주는 역할을 하고 있답니다.

생각의 과정을 추적하는
인지심리학과 뇌 과학

연구 대상에 대한 접근 자체가 모호했던 학문, 심리학. 그래서일까요? 분트로부터 시작된 심리학은 각기 다른 접근 방법과 이론을 내세우며 끊임없이 각축을 벌여야 했지요. 인식을 분석하거나 무의식으로 파고드는가 하면, 아예 의식 탐구를 포기하는 등 다양한 시행착오와 모험을 강행해야 했답니다.

이렇게 다양한 논쟁과 시도들이 팽배해 있었던 심리학이지만, 시간이 지남에 따라 알게 모르게 하나의 공통된 무기를 갖추게 되었는데요, 그것은 인간이 가진 인지 구조를 연구하는 '인지심리학Cognitive Psychology'이라는 것이었지요. 그리고 분트 이후 끊임없이 계속되어 온

생리학적 접근의 노력은 MRI 영상 촬영과 같은 첨단 과학기술의 도움을 얻게 되면서, '뇌 과학^{Brain Science}'이라는 아주 과학적이고 구체적인 증거까지 확보할 수 있게 되었답니다.

심리학자들의 광범위한 지지를 받는 심리학

인지심리학에서는 마음의 중요한 특성을 '인지認知'로 봅니다. 이에 일상생활에서 각종 대상에 주의를 기울이고, 인식하고, 기억하고, 학습하고, 또 언어를 사용해 생각하고 느끼며 감정을 획득하는 것, 그리고 그에 따르는 문제를 해결하고 행동하는 것 등을 대상으로 하여 다양한 연구를 하게 됩니다. 인지심리학은 이렇게 인간의 인지 과정이나 지식 획득 과정 등을 연구하는 것으로, 인간의 심리를 연구하는 사람이라면 좀처럼 외면할 수 없는 기본적인 연구 목록이라 할 수 있지요. 그래서일까요? 오늘날 많은 심리학자들은 자신을 인지심리학자라고 말하지 않아도, 어떤 형태로든 인지심리학과 관련을 맺고 있답니다. 사실 과거에는 인간의 의식이나 인지에 대한 연구가 추상적인 접근이나 비과학적인 방법 외에는 불가능했기 때문에 외면받아왔던 것이지요. 또한 그런 이유로 눈에 보이는 행동을 탐구하는 행동주의 심리학이 각광받았던 것도 사실입니다.

하지만 피아제^{Jean Piaget}가 '인지발달이론^{Theory of Cognitive Development}'을 소개하면서 인지의 구조와 법칙에 대한 구체적 관심이 일었지요. 그는 자신의 자녀들에게 사물을 보여주고 관찰·실험한 결과, 인간의 인지 능력이 4단계에 걸쳐 일정한 순서로 발달하고 있음을 알게 되었지요.

최초의 '감각운동기'에는 감각적 반사운동을 하고 주위에 대해 강한 호기심을 보입니다. 또한 숨겨진 대상을 찾는 등 물체가 보이지 않아도 존재하고 있음을 이해하는 대상영속성 Object Permanence 의 개념을 갖지요. 두 번째는 '전조작기'로 자기중심적이며 사물에서 하나의 특징을 끌어내 사고하는 시기지요. 다음은 '구체적 조작기'로 사물 간의 관계를 관찰하고 사물들을 순서화하는 능력이 생기며, 자기중심적 사고에서 벗어나 자신의 관점과 상대방의 관점을 이해하기 시작합니다. 그리고 마지막으로 '형식적 조작기'에는 논리적인 추론을 하고, 자유·정의·사랑과 같은 추상적인 원리와 이상들을 이해할 수 있게 된다는 것이지요.

피아제는 인지발달의 각 단계에 도달하는 데는 개인의 지능이나 사회 환경에 따라 다소 연령의 차이는 있을 수 있으나, 발달 순서는 절대 바뀌지 않는다고 전제했습니다. 이는 결국 인간이 백지 상태에서 사물을 받아들이는 것이 아니라, 머릿속에 일정한 인지 패턴이 존재하고 또 발달하고 있음을 시사해주는 것이었지요. 그리고 그것을 다양한 실험을 통해 직접 연구할 수 있다는 가능성을 보여준 것입니다.

그리고 여기에 언어학자인 촘스키 Avram Noam Chomsky 가 나타나 언어가 단순히 학습된 것만이 아니라는 사실을 지적합니다. 실제로 우리는 언어를 배우는 단계에서 문법을 배우지는 않습니다. 또한 세상의 모

든 단어를 다 외우고 있지도 않고요. 그런데
도 우리는 지금까지 듣지도 보지도 못한 문
장을 만들어낼 수 있으며, 듣는 사람도 그와
같은 문장을 이해할 수 있습니다. 이는 곧
언어가 일정 규칙을 가지고 있으며, 우리가
그 규칙들을 자연스럽게 체득하고 활용할
수 있는 의식 구조를 가지고 있음을 의미하
는 것이지요. 이에 촘스키는 언어 규칙과 인
간이 가진 언어 능력을 추적하여 이론화하
려는 시도를 합니다. 바로 이러한 노력이 인
간이 가진 언어와 기호 조작 과정을 더욱 선
명하게 보여주면서 인간의 사고와 인지 과
정에 대한 연구에 또 다른 방법들을 제공하
기 시작했지요.

촘스키 촘스키는 언어를 획득하는 자질은 이미
타고나는 것이고, 이것에 기초하여 개인은 모국
어를 접촉함으로써 언어 능력을 체득한다고 주장
한다. 그는 언어학 이외에도 정치학, 철학, 심리
학 등에도 관심과 성과를 보여주고 있다. 특히 강
대국의 패권적인 대외 정책과 언론, 지식인의 유
착 등을 폭로하고 비판하는 데 앞장선 진보지식
인으로도 잘 알려져 있다.

　　한편 언어학 말고도 더 거리가 있어 보이는 학문에서도 인지심리학
의 발전을 부추기고 있었답니다. 우선 전쟁 과정에서 발달한 인간의
수행에 관한 생각과 정보론이 그것인데요, 이는 정보처리 과정을 분석
하는 모범을 보여줌으로써 인간사고 과정을 정보처리 과정으로 재현
해내는 데 도움을 주었지요. 게다가 컴퓨터의 발전으로 그 정보처리
과정의 결과가 모니터에 재현되는 것을 확인할 수 있었답니다. 이에
두뇌의 정보 수행을 닮은 컴퓨터의 정보처리 개념들과 도식들은 자연
스럽게 인지심리학에 채용되어 사용되고 있습니다.

인간의 마음을 읽는다, 심리학 •

이렇듯 심리학 내·외부에서의 다양한 연구 성과들이 인간의 의식 과정과 인지 과정 등을 좀 더 객관적이고 과학적으로 탐구해낼 수 있게 돕기 시작합니다. 그 결과 인간의 의식과 심리를 과학적으로 연구한다는 심리학의 본 취지와도 가장 잘 어울리는 인지심리학이 크게 각광받으며, 곳곳에서 사용하는 중요한 도구가 된 것이지요.

그렇다면 어떤 방법으로 연구한다는 것일까요? 우선 전통적인 심리학에서 행해오던 심리 실험 방법이 있지요. 이는 자극을 제시하고 그에 따른 인지적·행동적 반응을 살펴서 인지의 작동 과정을 설명하려는 방식인데요, 주로 '반응시간법Latency Recording'이 많이 쓰입니다. 이 방법은 자극 상황이 질적으로 달라짐에 따라 인간의 정보처리 속도도 달라진다는 것을 전제한 것으로, 반응 시간의 차이를 통해 인지적·심리적 특성을 추론하는 것이랍니다.

두 번째 방법은 인지의 작동 과정을 컴퓨터 과학의 계산적 방법에 적용하고, 이를 시뮬레이션해봄으로써 그 타당성을 밝혀보려는 것이지요. 특히 1980년대 이전에는 컴퓨터에서 유추하여 인간의 심리적 과정을 모형화하는 데 주력했다면, 그 이후에는 오히려 두뇌에서 유추하여 심리적 과정을 모형화하려는 움직임이 강합니다. 이는 컴퓨터의 간단하고 단선적인 정보처리 과정에서 뇌의 신경망이 가지고 있는 방만하고 병렬적인 정보처리 과정을 부각시킨 것이지요.

두 번째 접근 방법이 단순히 뇌세포의 신경망을 모방해 응용하는 것이라면, 또 다른 방법으로 뇌를 직접적으로 관찰하고 실험하는 방법이

있습니다. 이것이 최근에 각광받고 있는 소위 '뇌 과학'이라는 것이랍
니다. 이는 인지 신경과학적 접근 방법으로서, 뇌의 신경적 구조와 과
정을 밝힘으로써 마음의 작동 방식을 밝히려는 것이지요. 뇌 손상 환
자의 신경적 특성을 탐구하여 정상인과 뇌 손상 환자의 인지적 차이를
발견하는 것이 그 대표적 예라 할 수 있습니다.

오늘날의 발달된 MRI 등의 과학기술은 뇌 안에서 벌어지는 일을, 인
간의 행동을 유발하는 신경 통로와 시냅스Synapse까지도 실제 영상으
로 볼 수 있게 해줍니다. 일례로 뇌 과학자들은 대뇌피질에 많은 관심
을 갖고 있는데요, 이는 마치 덮개처럼 뇌의 다른 부분을 감싸고 있는

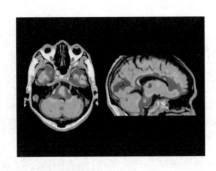

뇌의 MRI 영상 촬영 모습 뇌 촬영 기술의 발달로 인지와 감정 등의 반응 변화에 대한 과학적이고 객관적인 정보를 얻게 되었다.

부분이지요. 대뇌피질은 여러 겹의 주름이 잡혀 있는 것을 확인할 수 있는데, 이 주름 덕분에 작은 공간에 많은 대뇌피질이 꼬깃꼬깃 자리 잡을 수 있는 것입니다. 인간의 꼬깃꼬깃한 대뇌피질에는 수많은 신경세포가 들어 있어서 고도의 정신작용을 할 수 있는 것이지요. 반면 동물의 대뇌피질에는 주름이 거의 없다고 합니다. 또한 이 대뇌피질은 각 부위마다 하는 역할이 다르다는 것도 MRI 영상 촬영을 통해 확인할 수 있었답니다. 맨 앞의 전두엽에서는 추리판단과 같은 복잡한 사고 과정이 일어나고, 귀와 가까운 양옆의 측두엽에서는 언어를 비롯해 소리, 감정, 기억에 관련된 작업이 일어난다는 것을 알게 되었지요.

이런 식으로 과학기술을 통해 뇌와 뇌 속에서 일어나는 인지에 관련된 정보들을 파악할 수 있게 되었으며, 가장 확실한 과학적 증거를 제시할 수 있게 된 것입니다. 그렇기에 어쩌면 뇌 과학 분야의 향방이 인지과학 전체의 향방을 가를 것이라는 말도 나오고 있답니다.

그렇다면 뇌 과학과 인지심리학의 치료 효과는 어떠할까요?

먼저 뇌 과학과 생리학의 결과들은 뇌에 작용하는 약과 약물을 만드는 데 사용되며, 약물 치료를 가능케 하고 있지요. 약물 치료는 다소 부작용이 따르지만, 많은 부분 강력한 치료 효과를 동반하곤 합니다. 그리고 상담 치료 시간을 많이 갖지 못하는 국내의 정신 의료적 환경 때문에도 약물 치료가 가장 많이 사용되고 있기도 하지요.

한편 인지심리학에서 사용하는 인지 치료는 정신분석학 등 다른 치료 방법들에 비해 위험성이 거의 없다는 장점이 있습니다. 인지 치료는 상처를 캐내는 것이 아니라, 스스로의 생각을 재조정하는 데 초점이 맞추어져 있기 때문이지요. 인지 치료에 행동주의적 장점을 첨가한 인지행동 치료 Cognitive Behavior Therapy 또한 유효한 효과와 안전성으로 많은 인기를 얻고 있답니다.

　중요한 점은 이런 인지심리학과 뇌 과학의 장단점을 떠나, 현대 자체가 인지과학의 시대라는 점입니다. 20세기 후반부터 인간의 마음을 해명하는 일에 관심을 갖고 있던 철학·심리학·신경과학·언어학·인류학·인공지능 등이 적극적으로 인지과학 연구에 동참하고 있답니다. 또한 인지과학의 성과들이 학문은 물론 산업 전반에까지 활발하게 응용되고 있어, 그 영향력이 방대해지고 있지요. 그래서 이를 '인지과학 혁명'이라 부르곤 한답니다.

알면 흥미롭고 유익한 심리학 실험

이제껏 이론을 설명했다고 해서, 심리학을 이론만 장황한 딱딱한 학문으로 오해하는 것은 아니지요? 심리학에는 실생활에 활용되는 실험들도 아주 풍부하답니다. 여기에 흥미로운 몇 가지만 소개해보기로 하지요.

▶ 좋아하는 사람이 생기면?

대학생들에게 몇 사람의 얼굴을 보여주는 실험을 했습니다. 어떤 사진은 25회나 보여주고, 어떤 사진은 한두 번 보여주고 말았습니다. 그 결과 대학생들은 많이 본 사진의 인물일수록 더 좋게 생각하고, 더 좋아할 것 같다고 대답했습니다. 단순히 노출 빈도만 높였을 뿐인데 호감도가 올라간 것이지요. 이 실험은 일반인을 대상으로 했을 때도 같은 결과가 나왔다고 합니다. 우리가 연예인을 좋아하는 이유 중 하나도 TV를 통해 익숙해졌기 때문이지요. 좋아하는 사람이 있다면, 모름지기 일단 자주 눈에 띄도록 해야 할 것입니다. 이를 심리학에서는 '단순 노출 효과'라고 합니다.

▶ 못생긴 친구가 날 돋보이게 할까?

자신보다 잘생긴 사람과 있을 때와 자신보다 못생긴 사람과 있을 때, 어느 쪽이 더 돋보일까요? 평범한 사람을 대상으로 아주 잘생긴 사람과 못생긴 사람을 짝 지어 호감도를 평가해보았습니다. 그 결과 평범한 사람은 잘생긴 사람과 있을 때 호감도가 떨어졌고, 못생긴 사람과 있을 때 호감도가 올라갔지요.

두 번째는 두 사람이 친구라 하고 호감도를 평가했습니다. 그랬더니 이번에는 반대 평가가 나왔습니다. 잘생긴 사람과 있을 때 호감도가 올라가고, 못생긴 사람과 있을 때 호감도가 내려간 것이지요. 결국 낯선 사람과 있을 때는 못생긴 사람과 함께, 친구와 있을 때는 잘생긴 친구와 함께할 때 더 매력적으로 보일 수 있다는 것이지요. 이를 '발산 효과'와 '대비 효과'라 합니다.

▶ 좋은 인상을 남기고 싶다면?

피험자들을 두 집단으로 나누고 한쪽의 피험자들에게 '지적이다' '재간 있다' '근면하다' '다정하다' '결단력 있다' '실제적이다' '조심스럽다' 등 7개의 특성들을 읽어주었습니다. 또 다른 한쪽의 피험자들에게는 모든 것을 같게 하고 단 하나 '다정하다'를 '냉정하다'로 바꾼 특성들을 읽어주었지요. 그 결과 두 집단의 인상에 대한 평가는 긍정과 부정으로 완전 갈렸습니다. 이 실험에서 보여주는 것은 '다정하다'와 '냉정하다'라는 속성이 다른 속성을 지배할 만큼 강하다는 것입니다. 그러므로 타인에게 좋은 인상을 남기려면 지적이고 냉정한 이미지보다, 따뜻하고 다정한 이미지를 보여주어야 할 것입니다.

▶ 여자의 사랑은 다르다?

러빈 Zick Rubin 이라는 심리학자가 개발한 사랑 척도와 호감 척도를 가지고, 미시건 대학교 182쌍의 남녀를 대상으로 실험을 했습니다. 그 결과 여성은 사랑과 호감의 상관관계가 0.36으로 낮았던 데 비해, 남성은 0.56이나 되었지요. 이는 남자들은 여자들보다 사랑과 호감을 더 구분하지 못하고 있다는 것을 말합니다. 결국 남자들은 호감을 가지면 쉽게 사랑으로 생각할 수 있다는 얘기이고, 반면 여자는 극단적인 경우 좋아하지 않더라도 결혼할 가능성도 높다고 말할 수 있지요. 사랑하지 않으면서도 돈을 보고 결혼하는 경우가 드라마에만 있는 것은 아닌가 봅니다.

▶ 작은 부탁부터 먼저!

미국 캘리포니아 일대의 집들을 방문하여 안전운전에 대한 입법 촉구에 서명해달라고 요구했습니다. 이때 방문한 거의 모든 피험자들은 서명에 동의했지요. 2주 후 전에 서명한 주부들과 애당초 서명을 요구한 적이 없는 주부들에게 각각 볼품없는 입간판을 세우는 데 동의해달라고 요구했습니다. 그 결과 전에 서명했던 주부들은 55% 이상, 지난번 서명을 요구하지 않았던 주부들은 17% 이하만이 입간판을 세우는 요구에 동의하였다고 합니다. 이는 작은 요구에 동의를 얻어내는 것이 큰 요구를 들어줄 확률을 3배나 높일 수 있음을 보여주는 것이지요. 무엇인가 요구를 관철시키고 싶은 것이 있다면 참고하기 바랍니다.

제2장

그림으로 펼치는
생각의 역사,
서양 미술사

일정한 패턴을 그리며 변모해온 **회화**의 역사

『청소년을 위한 지금 시작하는 인문학 – 가로 읽기』에서는 모네로부터 본격화된 현대 회화의 다양한 변화를 살펴보았습니다. 여기서는 인류 최초의 회화부터 모네 이전의 회화까지 다양한 시대에 걸쳐 전개된 서양 회화의 역사를 살펴보려고 합니다.

인류가 시작되면서부터 시작된 회화의 역사는 아주 긴 세월 동안, 다양한 문화적 영향 속에서 변모해왔습니다. 놀라운 것은 그러한 변화가 비단 문명의 시대부터가 아니라, 이미 석기 시대부터 시작되었다는 점이지요. 앞으로 살펴보겠지만 구석기 시대의 그림과 신석기 시대의 그림은 확연히 다른 모습을 하고 있는데요, 그 둘의 차이가 서양 미술사 전체에서 다양한 패턴을 그리며 재현되는 듯한 모습을 확인할 수 있답니다.

결국 인류의 회화 발전사는 그 속도 면에서는 현대 회화에 크게 미치지 못하지만, 그 변화의 폭 면에서는 현대 회화 못지않다고 할 수 있는 것이지요. 그리고 그 변화의 저변에는 당시 사회가 필요로 했던 사상과 인식이 있었고, 회화 또한 그 필요성들을 수용해가며 변화해왔다는 것을 알 수 있습니다.

우리는 서양 미술사를 통해 회화가 어떻게 그 필요성을 담아내며 변모하는지, 그리고 그 변화된 모습이 또다시 이후의 회화에 어떠한 영향을 미치며 발전하는지까지를 살펴볼 수 있을 것입니다.

간절한 바람을 담은
원시 시대의 미술

인간은 언제부터 미술활동을 해온 것일까요? 솔직히 그 시작을 정확히는 알 수 없답니다. 하지만 약 4만 년 전후에 현생인류가 나타났고, 얼마 지나지 않아 미술작품을 만들 수 있게 되었다는 것은 분명합니다. 약 1만 5천 년 전후에 그려진 것들로 추정되는 라스코 ^{Lascaux} 벽화나 최소한 3만 5천 년 전에 만들어진 것으로 추정되는 슈바벤의 비너스 ^{Schwaben Venus} 같은 작품들이 이를 말해주고 있기 때문입니다. 아직 인류가 정착생활을 시작하기 전인 구석기 시대였음에도, 그 작품들이 오늘날과 비교해 크게 뒤떨어지지 않는 것을 보면, 아마도 인류에게 있어 미술은 타고난 본능과도 같은 것이었나 봅니다.

바람을 생생하게 담아낸 구석기 시대의 미술

　정착생활 이전인 구석기 시대의 회화는 동굴에서 많이 발견되곤 하는데요, 그 대표적인 것이 프랑스 도르도뉴 지방의 라스코 동굴 벽화입니다. 이 벽화는 약 2미터가 넘는 높이의 동굴 천장에 말, 소, 사슴 등 200여 마리나 되는 동물들이 그려져 있습니다. 이 벽화의 동물들은 아주 역동적이고 생기가 넘치게 묘사되어 있는데요, 구석기 시대에 그렸을 것이라고는 믿기지 않을 만큼 매우 사실적으로 보인답니다. 여기에 황토와 숯을 이용해 만든 검은색, 붉은색, 노란색, 흰색 등 색들의 적절한 표현은 그 생생함을 더해주고 있지요.

　라스코 동굴 벽화에는 옆구리에 창을 맞아 내장이 흘러나온 들소나 남근이 묘사된 사냥꾼 등 다양한 상황들이 펼쳐져 있는데, 이는 당시 가장 중요한 생활양식이었던 사냥의 모습을 담아낸 것임을 쉽게 알 수가 있습니다.

　구석기인들에게 사냥은 가장 중요한 생계 수단이었으며, 동시에 목숨을 건 활동이었지요. 그들은 위험을 무릅쓰고 사냥터에 나가야 했고, 필히 상대 동물을 쓰러뜨려야 했답니다. 이에 그들에게는 두려움을 극복하고 상대 동물들을 정복하는 것이 가장 큰 바람이었을 텐데요, 그 바람을 그림에 담았을 것입니다.

　이 벽화에서 아주 재미있는 점을 발견할 수 있는데, 실제 여러 벽화에서 창 자국이 발견되었다는 점입니다. 아마도 그들은 이 동물 그림들을 향해 돌을 던지고 창으로 찌르기도 했던 것으로 보이는데요, 바

라스코 동굴 벽화 생생하고 구체적인 동물 그림들을 많이 볼 수 있다. 이 그림들은 미술사가 추상적인 그림에서 구체적인 그림으로 발전했을 것이라는 당시의 생각을 뒤집어버렸다.

로 이런 행동들을 통해 사냥에 대한 자신감을 얻고 성취감을 미리 맛보려고 했던 것으로 보입니다.

　또한 그들은 실제 사냥 훈련을 하는 데도 벽화를 사용한 것으로 보이는데요, 이는 가끔 벽화에 새로 겹쳐 그린 흔적들이 발견되고 있기 때문이지요. 수차례 창으로 찌르는 연습과 훈련을 하고 난 후, 더 이상 연습할 공간이 없으면 새로운 그림을 그 위에 다시 그렸을 것이라고 추측할 수 있습니다.

　이렇듯 구석기 시대의 미술은 오늘날 우리가 생각하는 아름다운 감성 같은 것이라기보다는, 두렵고 힘겨운 자연환경 속에서 삶의 안녕을

빌렌도르프의 비너스 오스트리아 빌렌도르프에서 철도공사 도중 발견된, 돌로 만든 여인상(女人像)이다. 높이 11센티미터의 조그만 계란형 돌에 출산(出産)에 관련된 부분만 유독 크게 표현되어 있어, '출산의 비너스'라고도 불린다.

기원하는 성격이 강했다고 볼 수 있습니다. 이러한 바람의 성격은 돌조각인 빌렌도르프의 비너스 Willendorf Venus 나 앞에서 언급한 슈바벤의 비너스에서도 쉽게 찾아볼 수 있답니다.

약 2만 년 전후의 것으로 추정되는 빌렌도르프의 비너스는 가슴과 엉덩이가 비정상적으로 크게 묘사된 여인 조각상이지요. 출산과 관련한 신체 부분만이 지나치게 강조된 것으로 보아, 다산과 풍요를 기원하는 것이라 볼 수 있습니다. 심지어 슈바벤의 비너스는 성기까지도 지나치게 크게 강조되어 있답니다.

추상적 사고의 시작, 신석기 시대의 미술

인류가 정착하고 본격적으로 농경을 시작하자 미술을 표현하는 방법도, 미술에 대한 생각도 서서히 변화하기 시작합니다. 계절의 변화 등에 따라 여기저기 떠돌며 수렵과 채집을 하던 인류는 농경생활을 하고 가축을 기르면서 정착하기 시작했지요. 단순해 보이는 이 변화는 아주 놀라운 것이었답니다. 그동안 단순히 자연에 순응하며 식량을 구하고 머물 곳을 찾아야 했다면, 이제 스스로 식량과 가축을 얻을 수 있는 방법을 터득하기 시작한 것이지요. 그들은 움막을 지어 머물 공간

도 마련하기 시작했으며, 토기까지 만들어 식량을 저장해둘 수도 있게 되었답니다.

정착생활은 갈수록 안정되어 갔으며, 인구도 늘어났지요. 좀 더 많은 사람들과 어울리면서 언어도 발달하게 되었을 것입니다. 그리고 무엇보다 벼농사를 위해 자연환경의 변화와 반복되는 주기에도 많은 관심을 보여야 했을 것입니다. 그들은 이렇게 언어의 발달과 자연 변화에 대한 관심 속에서 규칙성을 배우고, 좀 더 발전된 추상적인 사고를 할 수 있게 되었던 것으로 보입니다.

그러한 변화의 흔적들을 그들이 그린 암각화나 토기의 문양에서 발견할 수 있지요. 암각화에서는 선이나 원 모양 같은 기하학적 무늬나

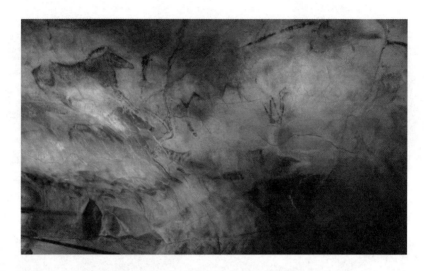

알타의 암각화(Rock Art of Alta) 노르웨이 북부 노스 곶의 바위 그림이다. 순록, 새, 고래 등 다양한 동물이나 여러 가지 기하학적인 도형, 사냥과 배를 탄 사람을 묘사한 그림도 많다.

간단하게 선으로 묘사된 해, 달, 동물 모양 등을 볼 수 있고, 토기에서도 빗살무늬, 격자무늬, 삼각무늬, 지그재그 무늬 등과 같은 일종의 패턴을 확인할 수 있습니다. 반면 이 시기에는 구석기 시대와 같은 아주 구체적인 벽화나 그림들은 거의 발견되지 않고 있답니다.

한편 우리는 당시 예술의 또 다른 차원을 볼 수 있는데요, 그것은 바로 토기에 새겨진 무늬의 의미일 것입니다. 신석기인들은 저장 등의 필요성에 의해 많은 토기를 만들었는데, 거기에 애써 무늬를 새겨 넣었다는 점입니다. 이 무늬들은 앞서 설명했듯이 추상적 사고의 발전에 기인한 것이기도 하지만, 동시에 어떤 특별한 필요성이 있거나 단순히 무언가가 되기를 기원하는 주술적인 의미는 아니라는 점이지요. 그것은 어쩌면 개인의 취향이나 개성을 단순한 유희로 표현한 것일 수 있는데요, 이는 오늘날의 예술과 유사한 모습이라 할 수 있습니다.

　물론 신석기 시대에도 여전히 기원의 성향이 강하게 남아 있었답니다. 그들은 열심히 농사를 지어도 가뭄이나 폭풍우 등 자연의 힘 앞에서는 모든 것이 물거품이 될 수 있다는 것을 잘 알았지요. 또한 자연에도 법칙이 있듯, 삶과 죽음에도 법칙이 있지 않을까 생각했습니다. 이에 그들은 자연신에 대한 숭배나 영원한 삶에 대한 생각을 하면서 종교적 색채를 더하게 되었지요. 우리는 그것을 당시 시신과 함께 매장된 토기, 장신구나 개의 뼈 등에서 알 수 있는데요, 이집트, 인도, 중국, 한반도 등의 지역에서 널리 퍼진 태양숭배 사상에서도 유추해볼 수 있답니다.

　이상에서 우리는 예술 또는 미술이 인류의 역사 속에서 얼마나 유서 깊은 것인지를 알 수 있었습니다. 또한 구석기 시대와 신석기 시대의 그림이 큰 차이를 보이고 있다는 것도 확인하였지요. 그 차이는 구석기 시대의 '구체적·사실적 묘사'와 신석기 시대의 '추상적·개념적 묘사'로 나누어 생각해볼 수 있을 것입니다.

　미술사 속에서 아주 흥미로운 점은 바로 이 차이가 하나의 패턴이 되어, 그 이후 미술사 전체에서도 반복되고 있다는 점입니다. 물론 칼로 잘라내듯 구분할 수 있는 것은 아니지만, 미술사는 이런 구체적·사실적 묘사와 추상적·개념적 묘사가 서로 번갈아가며 그 영향력을 발휘하는 양상을 보여준답니다.

이집트 미술과
그리스 미술

서양 문화의 뿌리가 그리스 문명이듯, 서양 미술의 뿌리와 중심에도 그리스 미술이 있습니다. 이런 그리스 미술에 지대한 영향을 미친 것이 이집트 미술입니다. 미술사에서 아주 독특한 특성과 위치를 차지하고 있는 이집트 미술은 그리스 기술자들에 의해 전수되어 이후 서양 미술사에 직·간접적으로 영향을 미치게 된 것이지요. 한편 가장 이상적인 아름다움을 표현하고자 했던 그리스 미술은 알렉산더 시대에는 더욱 자유분방하고 역동적으로 변모하더니, 실용적인 로마인의 손에서 좀 더 현실에 가까운 모습을 재현하는 것으로 바뀌게 됩니다. 하지만 그것들은 작은 변화일 뿐 그리스 미술의 핵심은 그대로 이어지고 있었답니다.

중요한 것을 강조하는 이집트 미술

여러분은 '이집트 미술' 하면 무엇이 가장 먼저 떠오르나요? 아마도 무덤 건축물인 피라미드와 죽은 사람을 보관하는 미라가 아닐까요? 이렇듯 이집트 미술은 사후 세계에 대한 강한 집착과 죽은 자를 위한 미술로 점철되어 있습니다. 이집트인들은 영혼은 불멸한다고 믿었으며 죽은 후에 다시 태어난다고 생각했는데요, 그러한 믿음은 이집트 조각과 회화 곳곳에 나타나 있답니다.

그들이 만든 초상 조각은 영원불멸을 위한 것이기에 재료 또한 화강암이나 섬록암처럼 쉽게 부서지지 않는 단단한 것으로 만들었습니다. 또한 부서지기 쉬운 돌출 부위는 최소화하고, 팔 또한 쉽게 부러지지 않게 몸통에 바싹 붙게 만들었지요.

한편 죽은 후 다시 태어난다는 생각은, 다시 태어났을 때를 대비해 온몸을 구현하려는 노력으로 이어졌습니다. 그들의 조각은 언제나 정면을 보고 있고, 좌우대칭이 지켜지고 있었으며, 가능한 한 해부학적인 정확성을 지키려고 노력했지요. 이 때문에 회화에서는 이집트 미술의 가장 큰 특징인 '정면성의 원리'가 나타나게 됩니다.

정면성의 원리는 마치 정면에 모든 중요한 것들을 다 담아내려는 듯 그리는 방법인데요, 다시 태어났을 때를 위해 온몸을 구현하려 한 그들의 의지가 잘 담겨 있는 방법이라 할 수 있습니다. 가슴과 두 팔이 모두 잘 보일 수 있도록 신체를 정면으로 그렸고, 반면 얼굴과 발은 옆모습이 그 특징이 더 잘 나타날 수 있으므로 옆모습으로 그렸지요. 특히

〈늪지로 사냥 나간 네바문(Fowling in the marshes)〉과 〈연못이 있는 정원〉 이집트 제8왕조의 정치가
였던 네바문의 무덤에서 발견된 벽화들이다. 얼굴과 발은 옆으로 몸은 정면으로 그려져 있다. 주인공
네바문은 고귀한 신분으로 다른 인물보다 훨씬 크게 그려져 있다.

다리나 팔은 모두 2개가 다 나타나야 하므로 겹치지 않게 그렸답니다.

그러다 보니 이집트의 그림은 얼마나 똑같이 그리느냐보다, 중요하다고 생각되는 특징을 얼마나 잘 나타내느냐가 관건이었습니다. 이 원리는 이집트 미술 전반에 깔려 있으며, 신체뿐 아니라 정원을 그린 그림에서도 잘 나타나 있습니다. 네바문^{Nebamun}의 무덤에서 발견된 〈연못이 있는 정원^{Garden with Pool}〉을 보아도, 나무와 새, 물고기는 옆면이 보여야 그 특징을 잘 나타낼 수 있으므로 옆면으로, 연못은 위에서 보아야 연못임을 잘 알 수 있으므로 윗면으로 그려져 있답니다.

이렇게 실제 모습을 생각과 가치 비중에 따라 다소 다르게 표현하려 했던 이집트 미술의 경향은 중요한 것은 크게 그리고, 나머지는 작게 그리는 것에도 잘 나타나 있답니다. 남자는 무조건 어두운 갈색으로, 여자는 더 밝은 살색으로 표현한 것이 그 예라 할 수 있지요.

이 모든 것들을 그들은 하나의 규칙처럼 엄격하게 따랐는데, 그런 만큼 이집트 미술에서는 화가 개인의 개성 같은 것은 존재하지 않았답니다. 물론 화가로서 이름을 남긴 인물도 없었고요.

특히 그들은 실제 인체 비례와 거의 맞아떨어지는 '캐논^{Canon}'이라는 신체 비례의 표준을 만들어 사용했는데요, 이는 이후 그리스 미술로 이어져 이상적 비례를 추구하게 했지요. 또한 사후를 염두에 두고 의도적으로 강조되거나 변형시킨 이집트 미술은 이후 종교로 가득한 중세 예술에도 적지 않은 영향을 미쳤답니다. 비슷한 맥락에서 정면성의 원리처럼 시점을 무시하고 사물의 본질 또는 개념을 중요하게 다루려는 시도는 20세기 입체파^{Cubism}의 선구적 예라 할 수도 있을 것입니다.

이상미를 추구한 그리스 미술

　그리스 미술은 이집트 미술에서 비례 등을 배우며 발전하기 시작했
지만, 오래지 않아 그 그늘에서 완전히 벗어났습니다. 초기의 그리스
조각상은 이집트의 조각상과 매우 닮아 있는데, 〈쿠로스 ^{Kouros}〉 상을
보면 마치 이집트 조각상처럼 신체는 기하학적인 대칭을 중심으로 전
체적으로 엄격하고 딱딱하게 표현되어 있으며, 팔도 최대
한 몸통에 붙어 있지요. 하지만 여기에는 작은 변화들이 꿈
틀대고 있는데요, 이집트 조각상보다 〈쿠로스〉 상이 좀 더
육감적으로 표현되어 있으며, 한 발을 앞으로 내딛는 등 좀
더 자유로운 모습을 시도하고 있습니다. 특히 이 시대의 조
각상들 대부분이 입술 끝이 살짝 올라가는 일명 '아르카이
크 스마일 ^{Archaic Smile}'을 가지고 있어 친밀감과 신비감을 더
해주는데요, 바로 이 때문에 '아르카이크 시대'라고 부르기
도 한답니다.

　이어 그리스 미술은 페이디아스 ^{Pheidias}와 폴리클레이토
스 ^{Polykleitos}로 대표되는 고전기로 넘어갑니다. 이 시대의 조
각상들은 주로 그리스 신화의 신이나 올림픽 인물들을 재
현해내고 있는데요, 그들이 생각한 신은 인간의 형상을 닮
았을 뿐 아니라 인간처럼 희로애락의 감정까지 가지고 있
었지요. 그런 만큼 그들이 재현해내는 작품들은 결국 인간
과 인간의 신체를 재현하는 것과 같았답니다. 실제로도 그

쿠로스 상 고대 그리스 아
르카이크 시대의 청년 나체
입상을 가리키며, 여성 상
인 〈코레(Kore)〉와 한 쌍을
이룬다.

리스인들은 인류 역사를 통틀어 인간에게 가장 관심이 많은 민족이었으며, 인간의 육체를 나타내는 데 가장 적극적이었던 민족이라고 할 수 있지요. 또한 그들은 이집트로부터 배운 인체 비례에 대한 기술을 더욱 발전시켰는데, 이 인체 비례를 통해 조화와 균형을 갖춘 완전한 인간을 재현해내려 했답니다. 이에 그들이 재현해낸 신과 인간의 모습은 현실의 인간과 거의 흡사했으며, 동시에 인간의 가장 이상적인 모습을 하고 있었지요. 바로 이 시기가 그리스 미술의 전성기이며, 동시에 미술사 속에서도 가장 빛나는 한 시기라 할 수 있습니다. 당시 그들이 추구

미론의 〈원반 던지는 사람〉 원래는 청동작품이었다. 현재는 로마 시대에 만들어진 대리석 복제품 2개만 전해진다. 조각과 건축은 견고한 재료로 만들어져 그나마 다수의 작품이 전해지지만, 회화는 도자기에 그려진 것 외에 찾아보기 힘들다.

했던 조화와 균형, 이상미는 그 후 서양 미술사가 추구하는 주된 가치로 자리 잡게 되었으니까요.

　이 시기를 대표하는 미론Myron의 〈원반 던지는 사람Discobolus〉은 이미 그들이 정적인 인체뿐 아니라 움직이는 인체까지도 얼마나 생생하게 실물처럼 표현해내는지를 보여주고 있으며, 아테네 니케의 신전 벽에 묘사된 〈샌들을 고쳐 신는 니케The winged goddess Nike adjusting her sandal〉상은 그들이 천 조각 하나조차도 실제와 얼마나 똑같이 재현해내려 했는지 짐작케 한답니다.

　이 시기의 회화는 도자기를 통해 엿볼 수 있는데요, 특히 당시 도자

기의 그림에서 최초로 발의 정면 모습이 등장하고 있다는 점이 중요합니다. 이것은 이제까지의 인류 역사에서 보이지 않던 놀라운 진전인데요, 당시 이집트는 물론 그 어느 곳에서도 발은 당연히 그 특징이 잘 드러나는 옆모습으로 그려지고 있었기 때문이지요. 그런데 도자기의 그림에서 발의 앞모습이 앞에서 본 것처럼 단축법短縮法을 사용하여 그려져 있는 것으로 보아, 이미 단축법이 시도되었음을 알 수 있게 해줍니다. 또한 이는 대상을 바라보는 시점에서 보이는 그대로 그리려는 의도가 강해졌음을 암시하는 것이기도 하지요.

이 시대의 위대함은 건축에서도 드러납니다. 당시 위대한 조각가인 페이디아스가 총감독해 만든 파르테논 신전Temple of Parthenon은 세계에서 가장 균형 잡힌 건축물로 인정받고 있으며, 현재 세계 문화유산 1호로 지정되어 있답니다. 이 신전 역시 하나의 조각처럼 조화와 균형을 강조했으며, 인체 비례를 표현하듯이 기둥에서조차 직선을 버리고 약간의 곡선을 띠게 만들어놓았답니다. 특히 이 거대한 신전을 한눈에 볼 때 직선으로 보이게 하기 위해, 눈의 안구가 둥글다는 점을 감안해, 오히려 신전의 전면부를 육안으로는 느낄 수 없을 만큼의 원형으로 휘게 만들었다고 합니다. 이렇듯 그리스 미술은 건축물 하나에서조차도 가장 현실적인 모습으로, 또는 가장 이상적인 현실로 재현해 내려고 했던 것이지요.

우린 여기서 예술가들의 이름이 등장한다는 사실에도 주목해야 합니다. 이전까지만 해도 조각가와 화가는 일종의 기술자처럼 기존 양식에 맞게 충실히 따라가기만 했지요. 하지만 그리스 미술부터 화가나

조각가는 개인의 자유로운 역량과 의지를 쏟아부어 작품을 하나의 예
술품으로 승화시키게 되었지요. 어떤 면에서는 진짜 예술가가 탄생하
는 것이며, 동시에 예술가들의 지위가 어느 정도 상승했음을 의미하는
것이기도 하답니다.

　이렇게 사실적인 모습을 그리되 가장 이상적으로 보이도록 표현한
그리스 미술은 유럽을 제패했던 헬레니즘 시대와 로마 시대를 통해 그
영향력이 곳곳으로 뻗어 나가게 됩니다. 특히 그리스 미술은 르네상
스Renaissance를 통해 고대에 대한 부흥 운동으로 되살아나는데요, 이때
사실적으로 표현하는 기술은 그 완성까지 보게 됩니다.

　하지만 역사 속에서 그 무엇보다 중요한 그리스 미술의 역할은 '인간에 대한 관심'이랍니다. 그들은 신이 아니라 인간을 추구했으며, 인간과 자연 속에서 이상과 아름다움을 발견하려고 했지요. 바로 이것이 그리스 문화와 그리스 미술이 근현대 미술에 던져주는 가장 강력한 영향력이라 할 수 있습니다.

역동적인 헬레니즘 미술과 현실적인 로마 미술

그리스 미술은 헬레니즘 시대로 이어지면서 마지막 화려한 불꽃을 피웁니다. 그 대표적인 작품이 〈라오콘 Laocoon〉 상이지요. 트로이 전쟁에서 신의 비밀을 발설한 죄로 응징을 당하는 라오콘과 그의 아들의 모습이 살아 있는 듯 생생하게 묘사된 이 조각상은, 잔혹한 신의 힘 앞에서 인간이 느끼는 처절한 절망을 거칠고 격렬하게 드러내고 있지요. 그리고 바로 여기에서 세련된 조화와 균형을 중시하던 고전기 그리스 미술이, 거칠고 격렬한 역동성과 함께 한 차원 더 사실적이고 현실적인 묘사로 변모해가고 있음을 확인할 수 있게 됩니다.

한편 알렉산더 대왕의 동서양을 망라한 대정복은 그리스 미술의 불꽃이 동방에까지 번져 나가게 했는데요, 이로써 그리스 문화가 각 지역의 문화와 융합되는 또 다른 발전을 이루게 됩니다. 또한 그 결과는 로마 세계뿐 아니라 이집트 알렉산드리아, 시리아, 소아시아 등에도 폭넓게 퍼져 나갔으며, 인도에까지 이어져 간다라 미술 Gandhara Art*이 형성되는 계기가 되기도 하였지요.

〈라오콘〉 상 1506년 〈라오콘〉 상이 발견되었을 때 미술 전문가들은 이 군상이
보여주는 생생한 비극적 모습에 압도되었다고 한다.

그리스가 전성기를 구가하며 유럽을 주름잡던 당시 에트루리아인
의 지배를 받던 작은 도시, 로마. 그러나 그들은 마침내 에트루리아인
의 지배에서 벗어나 그리스마저 무릎 꿇게 하고, 유럽 전역을 지배하
는 대제국으로 성장하게 되었지요. 로마인들은 에트루리아인에게서
뛰어난 건축법을 익혔으며, 그리스인에게서는 글자를 기록하는 것과

 간다라 미술 기원전 2세기부터 서기 5세기까지, 고대 인도 북서부 간다라 지방에서
발달한 그리스·로마풍의 불교 미술 양식이다. 우리나라 신라 시대의 석굴암 불상
에도 영향을 미쳤다.

무수히 많은 문화를 배웠습니다. 로마가 도약하는 시기에 그리스 문화는 하나의 모범이었는데요, 그러다 보니 로마인들은 그리스 문화에 대해 강한 동경을 가지고 있었습니다.

이에 로마인들은 제국의 주인이 되고서도 그리스에 가서 직접 학문과 예술을 익혀왔으며, 너나없이 그리스인들의 예술품을 복제하거나 수집하는 데 열중하였지요. 그래서 초기의 로마 조각상들은 대부분 복제품이거나 그리스의 기술을 흉내 내기에 그친 것들이었답니다. 하지만 시간이 흐르면서 실용적인 그들의 성격과 제국의 정치적 필요성이 대두되면서 실제 인물에 대한 인물상이 늘어났지요. 로마인들은 자신들의 승리를 자축하고 세계를 정복한 로마인들의 용맹을 과시해 지배효과를 높이고자 했는데요, 그리하여 조각의 대상은 더 이상 신이 아니라 실재하는 황제와 장군으로 변해간 것이지요. 이에 그리스 미술이 보여준 인간의 숭고한 정신이나 이상미보다는, 실제 인물을 그대로 재현해내려는 사실 묘사가 더 두드러지게 되었답니다. 심지어 카라칼라 Caracalla같이 잔인한 독재자의 모습조차도 전혀 미화하지 않고 사실적으로 담아내고 있지요.

반면 로마의 회화는 조각에 비해 발달하지 않았으며, 오늘날 남아 있는 것도 거의 없답니다. 단지 폼페이 Pompeii*의 건물 내부 벽에 그려진 회화 등을 통해 알 수 있는 것은, 당시의 그림이 이전 회화에 비해 훨씬 입체감이 생겼다는 점입니다. 그리고 때때로 그 입체감을 위해

폼페이 기원전 79년의 화산 폭발로 인해, 그 화산재에 묻혀버린 이탈리아 남부의 도시다. 19세기 본격적인 발굴 작업이 시작되면서 당시 로마 시대의 전모가 드러났다.

판테온 창문이라고는 돔 정상에 있는 지름 9미터의 천장뿐이다. 원래 그리스의 여러 신을 모시기 위해 만들어졌지만, 오늘날 가톨릭 성당으로 쓰이고 있다.

단축법이 쓰이거나 미약하게나마 원근법적 기술이 존재했다는 사실
도 확인할 수 있지요.

　무엇보다 로마 미술의 정수는 건축과 토목에 있다고 할 수 있습니
다. 실용적인 데다가 초기에 공화정으로 시작했던 그들은, 대중적 인
기를 위해 공중목욕탕, 도로, 수로 등 공공시설에 많은 공을 들여야 했
지요. 특히 그들은 에트루리아인에게서 배운 뛰어난 아치 기술을 그리
스 건축에 접목시켜 콜로세움Colosseum과 같은 거대한 건축물을 만들어
낼 수 있었지요.

　또한 로마인들은 아치를 더욱 발전시켜 튼튼하고 굽은 천장인 궁륭
穹窿, Vault*과 돔을 만들어냈으며, 콘크리트를 최초로 사용하기도 했답
니다. 더 나아가 이러한 성과들을 토대로 기둥이 별로 없는 거대한 내
부 공간을 만들어낼 수 있었는데요, 그 대표적인 건축물이 바로 판테
온Pantheon이랍니다.

 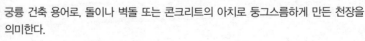
궁륭 건축 용어로, 돌이나 벽돌 또는 콘크리트의 아치로 둥그스름하게 만든 천장을
의미한다.

오직 신을 위한 경배,
중세 미술

　중세가 오직 기독교를 위한 신의 세계라고 한다면, 적어도 문화 면에서 중세는 이미 로마 안에서 시작되고 있었다고 할 수 있지요. 그것은 예수가 죽은 바로 그 시점에서부터 시작되었으며, 콘스탄티누스 Constantinus 황제가 기독교를 공인하면서 수면 위로 떠올랐습니다. 콘스탄티누스 황제의 공인이 있기 이전에 기독교적 미술은 비밀 회당인 카타콤 Catacomb 속에서 전개되었는데, 공인 이후 본격적으로 기독교적 색채가 중세를 지배하게 된 것이지요. 한편 동·서로마의 분열로 동쪽은 비잔틴 문화가 정착되고, 서쪽은 이민족의 침입과 격변 속에서 다양한 미술 양식들이 부침을 거듭하게 된답니다.

기울어가는 로마, 번성하는 기독교 문화

로마의 황제와 장군들은 자신들의 업적을 기리고 알리기 위해 자신들과 똑같은 흉상과 조각상을 곳곳에 만들어 세웠지요. 모든 로마인들이 그 흉상 앞에서 충성과 복종을 맹세하며 분향을 해야 했습니다. 하지만 유일신만을 숭배하는 기독교인들은 이를 단호히 거부했고, 로마 황제들의 대대적인 박해가 시작되었지요.

기독교인들은 이런 박해를 피해 지하 묘지로 숨어들어야 했습니다. 이 지하 묘지가 카타콤인데요, 그들은 이곳에 모여 종교의식을 행하고 복음을 전파했지요. 그리고 천장과 벽에 벽화를 남겼습니다. 그런데 그들의 그림에서는 그리스나 로마의 사실적인 인간의 모습이나 이상미 같은 것은 찾아볼 수 없었답니다. 그들에게는 오직 예수의 영광과 구원, 그리고 예수의 행적과 하느님 나라에 대한 관심만 있었기 때문이지요. 로마의 한 카타콤에서 발견된 〈타오르는 불길 속의 세 사람The Three Hebrews in the Fiery Furnace〉은 이러한 특징을 잘 보여주고 있습니다. 이 그림에서는 인물을 사실적으로 표현하려는 노력은 찾을 수 없습니다. 그들은 오직 성서의 내용을 얼마나 잘 전달할 수 있는지, 하느님의 권능을 얼마나 잘 드러낼 수 있는지에만 관심을 가졌기 때문이지요.

그리고 마침내 311년 콘스탄티누스 황제가 기독교를 공인합니다. 지하에 숨어 신앙생활을 하던 기독교인들은 떳떳하게 종교의식을 행할 수 있었고, 교회는 점점 국가 최대의 세력으로 성장해갔지요. 이제 숨어 지내던 시대와는 다른 예배당과 미술이 필요해졌습니다. 그렇다

고 그들의 교회가 이교도들을 숭배
하던 고대 신전을 본뜰 수는 없었지
요. 이에 그들은 바실리카^{Basilica}를 교
회로 선택했답니다. 바실리카는 '큰
회당'이란 뜻으로 과거 공공재판소
나 지붕이 있는 시장^{市場} 같은 곳이었
지요. 특히 콘스탄티누스 황제의 어
머니가 교회로 사용하기 위해 바실
리카를 세우게 했는데요, 이때부터
바실리카는 대표적인 교회 양식으로
자리 잡기 시작했습니다.

타오르는 불길 속의 세 사람『구약성서』에 나오는 내용으
로, 세 사람의 유대인이 바빌론 왕의 조각상에 경배하지 않
아 화형을 당하고 있다. 하지만 그들은 타오르는 불길 속에
서도 옷자락 하나 타지 않고 있다. 하느님의 권능을 보여줌
으로써 기독교인들의 신앙심을 고취시키고 있는 것이다.

　한편 서유럽이 형성되어가던 시기에 형상 문제는 아주 첨예한 것이
었지요. 특히 조각상을 세우는 것에 대해서는 동·서로마 모두가 반대
하고 있었습니다. 어떤 인물의 조각상을 세운다는 것은 『성경』이 금하
고 있는 우상숭배로 여겨질 수 있었으며, 자신들을 박해한 이교도들의
신상과도 너무 닮았기 때문이지요.

　하지만 회화에 대한 입장은 그 의견이 분분했답니다. 그림 역시 우
상숭배처럼 느껴지기에 반대하는 사람들이 있었는가 하면, 글을 못 읽
는 사람들에게 교육적인 측면에서 필요하다고 옹호하는 사람들도 있
었지요. 특히 그레고리우스 1세^{Gregorius I}는 어린이들이 그림책을 보듯
그림이 사람들을 교화하는 데 도움이 된다고 적극 옹호하고 나섰는데
요, 이에 서로마 사람들은 그의 의견을 열심히 따랐습니다.

그렇다고 여기서 그레고리우스가 말하는 그림책의 그림이 과거 로마 시대처럼 사물을 유사하게 드러내거나 그리스 시대처럼 인간의 아름다움을 찬양하는 그림은 아니었지요. 그 그림의 목적은 이야기를 전달하고 하느님의 권능을 알리는 것이었기에, 될 수 있는 한 명료하고 단순해야 했답니다. 또한 주된 목적이 방해받지 않도록 쓸모없는 것들은 모두 배제되어야 했기에, 서서히 본질과 그를 담아낼 수 있는 상징들로 채워지기 시작했습니다. 중세 미술에서 접하는 인물들이 단순하고 사실적이지 않은 이유가 여기에 있지요.

참고로 카롤루스 대제 Carolus Magnus 나 오토 1세 Otto I 같이 서로마 제국의 황제로 추대되었던 왕들은, 한때 스스로 로마의 후예임을 내세우며 그리스 로마 시대의 양식들을 되살려내기도 했답니다.

금과 모자이크로 빛나는 비잔틴 미술

콘스탄티누스 황제의 콘스탄티노플 천도遷都는 로마를 분열시키는 계기를 제공했지요. 하지만 덕분에 이민족들의 계속된 침입으로부터 동로마만큼은 굳건히 지켜낼 수 있었답니다. 그렇게 이민족의 침입으로부터 보호된 동로마는 그리스 로마의 명맥 위에 기독교 색채를 가미하며, 비잔틴 미술 Byzantine Art 이라는 화려하고 장중한 미술 세계를 열게 됩니다.

동·서로마 기독교가 첨예하게 갈라서게 된 계기는 앞에서 언급한

성상숭배 문제였습니다. 프랑크 왕국의 클로비스^{Clovis}가 로마 가톨릭

으로 개종한 이후, 이교도들과의 융합과 포교가 가장 중요했던 서로마

는 가시화된 성상이 필요했지요. 반면 로마 교회의 전통을 유지하면서

도 황제권이 더 우월했던 동로마는 독자적으로 성장하기 시작하는 서

로마 교황권을 견제하기 위해서라도 성상을 저지해야 할 입장이었답

니다. 이에 동로마 교황이 성상숭배 금지령을 내리게 되고, 이를 계기

로 동서 교회는 영원히 갈라지게 되었지요.

동로마에서는 이후 100년 동안 성상숭배 금지령이 지켜졌습니다.

하지만 동로마라고 종교적 믿음에 있어 성상이 필요하지 않은 것은 아

유스티니아누스 황제와 막시미아누스 주교의 입장(Court of Emperor Justinian with archbishop Maximian and court officials and Praetorian Guards) 비잔틴 모자이크 예술의 최고 걸작인 이 그림은 황금빛과 명료한 색들이 눈을 사로잡는다. 중세 그림들이 그러하듯 다양한 상징이 사용되고 있다.

니었습니다. 이에 성상에 대한 새로운 논리가 만들어졌지요. '하느님께서 예수라는 인간으로 자신을 드러내셨다면, 어째서 그와 똑같이 눈으로 볼 수 있는 형상 속에 자신을 나타내기를 꺼리겠는가? 그러므로 우리는 이교도처럼 형상을 숭배하는 것이 아니라, 형상을 통해 하느님과 성인들을 숭배하는 것이다'라는 논리였지요. 이제 성상은 유익할 뿐 아니라 신성한 것으로 여겨지기 시작합니다. 결국 100년의 족쇄가 풀렸지요.

하지만 성상을 표현하는 데 있어 있는 그대로 묘사하는 것은 아니었답니다. 사실 성상 금지령 이전에 동로마의 회화는 로마의 사실적 묘사가 절묘하게 스며들어 있었지요. 어느 정도 입체적인 얼굴과 명암들이 함께 존재하는, 그러면서도 이야기 전달을 위해 생략된 배경과 단순명료화된 사물 표현이 함께 어우러진 성인들의 이야기 그림이 초기의 회화 양식이었답니다. 하지만 100년의 족쇄가 풀리면서 이 회화의 성인들은 성스러움을 현시하기 위해 더욱 단순화되고 명료화되어야 했지요. 이제 회화는 더 이상 사실적이지 않았습니다. 특히 동로마에서는 성스러움을 더하기 위해 금과 색유리 조각을 선호했지요. 그래서 비잔틴 미술에서는 반짝이는 황금빛 배경과 후광에 둘러싸인 성인들이 자주 등장합니다. 또한 울퉁불퉁한 표면을 가진 유리 조각으로 만든 모자이크는 불빛에 반짝이며 그 신비감을 더해주어 비잔틴 미술의 절정이라 할 수 있답니다.

서유럽의 로마네스크와 고딕 양식

　게르만 족의 이동에 이어 노르만 족도 서유럽으로 대거 이동해왔지요. 그리고 11세기 후반 노르만 족인 윌리엄 William I 이 영국의 왕이 되었답니다. 그 과정에서 노르만 족의 문화와 서로마 문화가 또 한 번 뒤섞이는데요, 바로 이때부터 중세의 대표적 미술 양식 중 하나인 로마네스크 Romanesque 양식이 시작됩니다. 참고로 로마네스크 양식을 더 넓은 의미로 사용하기도 하는데요, 그럴 경우 바실리카에서 시작되어 서로마의 윌리엄 시대에 정점을 이루는 종교 미술의 양식을 '로마네스크'라고 부른답니다.

로마네스크 양식이 보여주는 모습은 실내에 줄지어 서 있는 육중한 아치형 기둥들이랍니다. 과거 바실리카처럼 목조 지붕을 세우기에는 화재에도 약하고 규모도 작았지요. 교회로서는 좀 더 위엄을 보여주기 위해 아치형 기술을 더욱 발전시키고 이를 떠받칠 만한 거대한 기둥들을 세웠습니다. 그리고 여기에 터널 모양의 원통형 궁륭과 십자가 모양의 교차형 궁륭을 개발해 교회의 골격을 만들어냈습니

로마네스크 양식의 건축 생 세르냉 대성당(Saint – Sernin Basilica)의 내부 모습으로, 중앙의 원통형 궁륭이 만들어내는 아치가 중후함을 드러내고 있다. 다소 어둡지만 넓은 실내 공간을 갖고 있다.

다. 튼튼하게 엮인 아치형의 기둥들은 실내에 넓은 공간을 확보해주어 교회의 규모가 커질 수 있었지요. 반면 육중한 기둥들과 아치 때문에 창문이 별로 없고 내부가 어두웠습니다. 하지만 이것이 오히려 중후하고 신비로운 종교적 분위기를 자아냈고, 자연스럽게 대표적인 건축양식으로 자리 잡기 시작했지요.

이렇게 거대해진 교회에는 화려하지는 않더라도 어느 정도 그 크기에 걸맞은 장식들이 필요해졌습니다. 이때 현관 입구와 기둥에 부조 형식의 조각들이 다시 도입되기 시작합니다. 여기에는 인물이나 동물들이 새겨졌으며, 입구와 기둥이라는 한정된 틀에 맞추기 위해 그 형체를 변형시켜야 했지요. 그 변형된 모습은 작품을 더욱 역동적으로

보이게 했는데요, 이는 이후 표현주의 Expressionism 의 근간이 되기도 했답니다. 어쨌든 이들 부조 조각의 목적은 분명한 것이었는데, 바로 종교적인 것이지요. 그래서 여기에는 천국과 지옥에 대한 묘사가 주로 등장했답니다.

벽은 오래전부터 사용하던 프레스코화 Fresco 가 주류를 이루었지요. 이는 회반죽에 안료를 섞어 그리는 그림으로, 이 시기의 그림 역시 사실적이기보다는 간단하고 명료했습니다. 전반적으로 평면적이고 그림자도 없었지요. 하지만 그 그림 속에 등장하는 의상이나 그림틀의 장식은 매우 화려했습니다. 이 화려한 양식들은 고급스러움을 더하고 인물의 성스러움을 더욱 돋보이게 해주었으며, 전통의 위엄을 강조해주었지요. 그들은 사물의 형태를 무시한 것처럼, 사물이 가진 원래의 색도 자신들 마음대로 바꾸어 넣었습니다. 그들은 원색을 애용했는데요, 그들에게는 항상 명료함이 중요했고, 그 명료함을 드러내주는 색들은 주로 원색 계통이었기 때문이지요.

한편 이 시기에 달걀노른자나 벌꿀 등으로 만들어 점성이 있는 템페라화 Tempera 가 만들어져 널리 보급되기 시작했습니다. 템페라화는 힘찬 터치와 대담한 채색이 장점이었고, 원색 조로 대담해진 그들의 그림을 더욱 잘 표현해줄 수 있었답니다.

로마네스크는 오랫동안 다양한 양식들을 거르고 통합하면서 만들어졌지만, 정작 그 양식이 완성되고 나서는 100년을 넘어서지 못했답니다.

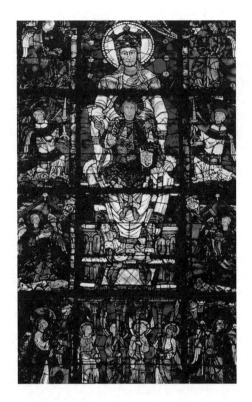

사르트르 대성당의 스테인드글라스 이 대표적인 고딕 성당의 창문은 거대한 스테인드글라스로 가득 채워져 있다. 이 스테인드글라스야말로 신의 빛을 직접 받는 재료라고 생각했다.

로마네스크의 전성기 동안 한창이던 십자군 전쟁The Crusades은 사회의 많은 것을 바꾸어놓았는데요, 무엇보다 상업이 급속히 발달하면서 도시가 번성하기 시작했지요. 많은 사람들이 도시로 몰려들었고, 막대한 부를 모은 자들도 속속 등장했습니다. 급속도로 불어난 신자와 주머니가 넉넉한 후원자들은 더 거대하고 위엄 있는 교회를 만들고 싶어했지요. 때마침 궁륭 기술도 한 번 더 발전했습니다. 그들은 궁륭의 형태를 아치에서 늑골 모양으로 바꾸는 기술을 개발했고, 이에 더 높고 더 가느다란 골조를 만들 수 있었습니다.

이제 교회는 하늘을 향해 더 높은 첨탑을 쌓았고, 가느다란 골조가 만들어내는 넓은 공간에는 거대한 유리창이 들어섰지요. 과거의 벽화 대신 거대한 유리창에 형형색색으로 가득한 스테인드글라스가 장식되었는데요, 이 거대한 형형색색의 유리창 사이로 휘황찬란한 빛이 쏟아져 내려왔지요. 바로 이 모습이 고딕 양식의 전형적인 모습입니다. 교회 문을 열고 들어선 신자들은 이 황홀한 빛의 잔치에 압도당했지요. 이제 교회가 보여주는 것은 성자의 행적도, 지옥과 천당의 교리도 아닙니다. 사람들은 교회에 들어서면서 그토록 갈망하던 천국을 경험할 수 있었던 것이지요.

　고딕 양식을 대표하는 것은 건축과 스테인드글라스입니다. 이 둘은 신에 대한 경의와 신의 세계를 재현해내는, 중세의 가장 완벽한 예술품이자 기술이었지요. 사르트르 대성당 Chartres Cathedral 이 그 전형이라 할 수 있답니다.

르네상스와
천재들의 시대

고딕 양식은 중세 예술의 절정을 보여주었지만 절정은 곧 끝에 이르렀음을 의미하지요. 그 끝은 십자군 전쟁이 몰고 온 다양한 변화에서 시작되었답니다. 먼저 십자군 전쟁을 통해 아리스토텔레스 철학이 동로마로부터 다시 유입되었는데요, 그의 철학은 매우 현실적이어서 새로운 논란들을 불러일으켰지요. 여기에 계속된 십자군 원정의 실패는 교황의 권위를 추락시키고 있었답니다. 한편 동로마 곳곳에 남아 있던 과거 그리스 로마 문명의 흔적들도 다시 서유럽으로 흘러들어왔는데요, 헬레니즘 시대의 미술처럼 인체에 대한 뜨거운 관심과 구체적으로 살아 숨 쉬는 묘사도 함께하고 있었답니다.

조토와 르네상스의 바람

　이런 새로운 분위기를 먼저 받아들인 것은 조각가들이었습니다. 고딕 양식 초기 사르트르 대성당에 나타난 부조 조각들도 기둥에 맞추어 길쭉하긴 했지만, 서서히 사실적인 제 모습을 찾아가고 있었답니다. 그리고 마침내 고딕 양식 후기에 이르러 랭스 대성당^{Reims Cathedral}의 튀어나온 받침대 위에, 과거에는 그토록 반대하던 온전한 모습의 조각상이 나타났습니다. 그들의 모습은 그리스나 로마의 조각상처럼 사실적인 모습 그대로였지요.

　하지만 진실로 미술계를 뒤흔들어놓은 것은 회화였습니다. 변화의 바람은 옛 로마의 자존심을 지키고 있던 이탈리아에서 불었지요. 프랑스로부터 시작된 고딕 양식이 대유행하며 퍼져 나갈 때조차, 이탈리아는 커다란 창과 스테인드글라스를 거부하고 어두운 벽에 열심히 프레스코화를 그렸으며, 거리상으로도 비잔틴과 매우 가까워 교류를 지속하고 있었지요. 그러다 그들에게 다시 비잔틴의 옛 양식들이 흘러들어오면서 조토^{Giotto di Bondone}라는 천재가 등장하게 되었답니다.

　조토는 작은 예배당 벽에 성모마리아나 예수의 생애 등을 그렸는데요, 그가 그린 성모마리아와 예수의 얼굴은 명암을 가지고 입체적으로 튀어나와 있었답니다. 팔과 다리는 단축법을 이용해 그 거리와 입체감이 드러났으며, 그들이 무엇을 하고 있는지 아주 사실적으로 묘사되어 있었지요. 조토는 이렇게 과거의 명암법이나 단축법을 되살려내며 사실적인 화풍을 다시 열었던 것이지요. 그의 회화는 더 이상 이야기를

조토의 〈그리스도를 애도함(The Mourning of Christ)〉 성모마리아가 아들 예수의 죽음을 애도하고 있다. 명암을 가진 인물과 거리감이 살아 있는 배경은 마치 눈앞에 펼쳐지듯이 사실적으로 다가온다.

전달하는 수단이 아니었지요. 그것은 오히려 『성경』의 사건들이 우리 눈앞에 환영처럼 펼쳐지는 것이었습니다. 과거 그리스 미술이 추구한 사실적인 환영주의*의 모험을 조토가 다시 시작한 것이었지요. 조토의

환영주의 사실적으로 그리되 정말 실재하고 있는 것처럼 느끼게 하기 위해 단축법 등 다양한 방법을 사용해 그리는 경향을 말한다. 그리스 로마 미술부터 시작되어 르네상스 천재들에게서 완성된다.

이름은 이내 널리 알려졌으며, 이탈리아의 자랑이 되었습니다. 그리고 그것은 인간에 대한 관심으로 가득한 르네상스를 부르고 있었지요.

조토로부터 불기 시작한 미술에서의 새로운 바람은 당시 르네상스라는 광풍의 전초전 같은 것이었습니다. 이제 세계는 인간에 대한 뜨거운 관심과 이성에 대한 신뢰를 가지고 새로운 문화를 건설하기 시작했으며, 그 방법으로 과거 그리스 로마 문화와 학문을 다시 연구하기 시작했기 때문이지요. 그리고 이것은 미술에 있어서 사실적 묘사의 부활을 의미하는 것이었습니다. 조토를 시작으로 브루넬레스키Brunelleschi와 마사초Masaccio가 그 뒤를 따랐지요. 건축가였던 브루넬레스키는 물체가 뒤로 물러날수록 크기가 작아 보인다는 것을 근거로 원근법遠近法이 수학적 방법을 통해 정립될 수 있음을 알아냈고, 마사초가 이를 회화에 실제로 적용했지요. 마사초는 산타마리아 노벨라 성당Chiesa di Santa Maria Novella에 그린 프레스코화 〈성 삼위일체The Trinity〉에서 처음 원근법을 도입해 선보였는데요, 빛을 한군데에서 퍼져 나오게 하고 그림자의 위치를 정확히 배치함으로써 더욱 현실감 넘치는 그림이 되었답니다.

조각에서는 도나텔로Donatello가 실물 크기의 누드를 부활시켰으며, 〈막달라 마리아Maria Magdalena〉 같은 아주 사실적인 환조 조각을 선보였지요. 이 조각상은 늙고 힘없이 처진 피부와 헝클어진 머리칼 등 지나치리만치 사실적으로 재현되어 있었답니다.

거장들의 시대

마침내 그들을 이어 천재 거장들이 등장합니다. 르네상스 시대 천재의 대명사 레오나르도 다빈치 Leonardo da Vinci와 미켈란젤로 Buonarroti Michelangelo, 그리고 살아생전 많은 인기를 누린 라파엘로 Raffaello Sanzio가 그들이지요.

레오나르도 다빈치는 이성을 강조하기 시작한 시대에 태어난 가장 이성적인 화가였으며, 가장 왕성한 관찰력과 탐구력을 가진 과학자이자 기술자였지요. 그가 가진 관찰력과 탐구력은 해부학, 회화, 조각, 건축, 음악 등 다양한 분야를 망라하고 있었으며, 그 모든 방면에서 탁월한 기량을 선보였습니다. 그가 스케치를 통해 보여준 인쇄기, 망원경, 비행 기계, 낙하산, 폭탄 등의 아이디어와 혈액순환, 자궁 속의 태아 등의 묘사 또한 당시로서는 놀랄 만한 성과들이었지요.

레오나르도 다빈치는 회화에서도 자신이 가진 이성적이고 과학적인 면모를 아낌없이 보여주었는데요, 합리적이고 정확한 방법을 사용함으로써 현실의 사물을 가장 유사하게 모사해낼 수 있는 방법들을 만들어 보여주었습니다. 15세 때부터 스승에게 자연을 관찰하고 정확하게 묘사하는 법을 배운 그는, 마침내 엄격한 구도, 완벽한 비례, 원근법 등 당시의 기법들은 물론 자신이 창안한 기법까지 총동원하여 입체적이고 사실적인 르네상스 미술의 전형을 완성해냈답니다.

우리는 그 대표적인 전형을 너무나도 유명한 〈모나리자 Mona Lisa〉에서 찾아볼 수 있지요. 피렌체 상인 조콘다 부인의 초상화로 알려져 있

레오나르도 다빈치의 〈모나리자〉
해부학적 지식과 원근법 등 당시 회
화기술이 총망라되었다. 윤곽선 대
신 명암을 대조시켜 형태를 만들어
내는 명암대조법은 물론, 가까운 것
은 진하게 먼 것은 흐릿하게 보이
는 대기의 특성을 살린 대기원근법
(Atmospheric Perspective)도 사용되
고 있다. 액자에 넣어 벽에 걸 목적
으로 그린 최초의 그림이기도 하다.

는 이 그림에는 일점 투시법 One Point Perspective에 따른 배경, 안정감을 확보해주는 삼각형 구도, 명암대조법 등이 완벽한 해부학적 지식 위에 집대성되어 있습니다. 이 그림은 예술이 어디까지 자연을 모방할 수 있는지를 실험하고자 한 르네상스 시대의 회화 정신을 모두 담아내고 있는 걸작이라 할 수 있지요. 특히 여기서 다빈치가 처음 시도한 '스푸마토 Sfumato' 기법은, 단어의 뜻이 '연기'인 것처럼 인물 곳곳의 윤곽선을 일부러 흐릿하게 처리해 경계를 없애는 방법입니다. 이를 통해 그림 속의 여인은 모호하지만 신비로운 미소를 머금게 되었답니다.

르네상스가 낳은 또 한 명의 천재를 꼽자면 미켈란젤로입니다. 그는 이미 23세의 젊은 나이에 예수의 죽음을 애도한다는 의미의 〈피에타 Pieta〉를 조각해 명성을 얻었습니다. 살아 숨 쉬는 듯한 현실감이 돋보이는 이 조각은 시체 해부를 통해 배운 해부학적 지식과 다빈치에게서 배운 삼각형 구도가 잘 어우러진 걸작이라 할 수 있지요. 그는 회화에서도 빼놓을 수 없는 거장으로, 유명한 〈최후의 심판 Last Judgement〉을 통해 수많은 인물들이 각각 가지고 있음직한 심리를 설득력 있게 보여주었으며, 무엇보다 인간의 육체를 격렬하고 남성적으로 표현함으로써 뒤에 올 바로크 Baroque의 전조를 마련해주었답니다.

당시 미켈란젤로와 명성을 겨루던 화가는 라파엘로인데요, 실력뿐만 아니라 훌륭한 성품과 뛰어난 매너로 당대의 인기를 독차지했답니다. 그는 다빈치에게서 삼각형 구도와 빛과 그림자를 사용해 인물의 조형성을 강조하는 기법을, 미켈란젤로에게서는 우람하고 역동적인 인물형과 동작의 균형 잡힌 묘사를 배워 전성기 르네상스 회화의 모든 특징을 다 담아낼 수 있었답니다. 라파엘로의 걸작 〈아테네 학당 School of Athens〉은 그의 이런 특징이 가장 잘 나타나 있는 그림이며, 〈그리스도의 변용 La Trasfigurazione〉 등의 후기작들은 앞으로 다가올 마니에리슴 Maniérisme적 변형이나 바로크적 회화의 전조를 보여주는 것이었지요.

북유럽의 르네상스와 거장의 후예들

북유럽에도 르네상스의 광풍은 몰아쳤습니다. 그들 또한 교황의 권위에서 벗어나 인간의 이성에 대한 신뢰를 보이고 있었지요. 하지만 그들에게 로마는 너무 멀었던 것일까요? 그들은 그리스 고전을 좇지 않았답니다. 오히려 그들은 자연의 실제 모습에 눈을 돌렸는데, 특히 후베르트 반 에이크 Hubert van Eyck가 나타나 섬세한 명암 묘사가 가능한 유화기법을 개발한 것이 중요한 계기가 되었지요.

먼저 수사본手寫本의 삽화가로 실력을 쌓았던 후베르트 반 에이크의 동생, 얀 반 에이크 Jan van Eyck가 선명한 색채와 미세한 세부 묘사가 돋보이는 〈아르놀피니 부부

얀 반 에이크의 〈아르놀피니 부부의 결혼식〉은 행가 아르놀피니와 그의 아내가 결혼 서약을 하고 있는 모습을 그렸다. 정면에 있는 볼록거울에 이들의 뒷모습이 다시 투영될 만큼 치밀하고 정교하게 그려져 있다.

의 결혼식^{Portrait of Giovanni Arnolfini and his wife}〉을 선보였지요. 놀라우리만치 섬세하게 모든 것을 묘사하고 있는 이 작품은 북유럽 르네상스의 걸작이자, 사실주의 그림의 극치를 보여주는 작품이랍니다. 또한 당시의 사실주의 화풍은 풍속화와 초상화의 발달을 가져왔습니다. 브뤼헐^{Pieter Brueghel}은 〈눈 속의 사냥꾼^{Hunters in the Snow}〉 등을 통해 풍속화를 미술의 한 장르로 끌어들였으며, 홀바인^{Hans Holbein}과 뒤러^{Albrecht Dürer}는 각각 초상화와 자화상에서 눈에 띄는 성과를 일구어냈답니다.

한편 이탈리아를 비롯한 르네상스의 본고장에서는, 위대한 스승들의 경탄할 만한 성과로 인해 후예들의 희비가 엇갈리게 되었지요. 이제 사실적인 현실을 묘사하는 데 문제가 되었던 난점들은 모두 해결되어버렸고, 그 기술을 배우는 것만으로도 화가의 역할은 충분해 보였지요. 하지만 도전적이고 진취적인 화가들에게 그것은 절망을 의미했습니다. 자신들은 더 이상 회화의 발전에 기여할 것이 없는 것 같았고, 창조적인 예술가가 아닌 단순한 기술자로 전락할 형편이었으니까요. 그런 데다가 서서히 정형화된 기법들에 대해 식상함도 늘어났지요.

바로 이런 분위기 속에서 일부 젊은 화가들은 정확한 사실을 추구하던 쪽에서 일부러 사실을 왜곡하는 쪽으로 방향을 바꾸게 됩니다. 파르미자니노^{Parmigianino}

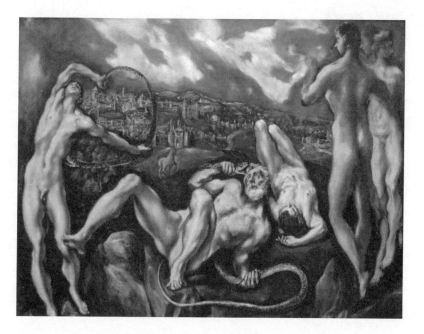

엘 그레코의 〈라오콘(Laocoön)〉 인물들이 모두 비정상적이리만치 긴 신체와 회색 피부를 가지고 있다. 그는 독일 표현주의(German Expressionism)에 지대한 영향을 준 거장이기도 하다.

와 브론치노^{Agnolo Bronzino}의 그림에 등장하는 여인들은 목과 팔다리가 비정상적으로 길어 균형과 비례를 일부러 해치고 있고, 인물들을 구석으로 몰아넣어 균형을 깨버리기도 했지요. '마니에리슴'이라 불리는 이 시기는, 지나친 기교만을 좇았다는 후대의 비난이 만들어낸 용어랍니다. 하지만 오늘날 르네상스와는 다른 독특한 화풍으로 재평가받고 있으며, 그중 엘 그레코^{El Greco}는 미술사상 가장 독특한 화가 중 한 명으로 자리매김하고 있지요.

왕 같은 바로크,
여왕 같은 로코코

르네상스가 관심의 방향을 신에게서 인간으로 바꾸어놓았다면, 종교개혁은 사람들이 피부로 느끼고 행동하는 생활 자체를 바꾸어놓았지요. 하지만 이 종교개혁은 구교와 신교가 처절하게 대립함으로써 피바람을 피할 수는 없었답니다.

한때 구교는 신교를 탄압하며 종교개혁 세력을 진압하는 데 성공했는데요, 바로크는 이런 분위기 속에서 구교의 승리를 자축하고 홍보하는 차원에서 본격화된 것이지요. 반면 신교 국가에서는 종교적인 그림을 그리는 것이 금지되었기에 정물화, 초상화, 풍경화 등이 유행하며 미술의 소재가 일상생활로 확대되어갔답니다.

격렬한 색의 역동, 바로크

그리스 고전기의 조각은 헬레니즘 시대로 넘어가며 더욱 격렬하고 역동적으로 변했지요. 이와 마찬가지로 이미 한 번 완성을 맛본 르네상스 미술은, 그 완벽한 형태에 양감과 광택, 움직임이 더해지면서 격렬하고 웅장한 바로크로 변하게 되었습니다. 조각에서는 비상하는 듯한 역동적인 동작들과 다채롭고 섬세한 옷감 표현들이 나타났으며, 건축은 더 거대해지고 많은 곡선들이 활용되었지요.

회화에서는 카라바조 ^{Caravaggio} 가 나타나 사실적이면서 더욱 극적인 회화를 만들어냈습니다. 그는 빛과 그림자의 극적인 대비를 통해 기존의 르네상스 고전주의를 더욱 역동적이며 현실적으로 재현해냅니다. 카라바조의 대표작 〈의심하는 성 도마 ^{The Incredulity of Saint Thomas}〉에서는 명암의 극적 대비를 통해, 긴장감과 현실감뿐만 아니라 현실 초월적인 성스러움까지 부여하고 있답니다.

루벤스 ^{Peter Paul Rubens} 는 르네상스 거장들을 연구하고 카라바조의 명암법 등을 익혀 이름을 얻기 시작했는데요, 구교 플랑드르 총독의 궁정화가가 되어 활동하면서 부와 명성을 누리게 됩니다. 그는 역사화와 종교화 등 다양한 소재를 작품화했는데요, 그중 〈플란다스의 개 ^{A Dog of Flanders}〉에서 네오가 그토록 보고 싶어하던 〈그리스도의

루벤스의 〈그리스도의 강림〉 격렬한 색과 빛이 강한 인상을 풍기고 있다. 한편 만화영화 〈플란다스의 개〉의 주인공인 네로는 이 그림을 보면서 그의 개 파트라슈와 함께 얼어 죽는다.

강림 Descent from the Cross〉은 그의 빼놓을 수 없는 걸작이랍니다. 여기서는 불길한 검은 하늘과 정반대로 예수의 죽은 육신에 강한 빛이 비추어져 있으며, 선보다 색이 강조된 곡선들과 그 주변의 강렬한 붉은색 옷 등은 바로크의 격렬함이 무엇인지를 보여주고 있답니다.

루벤스의 명성은 하늘을 찔러 에스파냐, 영국, 프랑스 등 대부분의 유럽 왕실에서 끝없이 주문을 받았는데, 쏟아지는 주문을 받아내기 위해 한 무리의 조수들이 그를 도와야 했다고 합니다.

또 하나의 구교 국가인 에스파냐에도 벨라스케스 Diego Rodríguez de Silva Velázquez라는 뛰어난 궁정화가가 있었답니다. 그는 10대에 이미 완벽한 기교를 발휘할 만큼 천재였다고 하지요. 벨라스케스는 간접적으로만 카라바조의 명암법을 접했지만, 초기에 누구보다 카라바조풍의 작품을 잘 그렸다고 합니다. 하지만 그는 이내 카라바조에 대한 집착을 버리고 루벤스 등이 보여주는 강하고 시원시원한 붓 터치와 어우러진 자신만의 독특한 화법을 만들어냈지요. 그의 그림은 가까이서 보면 거칠고 투박한 하나의 붓질에 불과하지만, 거리를 두고 보면 사실적 모습들이 생생하게 살아나는 아주 독특한 화법이었답니다. 이는 이후 인상파Impressionist 화가들의 출현을 예고하는 것이기도 했지요.

궁정화가였던 벨라스케스는 당연히 왕과 왕족의 초상화를 주로 그렸고, 초상화가로서도 명성이 높았지요. 그의 대표적 초상화는 〈교황 인노켄티우스 10세 Pope Innocent X〉인데요, 교황의 날카로운 눈매가 생생히 살아 있는 듯한 이 그림은 냉철하고 철저한 사실주의 화풍의 초상화로 유명하답니다. 또한 그는 최고의 문제작인 〈시녀들Las Meninas〉

벨라스케스의 〈시녀들〉 사실적인 묘사뿐 아니라, 바라보는 자와 보이는 대상이 서로 뒤엉키는 독특한 구도를 가지고 있다. 한순간의 사진 같은 이 그림은 그 구조의 독특함으로 많은 비평가들의 입에 오르내리고 있다.

이라는 작품을 선보였는데요, 이 그림은 공주 마가리타^{Margarita}가 시녀들의 시중을 받고 있는 모습을 그린 '집단초상화^{Gruppenbild}'라고 할 수 있습니다. 이 그림에는 화가 자신도 등장하고 있으며, 멀리 보이는 거울을 통해 원래 화가가 그리려고 하는 왕과 왕비도 등장하지요. 바로 이 수수께끼같이 독특한 구도가 이 그림이 가진 가장 큰 매력이랍니다. 이 그림에서는 선이 아니라 흰색과 회색, 검은색이 빛과 어우러지며 형태를 만들어내고 있는데요, 이 또한 선을 색으로 대신하는 바로크의 전형적인 기법이지요. 하지만 그는 이를 루벤스처럼 현란하게 표현하지 않고 차분하게 대치함으로써 고급스러움과 품위를 더했답니다.

렘브란트, 그리고 로코코

신교인 네덜란드에서도 벨라스케스만큼이나 초상화로 이름을 날리고, 화려함이 아닌 사실적인 내면 묘사를 선보인 이가 있지요. 바로 세기의 거장으로 불리는 렘브란트^{Harmensz van Rijn Rembrandt}랍니다.

네덜란드는 상업이 발달해 신교 칼뱅파^{The Calvinist}가 주류를 이루고 있었지만, 당시 구교 에스파냐의 지배하에 있었지요. 그들은 구교의 탄압이 심해지자 네덜란드 연방 공화국을 세우고 마침내 독립을 쟁취합니다. 이런 네덜란드에는 부와 자유로운 분위기가 넘쳐났으며, 중산층조차도 미술품을 수집하는 데 열을 올렸지요. 그런데 이 같은 신교 국가에서는 그 교리상 종교화를 직접적으로 그리는 것이 금기시되

청소년을 위한 지금 시작하는 인문학 ·

106

어 있었고, 성당이나 왕실, 귀족계급 같은 후원자도 없었지요. 그렇기 때문에 화가들은 역사상 처음으로 미술 판매 시장을 통해 거래를 해야 했으며, 종교화를 대신해 종교적 의미를 담아낸 정물화나 초상화, 풍속화 등을 그렸습니다.

렘브란트는 바로 이런 시기에 네덜란드 최고의 초상화가였답니다. 외과의사 조합의 주문을 받아 그린 〈툴프 박사의 해부학 강의Doctor Nicolaas Tulp demonstrating the anatomy of the arm〉가 그에게 일약 대스타가 되는 행운을 안겨준 것이지요. 툴프 박사와 제자들의 해부학 실습 장면을 담고 있는 이 그림에는 무엇보다 카라바조풍의 명암법이 자연스럽게 녹아들어 있었지요. 또한 그는 시체와 박사에 초점을 유지하면서도 모

렘브란트의 〈야경〉 렘브란트 회화 인생의 전환기가 된 이 그림은 빛과 구도, 색채 기술의 절정을 보여준다. 한편 그가 가진 지명도 때문에 네덜란드는 '렘브란트의 나라'라고도 불린다.

든 등장인물들의 특성 하나하나를 아주 잘 살려내고 있었습니다. 이 그림은 초상화를 주문한 등장인물들 모두를 만족시켰고, 이후 많은 사람들의 주문이 쇄도했지요. 당시 막 독립을 쟁취한 네덜란드는 독립군의 자부심이 대단했고, 그들을 중심으로 이런 집단초상화가 유행했기에 렘브란트는 돈방석에 앉을 수 있었답니다.

하지만 그는 돈보다 자신의 그림에 더 욕심을 내기 시작했습니다. 약 10년 후에 내놓은 〈야경 The Night Watch〉은 민병대원들의 주문으로 만들어진 집단초상화였습니다. 민병대원들은 자신들의 위풍당당한 모습을 담아낸 초상화를 기대했지만, 이때 렘브란트가 내놓은 〈야경〉은 그 기대를 완전히 저버렸답니다. 이 그림에서 민병대원들의 군인다운 기풍은 온데간데없었고, 갑작스럽게 발생된 어떤 사건에 허둥지둥 출동하는 모습이었지요. 게다가 집단초상화임에도 불구하고 어떤 사람들은 환하게 조명을 받고 있는가 하면, 어떤 사람들은 어둠 속에 묻히거나 옆 대원의 팔이나 어깨에 가려져 버렸지요. 여기에 자위대의 상징인 닭을 매단 소녀나 북 치는 사람 등 가상적인 인물들까지 추가되었답니다. 대원들의 실망은 말할 것도 없었고, 이후 그의 대중적 인기는 사라져버렸지요.

하지만 오늘날 이 그림은 렘브란트의 최고 걸작 중 하나로 평가되고 있답니다. 어딘가 소란스러워 보이는 그의 그림은 정적 초상화의 틀을 깨고 생생하고 역동적인 사실성을 드러내고 있으며, 각각의 인물은 물론 주변 건축물이나 사소한 어깨띠 하나하나까지 세심한 묘사를 놓치지 않고 있기 때문이지요. 또한 이 그림은 그의 장점이라 할 수 있는 명암의 극적인 대조와 뚜렷한 광원 없이 대상에서 흘러나오는 듯한 빛이 가장 두드러지게 나타난 그림이기도 합니다.

이 그림이 완성된 해, 렘브란트는 사랑하는 부인을 잃었고 몰락의 길을 걷기 시작했습니다. 재혼을 했지만 또다시 사별해야 했지요. 그는 그럴수록 계속 그림을 그렸습니다. 이때부터 그가 주로 그린 그림은 종교화와 자화상이었지요. 〈야경〉을 전후로 그의 관심은 인간의 내면을 그리는 것이었고, 자화상은 인간의 내면을 관찰하고 그려내는 데 더없이 좋은 소재였답니다. 젊은 날 그의 자화상이 카라바조풍의 명암과 옷 장식 등의 세부 묘사에 공을 들이고 있었다면, 말년의 그의 자화상은 자유로워진 붓질과 내면세계에 대한 깊은 성찰, 그리고 고뇌를 감싸는 듯한 따뜻한 인간적 감성으로 물들어 있었답니다.

한편 파리를 중심으로 일었던 루벤스풍의 바로크는 그 유행을 갈아타고 있었는데요, 이름 하여 '로코코 Rococo'입니다. 이 양식은 보통 바로크 양식과 대비되어 설명되고 있지만, 엄밀히 말하면 바로크의 연장선에 있는 것이랍니다. 바로크가 생동감과 장중함 등 남성적 분위기가 강조된 것이라면, 로코코는 세련되고 화려한 여성적 분위기가 강조된 것이지요. 우아함과 세련됨을 강조하는 로코코는 루이 14세 Louis XIV 의 죽음 이후, 자신들의 저택에 주로 머물게 된 귀족들의 생활과 취향을 담아내며 세련미를 강조하게 되었지요. 매우 장식적이고 사치스러워 보이는 이 양식은 실내장식이나 가구류의 고급스러운 마무리 장식에 잘 나타나 있는데요, 실용적이지는 않지만 눈길을 끄는 매력을 가지고 있답니다. 로코코 양식이 가진 우아하고 고상한 분위기는 당시 귀족과 사교계뿐만 아니라, 고상한 취미를 가진 서민층에도 확산되어 나갔습니다.

신고전주의 대
낭만주의

뉴턴의 과학혁명은 인간의 이성이 얼마나 완벽하게 세상을 해석할 수 있는지를 보여주었고, 나아가 계몽주의 열풍을 불러일으켰지요. 이렇게 이성을 필두로 한 계몽주의Illuminism는 마침내 미국의 독립전쟁과 프랑스혁명을 성공시키며 이성이 사회까지도 변화시킬 수 있음을 보여주었습니다. 하지만 그것은 민중의 승리라기보다 부르주아Bourgeois의 승리가 되어버렸고, 산업혁명이라는 거대한 변화는 파편화된 인간을 조장해냈지요. 분업과 전문성은 인간을 총체적인 삶의 의미로부터 분리해버렸고, 사람들은 갈수록 커져가는 불안과 피폐해지는 감성을 달랠 곳이 필요해졌습니다.

이러한 분위기 속에서 혁명의 승전보를 앞세우며 이성적 회화를 더욱 강조한 신고전주의Neoclassicism가 나타났습니다. 반면 이성이 만들어낸 비인간적인 소외에 눈 돌리며 열정과 감성으로 회화를 몰고 간 낭만주의Romanticism도 함께 대두되었지요.

혁명의 홍보대사, 신고전주의

계몽주의의 열풍 속에서 이성을 중시하는 사람들의 목소리는 높아가고 있었지요. 그런 와중에 1738년 폼페이와 헤르쿨라네움Herculaneum이 발굴되면서 처음으로 말로만 전해오던 그리스 로마 시대 회화가 그 모습을 드러냈답니다. 전 유럽은 고고학 열기로 들끓었고, 계몽주의의 이성에 대한 관심과 함께 이성의 시대를 상징하는 그리스 로마에 대한 관심도 강하게 일어났지요. 그리고 바로 그 시점에 다비드Jacques Louis David가 로마를 여행하게 됩니다.

다비드는 혁명의 대명사인 로베스피에르Maximilien François Marie Isidore de Robespierre의 친구로 열렬한 혁명 지지자였답니다. 그런 그가 로마의 미술을 보고 이성 중심의 회화에 다시 눈을 뜬 것이지요. 다비드는 감성에 호소하는 색채보다 이성에 호소하는 소묘와 선을 더욱 중요시했으며, 불규칙한 곡선 대신 그리스 회화의 상징인 직선과 비례를 다시 불러들였습니다. 여기에 그는 원근법이 크게 발달하지 않은 로마의 회화처럼 원근감을 최대한 줄였으며, 그리스 로마의 조각상들처럼 붓 자국이 보이지 않는 매끈매끈한 화면을 추구했지요. 다비드를 필두로 이런 특징을 내세우며 신고전주의가 탄생합니다. 로코코 양식 속에서 흥청망청하던 귀족들이 전락한 그 자리에, 그의 그림은 혁명의 새로운 가치관을 대표하며 우뚝 서게 된 것이지요. 적을 무찌르지 못하면 죽음을 택하겠다는 3명의 형제들이 등장하는 그의 작품 〈호라티우스 형제의 맹세Oath of the Horatii〉는 이러한 혁명적 가치관을 그대로 나타내고 있답니다.

다비드의 미술은 민중을 교화하는 데 앞장섰으며, 로베스피에르의 실각 후 나폴레옹이 그를 재등용하면서 전 유럽으로 퍼져 나가게 되었지요. 유명한 〈나폴레옹 황제의 대관식Couronnement de Napoléon〉도 그러한 가치관이 담긴 그의 대표작이랍니다.

앵그르Jean Auguste Dominique Ingres는 다비드의 수제자였습니다. 그는 스승보다 더 고전주의에 충실했지요. 앵그르는 '소묘야말로 진짜 미술이다'라는 기치 아래 색채를 중시한 낭만주의자들을 거부하고, 정확한 데생과 정교한 고전적 형식미를 중심으로 그림을 전개해나갔지요. 다비드가 정치적이고 남성적인 그림을 보여주었다면, 앵그르는 오직 인체 표현을 통한 이상적 아름다움과 완벽한 양식만을 추구하며 고전적 우아함으로 가득한 여성적 그림만을 보여주었답니다.

앵그르는 특히 우아함이 잘 살아나는 누드화를 주로 그렸는데요, 그의 그림에서 여성들은 모두 대리석 같은 무결점 피부를 자랑하고 있답니다. 바로 이런 이유로 우리는 그의 그림을 한 번 보면 그의 또 다른 그림조차 그의 것임을 금방 알아볼 수 있으며, 신고전주의가 무엇인지

앵그르의 〈샘(La Source)〉 만년에 그린 이 작품은 여인의 부드럽고 아름다운 육체의 선
을 정밀하면서도 이상화된 모습으로 보여주고 있다.

를 한눈에 눈치챌 수 있답니다.

앵그르는 누가 뭐라고 해도 신고전주의의 대부요 완성자인데요, 또 한편으로는 고전지향주의의 마지막 주자이기도 하답니다. 그가 죽은 이후 서양 미술사에서는 더 이상 고전주의적 가치와 의미를 지향하는 사조가 나오지 않았기 때문이지요. 그렇게 이천 년이 넘게 지탱해오던 고전주의적 미술의 이상은, 앵그르를 마지막으로 예술사의 새로운 지평들 앞에서 저물어가고 있었답니다.

감춰진 현실의 고발자, 낭만주의

이성을 앞세운 계몽주의는 사람들의 생각을 뒤흔들며 마침내 혁명을 얻어냈지만, 계속된 혁명이 보여준 실체는 죽고 또 죽이는 환멸뿐이었답니다. 그들이 혁명을 통해 본 것은 인간의 취약한 모습들이었고, 이후 이성이 보여준 것도 이성에 대한 불신이었지요. 이러한 불신은 결국 이성이 아니라 인간의 감정에 대한 중요성을 불러왔지요. 이렇게 감정을 중시하는 사상은 문학에서 먼저 시작되었는데, 이를 '낭만주의'라고 합니다.

회화에서도 이성을 앞세운 신고전주의에 대한 반발로 낭만주의 회화가 시작되었습니다. 낭만주의자들은 신고전주의자들의 경직된 형식을 거부하고, 예술은 수학이나 과학 같은 학문이 아니라 정형화할 수 없는 감정의 표현이라고 주장했지요. 그들에게 중요한 것은 회화의 형식이 아니라 마음의 충동이고 열정이었습니다. 회화에 있어서 그들은 소묘보다 색을, 정적인 것보다는 생동감을, 보편성보다는 개인의 개성과 그 상상력을 강조하면서 신고전주의에 맞섰답니다.

낭만주의자들은 그리스 고전으로 돌아가기보다 이국적 취향으로 눈을 돌렸는데, 심지어 가공의 세계로 도피하는 것도 서슴지 않았지요. 이성과 논리보다는 상상력을 통한 충격과 자극을 즐겼으며, 그것이 불러일으키는 마음의 동요를 추구했답니다. 그들은 신고전주의가 내세웠던 우아함을 비웃었으며, 심지어 추한 것에도 아름다움이 있음을 보여주었지요. 바로 이 점이 낭만주의자들의 위대함이기도 한데

요, 그들로 인해 이제 예술은 결코 아름다움만을 좇지 않게 되었기 때문입니다. 이는 이후 사실주의가 자랄 수 있는 터전을 만들어주게 되지요.

이런 낭만주의 회화는 제리코 Théodore Géricault의 〈메두사 호의 뗏목Le radeau de la Méduse〉에서부터 시작되고 있는데요, 이 그림은 실제 조난 사건의 참상을 격렬하고 생생하게 담아내며 사람들에게 강한 인상을 던졌답니다. 이후 그들

제리코의 〈메두사 호의 뗏목〉 메두사 호는 아프리카 서부 해안에서 조난당했는데, 당시 선장과 선원들이 달랑 뗏목 하나에 149명의 승객을 남겨두고 도망갔다. 12일 동안 바다 위를 표류한 이 뗏목에는 15명만이 생존했다. 배고픔에 미쳐 서로를 잡아먹어야 할 만큼 당시 생존자들의 상황은 참혹했다. 제리코는 당시의 처참함을 격렬한 구도와 강렬한 색채로 담아냈다.

이 가장 중요시한 감정과 열정의 표현은 이후 표현주의와 초현실주의 Surrealism의 좋은 발판이 되어주었지요.

낭만주의 회화의 대표주자는 들라크루아Ferdinand Victor Eugène Delacroix 인데요, 그는 보통 낭만주의자들이 그러하듯 우울증과 고독 속에 살면서 화가의 열정을 중시했답니다. 특히 그는 폭력적이고 이국적인 것에 많은 관심을 보였는데, 그래서인지 그의 그림에는 학살 장면이 자주 등장합니다. 또 동방 세계에 대한 동경으로 실제로 모로코를 다녀오기도 했답니다. 그는 자신의 내적 감수성과 상상력을 표현하기 위해 비대칭 구도를 자주 사용했으며, 깊이를 표현하는 사선 구도와 감성을 자극하는 색채 효과에 많은 비중을 두었답니다. 그리고 무엇

보다 회화에 있어 선으로 그리던 형태들을, 색들을 인접시켜 형태로 만들어버렸지요.

　우리에게 잘 알려진 〈민중을 이끄는 자유의 여신 Liberty Leading the People〉이 들라크루아의 대표작인데요, 이는 왕정복고에 반대하여 일어난 7월 혁명을 다룬 그림이랍니다. 이 그림에서는 혁명의 한복판에 실제 자유의 여신이 등장하는데, 이렇게 현실에 존재하지 않는 여신을 아무렇지 않게 보여줄 수 있는 것이 낭만주의의 특징 중 하나라고 할 수 있답니다. 여기서 자유의 여신은 하나의 이상을, 자유의 여신 주변에 쓰러진 사람들은 진압의 참상을 말해주고 있지요. 무엇보다 그는 자신의 그림을 통해 당시까지 존재하지 않던 과감한 색채 사용을 선보였는데요, 그것은 색채 배열에 있어서의 보색을 대비시켜 극적 효과를 이끌어내는 것이었지요. 이는 이후 인상파가 애용하는 주요 기법으로 자리 잡게 되었답니다.

　들라크루아는 또한 뛰어난 작품뿐만 아니라 탁월한 문필가로서도 낭만주의를 대변했지요. 그는 논문, 일기, 편지글 등을 통해 신고전주의를 시대착오적 미술이라고 비난했으며, 앵그르와도 숱한 논쟁을 벌이기도 했습니다.

　한편 영국과 독일에서는 또 다른 낭만주의가 펼쳐지고 있었습니다. 그들에게 있어서 인간의 이성에 대한 불신은 반대로 자연에 대한 직접적인 관심으로 나타났지요. 그래서 낭만주의적 풍경화가 유행했는데, 특히 자연의 거역할 수 없는 힘이나 웅장함에 주목한 화가들이 잘 알

프리드리히의 〈얼음 바다〉와 터너의 〈눈보라 속의 증기선〉 독일과 영국의 낭만주의적 풍경화를 대표하는 이 그림들은, 자연이 가진 거대한 힘을 한눈에 직감할 수 있게 해준다.

려져 있지요.

먼저 독일의 프리드리히 Caspar David Friedrich 는 〈얼음 바다 Eismeer〉에서 볼 수 있듯이 범접하기 힘들 만큼 거대하고 황량한 풍경을 그림에 담아내, 말로 형언할 수 없는 신비로운 경외심을 불러일으켰지요.

영국의 터너 Joseph Mallord William Turner 는 불이나 폭풍우 같은 극적인 주제들을 골라 인간의 손이 미치지 않는 상태를 담아냄으로써 강한 경외심을 불러일으키는 풍경화를 그렸습니다. 터너는 〈눈보라 속의 증기선 Snowstorm〉에서 볼 수 있듯이 감정에 호소하기 위해 색채에 강하게 의존했는데요, 그러면서 점차 추상적인 회화의 면모를 보여주게 되었답니다.

사실주의와
자연주의

신고전주의와 낭만주의는 서로 팽팽히 대립했습니다. 그렇다면 과연 누가 승리했을까요? 아마도 승자는 그들의 대립 속에서 조용히 시대의 흐름에 호응하기 시작한 사실주의였을 것입니다. 산업혁명으로 많은 사람들이 도시로 몰려들었지만, 그들은 고작해야 착취에 시달리는 가난한 임금노동자에 불과했지요. 하지만 시간이 지남에 따라 노동자들은 물론 농민들까지도 서서히 자신들의 처지와 존재감을 인식하기 시작했습니다.

한편 콩트Auguste Comte는 모든 현상과 사회적 접근들을 눈으로 보고 과학적으로 실증할 수 있는 것에 한정해야 한다는 실증주의Positivism를 들고나왔는데요, 그 냉정한 과학성에 많은 사람들이 공감을 하고 있었지요.

바로 이러한 분위기 속에서 사실주의가 태어났습니다. 무조건 과거의 이상으로 회귀하려는 신고전주의는 너무 구시대적이었고, 비현실적인 공상으로 현실에 대응하려는 낭만주의는 너무 무력해 보였지요. 이에 냉정하고 비판 의식을 갖춘 사실주의가 훨씬 더 현실적이고 객관적인 대안으로 떠오른 것이랍니다.

망막에 비치는 것만을 그린다, 쿠르베

보이는 대로 그리는 것, 사물을 화폭에 그대로 재현해내려는 것이 사실주의입니다. 사실 우리는 사물을 실재하는 듯 재현해내려는 노력이 오래전부터 있어 왔음을 익히 알고 있지요. 그런 면에서 사실주의는 아주 오래된 것일 수도 있답니다. 하지만 과거의 그런 노력들이 정말 순수하게 사물을 그대로 재현해내려 했다고 말할 수 있을까요? 사실 그동안 사물을 재현하려는 노력은 더욱 실물처럼 보이게 하려는 환영주의이거나, 더욱 아름답게 또는 더욱 격정적으로 보이게 하려는 고전주의적 의도를 담고 있었답니다. 그러므로 놀랍게도 사물을 보이는 그대로 그리려는 사실주의는 쿠르베 Jean Désiré Gustave Courbet 에 의해 미술사에서 처음으로 등장했답니다. 물론 시대마다 초상화 등을 통해 개인적으로 그런 도전들이 소소하게 이루어졌을지 모르지만, 사회 전면에 그리고 미술사 전면에 등장한 것은 쿠르베가 처음이었지요.

쿠르베의 사실주의는 정확히 만국박람회가 열린 1855년 세상에 등장합니다. 쿠르베가 자신의 작품이 만국박람회 심사위원들로부터 거부되자, 박람회장 앞에 가건물을 세우고 '사실주의, 구스타프 쿠르베'라는 이름을 내걸고 개인전을 벌이면서부터이니까요. 당시 최초의 대대적인 개인전이기도 했던 이 전시회에서 쿠르베는 60여 점의 작품들을 당당하게 선보였지요. 이는 기존 심사위원들에 대한 도전이었으며, 동시에 당시의 화가와 대중들에게 던지는 충격이었습니다. 특히 〈오르낭의 매장Un enterrement à Ornans〉과 〈돌 깨는 사람들Les Casseurs de pierre〉은 그동안 사람들이 생각하던 회화라는 개념을 산산이 부숴뜨리며, 사실주의의 방향을 정확히 나타내주고 있었지요.

우선 이 그림들은 그동안 회화가 아름다운 것과 성스러운 것, 또는 영웅적인 것만을 그 대상으로 삼으려 했다는 점을 비웃고 있었습니다. 이 그림 속에 등장하는 대상들은 아주 평범한 민중의 모습이었으며, 그 상황은 특별한 것도 없는 삶의 일부나 순간들일 뿐이었답니다. 자신의 마을 오르낭에서 어느 누군가가 죽어 매장되고 있는 모습을 담담하고 사실적으로 표현한 〈오르낭의 매장〉은 결코 아름답지도, 영웅적이지도 않은 단순한 일상이었기에 사람들은 '왜 저런 그림을 그렸을까?'라는 의문을 던졌지요. 하지만 바로 그것이 우리들의 진정한 모습이지요. 회화가 이제 실제로 있는 것만을 그리고, 실재하는 우리의 삶의 모습만을 담아내려 한다는 점에서, 그 의미는 매우 놀랍고 새로운 것이었답니다. 쿠르베는 이 그림을 사실적으로 그리기 위해 마을 사람

쿠르베의 〈오르낭의 매장〉과 〈돌 깨는 사람들〉 노동자와 평범한 사람들의 일상적인 삶을 그 어떤 꾸밈도 없이 담담하게 담아내고 있다. 하지만 이 담담함이야말로 그들의 소리 없는 존재의 증명인 것이다.

들을 한 사람씩 작업실로 불러들여 그림을 그렸다고 합니다.

〈돌 깨는 사람들〉은 더욱 자극적인 것이었습니다. 여기에 등장하는 인물은 돌이 담긴 바구니를 옮기고 있는 소년과 모자를 눌러쓰고 망치질을 하는 노인이지요. 이들은 최하층 계급의 노동자이며, 오래전부터 아주 하찮은 것으로 여겨지는 노동을 하고 있습니다. 게다가 그들은 육체적으로도 가장 힘겨운 소년과 노인이었습니다. 이 그림은 당시까지 생각해오던 회화의 품위를 깨버렸을 뿐 아니라, 노동자들의 비참한 현실을 고발하고 있었지요. 바로 이 점이 쿠르베가 지향하고 있는 것이기도 했답니다. 그는 낭만주의처럼 몽상적이고 무능력한 사회참여가 아니라 실제적이고 객관적인 사회참여를 원했지요. "자기 시대에 속해야 한다"는 그의 말은 바로 이런 회화의 현실적인 참여를 주장하는 말이랍니다. 그것은 또한 '무엇을 왜 그려야 하는가?'라는 화가들의 질문에 사회적 현실로부터 그 답을 찾으라고 말하는 것이기도 했지요. 쿠르베의 이런 신념에 가장 잘 부합한 사람이 도미에^{Honoré Daumier}인데요, 도미에는 〈삼등 열차^{The Third Class Wagon}〉를 통해 비참한 하층민들의 삶을 생생하게 담아내고 있답니다.

어쨌든 쿠르베는 있는 그대로만 그리기를 바랐고, 아니 더 정확하게 있는 그대로의 사회 현실을 드러내기를 원했지요. 바로 이러한 기대는 문학으로 번져 프랑스로부터 시작되는 사실주의 소설을 만들어냈으며, 이후 러시아 등을 비롯한 사실주의 문학의 전통이 생겨나게 했습니다. 특히 마르크스주의^{Marxism}와 연대한 사회주의적 사실주의 운동'은 한때 매우 광범위하게 펼쳐지기도 했답니다.

오늘날 우리가 자연스럽게 입에 올리는 '리얼리즘'이 바로 이런 사실

사회주의적 사실주의 운동 단순히 사실대로 그리는 것이 아니라, 사회주의적 충동을 불러일으키기 위해 사회 전체에 대한 통찰을 담아 사실적으로 표현하자는 운동이다. '사회주의 리얼리즘(Socialist Realism)'이라고도 한다.

그림으로 펼치는 생각의 역사, 서양 미술사 •

주의인데요, 그만큼 현재까지도 여전히 유효한 유파가 사실주의랍니다. 사실주의는 과거 잊혀간 다른 유파들과 달리, 리얼리즘이라는 이름을 내걸며 끊임없이 어떤 형태로든 재현되고 있는 것이지요.

미국의 사실주의, 그리고 마네의 도전

쿠르베가 사실주의를 외칠 당시, 도시의 비참한 현실과 낭만주의의 비현실적인 대안에 회의를 느끼고 시골 마을로 발길을 돌린 사람들도 있었지요. 이들은 프랑스 도시 근교 바르비종에 모여 그림을 그렸기 때문에 '바르비종파'라고 불렸습니다. 〈만종 L'Angélus〉〈이삭줍기 Les glaneuses〉로 너무나 잘 알려진 밀레 Jean François Millet가 바로 그 대표적인 작가인데요, 밀레의 작품만 봐도 알 수 있듯이 그들은 농촌 농부들의 노동과 일상을 한 편의 사진처럼 잔잔하게 담아내고 있지요. 농촌과 자연에만 그 소재를 국한시키고, 자연과 노동의 아름다움과 숭고함을 주로 담아낸 그들의 사실주의를 보통 '자연주의 Naturalism'라고 부르곤 한답니다.

한편 미국에서도 독자적인 색깔의 사실주의가 발달하고 있었는데요, 보이는 대로 그린다는 사실주의의 면모가 가장 잘 드러난 사실주의라 할 수 있습니다. 그 대표적인 인물은 미국이 낳은 가장 위대한 화가로도 손꼽히는 토마스 이킨스 Thomas Cowperthwait Eakins랍니다. 그는 그림에 있어 사실적 묘사뿐 아니라 해부학적 정확성까지 요구할 정도로

타협할 줄 모르는 사실주의자였지요. 이에 토마스 이킨스는 학생들에게 해부학 지식을 가르쳤고, 심지어 정확한 인체 묘사를 위해 최초로 누드모델을 강의실에 불러들여 해고되고 말았답니다. 특히 〈애그뉴 박사의 임상 강의 The Agnew Clinic〉로 대표되는 그의 해부학 실험에 관련된 그림들은, 그 생생함 때문에 미술을 비천하게 만든다는 비난을 받아야 했지요. 또한 그에게 초상화를 주문한 사람들은 자신의 실제 모습에 실망해 매입을 거부하곤 했답니다.

끝으로 우리가 사실주의를 언급함에 있어 쿠르베만큼이나 중요하게 다루어야 할 사람이 또 있는데, 바로 에두아르 마네 Edouard Manet 입니다.

"망막을 통해 보이는 것만을 그려라"는 쿠르베의 충고를 가장 적극적으로 따른 이가 마네인데요, 그는 그 이전의 화가들이 사실을 아름답게 미화하여 왜곡한다는 쿠르베의 비판을 더 적극적으로 밀고 나갔지요. 그는 정말 과거의 화가들이 현실의 모습을 어떻게 왜곡하고 있는지, 그리고 그것을 통해 얼마나 왜곡된 인습을 만들어냈는지를 추적해나간 것입니다. 마네는 그러면서 과거의 화가들이 인공적인 조건에서만 그림을 구성했다는 것에 주목합니다. 그들은 언제나 어두운 화실에 앉아 빛이 들어오는 창문 아래서 그 빛이 만들어내는 어둠과 그림자를 단계적으로 묘사하면서 입체감을 살리고 있었지요. 그들은 그것에 대해 아무런 의심 없이 당연한 것으로 받아들이고 교육받았으며, 더 이상 실체를 보지 않고도 그림을 그릴 수 있었답니다.

하지만 실제 태양 아래로 나가보세요. 밖에서 보는 대상은 훨씬 더 밝게 보일 뿐만 아니라, 반드시 그 그림자가 회색이나 검은색이 아니기도 합니다. 실제 주변 대상들에서 반사된 빛이 우리가 배운 만큼의 어둠을 만들어내지 못하게 하지요. 또한 햇빛 아래서 보는 얼굴들은 명암이 강하게 드리우기보다 오히려 평평해 보인답니다. 심지어 순간적으로 우리 눈에 비치는 대상의 모습은 대상이 원래 가지고 있는 형태와 색깔이 고스란히 전해진 것이라고도 할 수 없답니다. 마네는 이렇게 실제 망막을 통해 들어오는 사실적인 모습에 주목했지요. 마네는 이런 탐구 결과들을 토대로 전통적인 명암법을 포기하고 자신만의 새로운 그림을 선보이기 시작했습니다. 그의 작품 〈발코니The Balcony〉는 이런 그의 생각을 잘 담아내고 있지요.

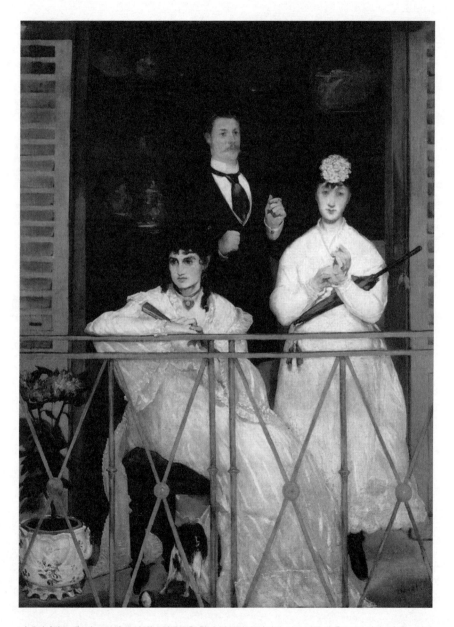

마네의 〈발코니〉 이 그림에 등장하는 인물들은 함께 발코니에 있지만 서로 다른 곳을 보고 있다. 마네는 이런 심리적 거리감과 모호성이 현대 생활의 특징이라고 지적하고 있다.

이 그림에 등장하는 인물들의 얼굴과 의상은 명암이 매우 절제되어 평면적으로 보이는데요, 그렇다고 결코 사실적이지 않은 것은 아니지요. 마네는 이런 사실적인 효과를 놓치지 않기 위해 흑과 백을 대비시켰으며, 눈에 확 띄는 녹색 난간을 정면에 배치했지요. 난간 또한 색의 조화라는 전통을 무시하고 있었으며, 이를 통해 대상은 뒤로 물러나 있는 것처럼 입체감을 더하고 있답니다.

물론 마네는 이 그림 이전부터 이미 세상을 놀라게 했습니다. 우리가 잘 알고 있는 〈풀밭 위의 점심식사 Le Déjeuner sur l'herbe〉가 바로 그것이지요. 풀밭 위에 나체로 앉아 있는 여인에서부터 명암의 규칙 등을 의도적으로 무시하고 있는 듯한 숲의 배경들까지, 이 그림의 모든 것이 사람들에게 충격을 던져주기에 충분한 것들이었지요. 그 파격에 분노한 구경꾼들이 우산으로 찍을까 싶어 3미터나 높이 달아야 했던 이 그림은, 이후 인상파라 불릴 젊은 화가들에게는 경탄을 자아내게 했답니다. 그리고 그렇게 요란한 구경꾼들의 고함과 함께, 앞으로 끝없이 새로운 회화 운동들이 들고일어나는 미술사의 새로운 장이 펼쳐지고 있었답니다. 현대 미술의 그 역동적 전개는 『청소년을 위한 지금 시작하는 인문학 – 가로 읽기』의 「현대 회화」편에서 만나볼 수 있습니다.

회화의 흥미를 배가시키는
알레고리 읽기

그림 속에는 단순히 대상이 전하려는 메시지뿐 아니라 인물의 몸짓이나 주변 사물들의 배치에도 다양한 의미가 담긴 경우가 많답니다. 이들은 보통 알레고리Allegory와 상징Symbol으로 드러나는데요, 그 숨겨진 의미를 들추어보는 즐거움이야말로 회화 감상의 빼놓을 수 없는 재미라고 할 수 있습니다. 이번에는 알레고리와 상징의 의미를 간단하게 알아보는 시간을 갖도록 하겠습니다.

우리는 알레고리를 『성경』과 그리스 로마 신화를 다루어 담아낸 그림이나 움직임이 없는 사물들만을 모아놓은 정물화 등에서 자주 볼 수 있습니다. 서양의 그림 속에서 머리에 후광이 그려진 인물이 나타나면 그는 예수이거나 성인이며, 마구간의 아기나 연인, 목동을 보면 그것이 '예수의 탄생'을 의미하는 것임을 알아차릴 수 있지요. 또한 『성경』만큼이나 많이 다루어지는 그리스 신화에서는 각 신들을 상징하는 상징물들이 있는데요, 이를 통해 우리는 그가 어떤 신인지 금방 알 수 있답니다. 예를 들어 지팡이를 들고 독수리와 함께 있는 인물이라면 신들의 왕 제우스이고요, 조개껍질에서 나온 인물이라면 미의 여신 아프로디테가 되는 것이지요.

한편 꽃과 과일, 동물표본이나 생활용품 등을 주제로 그림을 그리는 정물화는 아무런 행동이나 이야기가 없어 보입니다. 하지만 바로 이 때문에 각 정물들이 알레고리와 상징을 가지고 다양한 의미를 내포하여 말을 걸어오게 되는 것입니다. 예를 들어 '사과'는 에덴동산으로부터 비롯된 '선악'의 의미와 '앎'에 대한 의미를 가지고 있으며, '백합'은 '아름답고 순결'한 의미를, '해골'은 '죽음과 공포' 등의 의미를 나타낸다고 할 수 있지요. 그 밖에 잘 알려진 것들을 정리해보면 다음과 같습니다.

제우스	하늘 신, 최고의 신	지팡이, 독수리
포세이돈	바다의 신	삼지창, 전차, 해양 생물
하데스	지하 세계의 신	검은 투구, 마차, 검은 말
헤라	출산 · 결혼의 신, 최고의 신	왕관, 지팡이, 공작새
데메테르	곡물의 여신	이삭, 뿔 모양의 컵, 낫
헤파이스토스	불의 신	대장장이 모자, 망치와 연장
아레스	전쟁의 신	무기와 갑옷, 전쟁
아테네	지혜의 여신, 전쟁의 여신	투구와 무기, 고르곤의 머리가 박힌 방패, 올빼미
아폴론	태양의 신	활, 현악기, 월계관, 태양 마차
아르테미스	달의 여신	활, 사냥개, 긴 창
헤르메스	전령의 신	날개 달린 모자와 신발, 뱀이 감겨 있는 지팡이
아프로디테	사랑과 미의 여신	조개껍질, 거울, 장미

그런가 하면 이렇게 누구에게나 잘 알려진 객관적인 알레고리와 상징뿐 아니라, 화가 자신의 주관적인 알레고리와 상징을 이용하여 사물을 표현하는 경우도 있답니다. 아마도 보쟁 Lubin Baugin의 〈체스판이 있는 정물Nature morte à l'échiquier〉이 그 대표적인 작품일 텐데요, 그는 이 사물들의 배치를 통해 인간이 가진 오감을 담아내고 있답니다.

복숭아, 무화과	성적인 죄, 육욕	딸기	인간의 정신을 상징, 천국의 과일
오렌지, 레몬, 귤	불멸, 영생, 천국	굴, 홍합	악덕, 무지, 탐욕, 성적인 무절제와 에로스적 사랑
포도	다산과 풍요, 예수의 피	차바퀴	운명
나이프	결단력과 정의	천칭	정의
석류	예수의 피와 수난	시계	절제

알레고리와 상징 둘 다 사물이나 대상을 통해 다른 것을 의미하고자 사용한다. 알레고리의 경우 하나의 대상이 하나의 의미를 지니는 반면, 상징은 하나의 대상이 다양한 의미나 추상적 의미를 강하게 지닌다. 하지만 이 둘을 명확히 구분하기는 힘들다.

날개 달린 모자는 헤르메스의 상징이다.
제우스의 뜻을 전달하고 판결을 진행하고 있다.

황금 사과를
아프로디테에게
내밀고 있는 것을
보면 파리스임을
알 수 있다.

공작새가 함께
있는 것을 보면
헤라임을 알 수 있다.
여기서 공작새는
여신들의 허영을
나타내기도 한다.

고르곤을 박은
방패가 있으므로
아테네임을
알 수 있다.

뒤에 에로스가
놀고 있는 것으로
아프로디테임을
알 수 있다.

▲ 루벤스의 〈파리스의 심판(Judgement of Paris)〉

꽃은 후각을 의미한다.

거울은 시각을 의미한다.

포도주와 빵은
미각을 의미한다.

체스판은
촉각을 의미한다.

악기와 악보는
청각을 의미한다.

카드와 돈주머니는
타락을 의미한다.

▲ 뤼뱅 보쟁의 〈체스판이 있는 정물〉

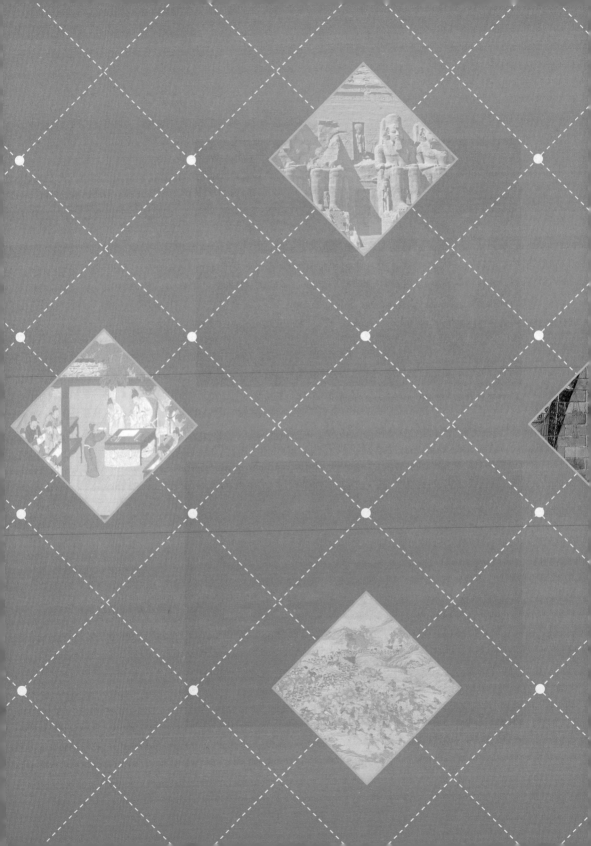

제3장

세계사의
숨은 동력,
동양사

오랜 세월 세계를 주도해온 **동양의 역사**

인문학을 배우는 데 있어 역사에 대한 지식은 매우 중요합니다. 각 시대에 중요했던 쟁점과 역학 관계가 당시 지형은 물론, 철학과 문화 전반에 많은 영향을 미치고 있기 때문이지요. 그러므로 우리는 역사의 중요한 요인들과 그로 인한 다양한 변화들을 이해하고, 충분히 익혀놓을 필요가 있답니다.

이 장에서는 우리가 속해 있는 기반이며, 또 우리와 오랫동안 함께 호흡해온 동양의 역사를 살펴보고자 합니다. 사실 동양사는 서양 유럽사에 비해 비교적 관심을 덜 받아왔지요. 하지만 그 중요성만큼은 결코 서양사에 뒤떨어지지 않는데요, 특히 여기서 집중적으로 살피고자 하는 중국과 중동 지역의 역사가 그러하지요.

우리나라의 문화와 역사에 많은 영향을 미친 중국과 동북아 지역의 역사는 화려한 문화로 무역을 자극하거나 강력한 군사력의 변화로 민족이동 및 지형 변화를 촉발해왔지요. 그리고 중동 지역의 역사는 아시아와 유럽의 중간에서 중세 세계를 뒤흔들며 변화를 주도했으며, 무엇보다 인류 문명을 출현시켰다는 점에서 그 의미는 무엇과도 비교할 수 없는 것이랍니다.

동양에는 많은 나라들이 있고, 그들도 함께 동양사를 이루고 있습니다. 하지만 이들을 하나하나 소개하다 보면 동양사의 주요 흐름을 파악하는 데 어려움을 겪을 수 있기에, 여기서는 중국과 중동의 역사만을 중점적으로 다루었습니다. 이 점 참고하여 동양사를 정리하기 바랍니다.

중국의 고대와
한문화의 형성

　동아시아 문화의 근간을 제공해주고 있는 중국, 우리의 역사와 문화도 그 중국의 영향에서 결코 자유롭다고 할 수는 없지요. 그런 중국 문명도 다른 문명들이 그러하듯 신화로부터 시작되고 있습니다. 하지만 중국 신화에 등장하는 인물들은 자연의 이치를 상징하는 신神도, 세상 변화를 관장하는 초월적 존재도 아니랍니다. 그들의 신화는 마치 인간이 문명을 만들어내는 과정을 각각의 인물에 대응시킨 문명의 계보처럼 보입니다. 어쩌면 지나치리만치 현실적이었던 유교 사상의 특성이 반영된 것일지도 모르지요. 그렇듯 중국을 지배한 유교와 그 밖의 많은 사상들이, 중국의 고대가 본격적으로 시작되는 극도로 혼란한 춘추 전국 시대에 이미 등장하고 있지요. 그리고 그 혼란이 마무리되면서 유교를 비롯한 많은 중국의 전통이 한나라를 통해 성립되었답니다.

신화 시대와 은·주 왕조의 역사 시대

중국의 역사를 시작할 때 보통 '3황 5제三皇五帝'를 먼저 이야기합니다. 여기서 '3황'은 인간을 만들었다는 '여와씨女媧氏'와 그녀의 남편으로 사냥법과 불의 사용법을 전수했다는 '복희씨伏羲氏', 그리고 농사법을 전수했다는 '신농씨神農氏'를 말하곤 합니다. 또한 불로 음식을 요리하는 법을 전수했다는 '수인씨燧人氏'도 있는데요, 여와씨 대신 수인씨를 3황에 올리기도 합니다. 이 3황의 업적 이후 '황제헌원黃帝軒轅'이 등장해 최초로 중국을 통일하고, 문자와 역법, 화폐, 수레 등 문물을 창안했다고 전해집니다. 이후 '전욱顓頊'과 '제곡帝嚳'이 뒤를 이었으며, 그뒤로 높은 덕으로 선정을 베풀었다는 '요堯'와 '순舜'이 등장합니다. 이둘은 중국에서 가장 이상적인 군주로 이상화되어, '요순 시대' 하면 태평성대를 의미하곤 하지요.

이렇게 태평성대의 군주 순이 통치하던 시대에 홍수가 나자, '우禹'라는 사람이 나타나 이를 해결했다고 합니다. 이에 순은 말년에 치수사업에 능한 우에게 왕위를 넘겨주었는데, 이 우가 최초로 왕조를 일으키니 이것이 바로 '하夏나라'입니다. 하 왕조는 우왕에서부터 마지막 걸왕桀王까지 470년 동안 통치했다고 전해지는데요, 그렇다고 공식적인 역사로 여겨지고 있는 것은 아니랍니다. 3황 5제는 신이 아닌 인간이 문명을 만들어내는 과정을 그린 독특한 신화로 생각되고 있으며, 하 왕조 또한 증거가 될 만한 왕궁이나 유물이 없어 여러 가지 추측만 난무한 상황이지요.

여와씨와 복희씨 여와씨와 그녀의 남편 복희씨는 인간의 머리에 뱀 또는 용의 몸을 갖고 있는 신이다. 여와씨는 진흙과 끈으로 인간을 만들고, 결혼제도까지 만들어 자손을 남기게 했다고 한다. 여와씨와 복희씨는 대홍수로 인류가 멸망했을 때 표주박 배를 타고 살아남아 인류의 선조가 되었다고도 전해진다.

그렇다면 중국 최초의 왕조는 어디일까요? 아직까지 알려진 바로는 '상商나라'라고 할 수 있습니다. 상나라는 하 왕조의 걸왕이 여색에 빠지고 폭정을 일삼자 탕왕湯王이 들고일어나 세운 나라인데요, 후기에 수도가 은으로 옮겨져 '은殷나라'라고도 불렸던 나라입니다. 상나라의 유물로는 청동 솥과 갑골문자가 새겨진 뼈들이 잘 알려져 있습니다. 여기서 청동 솥은 수준 높은 청동기 문화를, 뼈들은 길흉이나 신의 뜻을 묻는 신권정치神權政治가 행해졌음을 말해주는 것이라 할 수 있답니다. 또한 왕묘도 발견되고 순장의 흔적도 보이는데요, 이는 이미 계급사회가 출현했음을 말해주는 것이기도 합니다. 당시에는 관개농업도 발전하고 그에 따른 역법도 발전했으며, 갑골문자에 '衣(옷)' '布(옷감)' 같은 글자가 자주 등장하는 것으로 보아 방직술 같은 수공업도 발달했다고 추정되고 있지요.

상 왕조의 마지막 왕, 주왕紂王 역시 여색에 빠져 폭정을 일삼았습니다. 그는 애첩 달기妲己에 빠져 연못에 술을 채우고 나무에 고기를 달아 음란하게 향락을 즐겨서 '주지육림酒池肉林'이라는 말을 남기기도 했으며, 간언하는 충신들과 왕자를 잔인무도하게 죽여 걸왕과 함께 폭군의 상징이 되었지요. 이런 주왕을 무왕武王이 몰아내고서 '주周나라'를 세우게 되는데요, 여기서 가장 큰 역할을 한 전략가가 바로 빈 낚싯대로 세월을 낚았던 노인으로 유명한 '강태공姜太公'이랍니다. 새롭게 등장한 주나라는 더욱 영토를 넓혔지만, 넓어진 영토를 제대로 다스릴 힘은 없었지요. 이에 왕의 친척이나 공신들에게 땅을 나누어주며 다스리게 했는데요, 바로 혈연관계를 바탕으로 한 서양과는 다른 봉건제도가 이때부터 시작된 것입니다. 한편 무왕은 덕이 있는 자가 하늘의 명을 받아 세상을 지배한다는 천명사상天命思想을 내세웠는데요, 이는 포악한 왕을 몰아내는 명분이 되어 이후 중국 왕들이 갖추어야 할 자세와 정치의 명분을 제공해주었답니다.

춘추 전국 시대와 제자백가

중국의 초기 왕들은 여색에 왜 그리도 약했던 것일까요? 주나라의 12대 유왕幽王 역시 포사褒姒라는 여인의 치마폭에서 헤어 나올 줄 몰랐지요. 그는 폭정을 일삼을 뿐만 아니라 웃지 않는 포사를 웃게 하기 위해 거짓으로 봉화를 올리고 군사를 움직이기까지 했다고 전해집니다. 그리고 결국 진짜로 견융족犬戎族이 쳐들어오자, 그동안 거짓에 익숙해진 군 체제에서 병력이 모이지 않아 유왕은 전사하고 말았다고 합니다. 그의 사후 수도를 호경에서 낙양으로 옮기게 되는데요, 이때부터

'동주東周 시대'라고 합니다.

기원전 770년부터 시작된 동주 시대는 공자가 『춘추春秋』라는 책에 기록하고 있어 '춘추 시대'라고 더 잘 알려져 있지요. 그리스의 도시국가들이 암흑시대가 지나 안정을 회복하며 그 힘을 서서히 식민지 등을 건설하는 데 돌리기 시작하던 이 시기에, 이미 중국의 어엿한 중심 왕조로 자리 잡았었던 주나라는 그 힘이 급격히 쇠락하며 100여 개가 넘는 제후국들로 분열하기 시작합니다. 그들은 모두 주 왕실을 보호한다는 구실로 군사를 일으켜 중원의 패권을 차지하기 위해 싸웠지요. 그리고 시간이 지남에 따라 그 수가 점점 줄어들어 제齊 · 진晉 · 초楚 · 오吳 · 월越의 5나라가 주도권을 가지고 경쟁하게 되었으니, 이를 '춘추 5패'라 불렀지요.

공자 이름은 구(丘), 자는 중니(仲尼)로, 『춘추』의 저자로 알려져 있다. 공자가 제시한 유가 사상은 생전에 빛을 보지 못했지만, 한나라 이후 중국을 대표하는 사상이 되었으며, 한국, 일본, 베트남 등 동아시아에 지대한 영향을 주었다. 한편 중국이 공산화되자 그의 사상은 중국 공산당에 의해 '악의 표상'으로 규정되었고, 공자묘가 파괴되기도 했다.

그리고 기원전 403년 주 왕실이 춘추 5패 중 진나라의 유력한 귀족인 한韓 · 위魏 · 조趙 씨를 정식 제후로 인정하는 일이 벌어지는데, 이때부터 주나라는 힘없는 제후국으로 전락하게 되고 '전국 시대戰國時代'가 시작됩니다. 더 이상 주 왕조와는 상관없이 서로가 왕임을 자처하며 싸우던 이 시대 역시 『전국책戰國策』이라는 책에 기록되어 전국 시대라고 불리고 있지요. 당시 한韓 · 위魏 · 조趙 · 제齊 · 진秦 · 초楚 · 연燕 등 7개의 강국이 가장 치열하게 대치하며 먹고 먹히는 전쟁을 계속했는데, 이를 '전국 7웅'이라 합니다.

　춘추 전국 시대는 전쟁과 혼란의 연속이었지만, 경제·사회적 조건과 사상적 기반이 급속하게 발전한 시기이기도 합니다. 춘추 시대에 철이 사용되기 시작해 전국 시대에는 널리 퍼졌는데요, 철제 무기뿐 아니라 철제 농기구의 보급이 확대되어 농업 생산량이 크게 늘었습니다. 농업 생산량이 증가하자 남는 생산물을 내다 팔게 되었는데, 이에 거래와 상업이 증가하고 농기구 제작 등 수공업도 발달하게 되었답니다. 또한 불어난 거래량은 화폐의 발달을 불러왔으며, 청동이나 철로 된 동전이나 철전을 많이 사용하게 되었지요. 그리고 잦은 전쟁을 통해 국가 개념도 서서히 만들어졌으며, 새로 차지한 영토를 지배하기 위해 지방관을 파견하는 군현제郡縣制를 실시하게 되었습니다. 나라를 좀 더 체계적으로 다스리고 유지하기 위해 관료제가 수립되었고, 언제든 전쟁에 뛰어들 수 있는 상비군이 만들어졌으며, 이를 유지하기 위한 세금제도가 정비되었답니다.

　이렇게 혼란과 끝없는 경쟁 속에서 좀 더 견고한 국가의 모습이 갖추어져 갔는데요, 가장 효율적인 국가 운영을 위해 다양한 인재들을 찾아 나서면서 제자백가諸子百家의 시대가 전개되었습니다. '제자백가'란 스승과 제자가 하나의 일가를 이루며 다양한 학파가 전개되었다는 뜻으로, 이때부터 이후 중국과 동아시아 세계를 지배하는 사상들이 속속 등장하게 되는 것이지요. 중국과 한국 등 동아시아의 대표적 사상인 공자孔子의 '유가 사상儒家思想'을 비롯해, 도교의 뿌리이며 유교를 비판하는 대표적인 사상인 노자老子의 '도가 사상道家思想'도 이때 등장합니다. 또한 국가 정비에 실질적으로 필요한 법을 중시하는 '법가 사상法家思想'과 전쟁보다는 평화를 앞세운 묵자墨子의 '묵가 사상墨家思想'도 널리 유행하게 되었답니다.

최초의 통일국가 진과 중국의 지배 이념을 제시한 한

전국 시대 서쪽 변방에서 가장 늦게 힘을 모으기 시작한 '진秦나라'. 대부분의 나라가 민심을 안정시키고 충성을 유도하기 위해 유가 등의 사상을 모색하고 있을 때, 그들은 누구에게나 엄격하게 적용되는 법을 전면에 내세우며 개혁을 이끌어내기 시작했습니다. 엄격한 상벌로 법치의 기본을 세운 법가 사상이 적용되면서 질서가 확립되고 부국강병이 이루어진 진나라는, 마침내 '진시황秦始皇'에 의해 중국을 최초로 통일하게 되었지요.

통일 후 진시황은 통치를 원활히 하기 위해 전국 각지를 잇는 길을 만들고 문자를 통일하였으며, 화폐와 도량형도 통합해나갔습니다. 하지만 그의 법치는 너무나 엄격하였고, 획일적인 법치로 과거의 기득권과 특혜를 누릴 수 없던 유가 세력 등은 불만이 가득했지요. 그는 이런 유생들의 세력을 제압하고 국론의 분열을 막기 위해, 농학·의학 등의 기술서를 제외한 모든 책을 불태우고, 저항하는 유생들을 산 채로 묻어버리는 분서갱유焚書坑儒를 단행하게 됩니다. 또한 전국 시대부터 침

진시황의 병마 도용(陶俑) 진시황은 사후를 위해 거대한 지하 궁전을 만들고 그곳에 진흙으로 빚은 수천 개의 병마 도용을 배치해두었다. 그는 이렇듯 자신의 묘와 아방궁, 만리장성 등 많은 토목공사에 백성을 동원하고, 분서갱유를 하는 등 노역과 폭정을 일삼아 중국 최대의 폭군으로 비판받아왔다. 하지만 도량형을 통일하였고 만리장성을 건설했으며, 군현제 등의 토대를 닦아 이후 중국 왕조의 기본 틀을 만들었다. 병마용 발굴 이후부터 그의 진취성과 개척성이 재평가되어 그 위상이 높아졌다.

략하기 시작한 흉노족을 막기 위해 만리장성을 쌓고, 아방궁 등을 지어 황제의 권위를 드높이려 했는데요, 이때 행해진 가혹한 부역과 세금 징수로 백성들의 원성이 높아갔지요. 이후 기원전 210년 시황제가 죽자 전국에 무수한 반란이 일어나면서, 중국 최초의 통일국가는 그렇게 16년 만에 역사 속으로 사라지고 말았답니다.

진나라를 무너뜨린 반란군 중 가장 두각을 나타낸 자는 '항우項羽'였지요. 그는 과거 초나라 대장군의 손자인 데다 무예와 전술이 뛰어나 순식간에 세력을 모으고 진나라를 무너뜨리는 주역이 될 수 있었답니다. 하지만 정작 먼저 수도에 도착해 진의 황제에게서 항복을 받아낸 것은 그의 부하 장군인 '유방劉邦'이었으며, 그는 온정적인 정책을 펴서 민심까지 얻었지요. 반면 항우는 뒤늦게 수도에 입성해 항복한 진의 황제를 죽이고 약탈과 폭정을 일삼았답니다. 유방을 '한漢나라' 왕으로 임명하는 등 항우는 진을 토벌한 장수들에게 영토를 나누어주었는데요, 공평한 기준 없이 나누어주어 공신들의 불만을 사게 되었지요. 결국 유방은 불만을 가진 제후들의 힘을 모아 항우에 대항하는데요, 이때부터 초나라와 한나라의 전면전이 시작된 것이랍니다.

항우는 더 유리한 위치에서 더 뛰어난 전략과 탁월한 전투 능력까지 갖추었지만, 기득권 세력에게만 특권을 부여하는 등 과거의 통치방식에서 벗어나지 못했으며 감정적인 면도 강했지요. 반면 농민 출신인

유방은 처음부터 불리한 위치에서 시작했고 전투에 능하지도 못했지만, 항우의 부하였던 명장인 한신韓信 등 사람들을 얻고 활용하는 데 능했습니다. 게다가 농민을 우대하는 정책을 펴서 민심을 사로잡을 수 있었지요. 시간이 지나면서 유방을 지지하는 세력이 늘어났고, 마침내 기원전 202년 해하전투垓下戰鬪에서 유방은 항우를 꺾고 중국을 재통일하게 되었답니다.

우리에게 『삼국지三國志』만큼이나 잘 알려진 『초한지楚漢志』는 이 초나라의 항우와 한나라의 유방이 격돌하는 역사적 사실을 다룬 소설이랍니다.

한漢을 건립한 고조高祖 유방은 지나치게 법을 앞세우다 실패한 진나라를 교훈 삼아 덕德과 충忠을 중시하는 유교儒教를 앞세웠습니다. 그리고 커다란 땅을 왕이 직접 통치하려다 실패한 진의 급진적인 군현제를 거울 삼아, 수도 중심의 15개 지역만을 직접 왕이 다스리고, 나머지 지역은 제후들에게 나누어주는 군국제郡國制를 실시해 제후들의 저항을 줄이게 됩니다. 어떤 면에서는 그만큼 왕이 강력한 힘을 갖추지 못했다는 의미이기도 한데요, 이는 당시 강성했던 흉노족에 유방이 조공을 바치기로 한 사실에서도 잘 드러납니다.

하지만 7대 왕 무제武帝 때가 되면서 사정이 달라집니다. 고조 때부터 황실은 한신 등 유씨 성이 아닌 개국 제후들을 하나씩 제거하고 그들의 땅도 천천히 빼앗아왔는데요, 이에 무제 때 황제가 전국을 직접 통치하는 군현제를 실현할 수 있게 되었답니다. 중앙집권이 강화되자 무제는 그동안 무서워 눈치만 보던 흉노족을 공격하여 만리장성 밖으로 몰아냈습니다. 그리고 흉노족을 함께 토벌할 동맹국을 찾고자 서역에 장건張騫을 파견하였는데요, 이때 비단길이 개척되었지요.

무제는 계속해서 힘을 팽창해 오늘날 베트남 북부까지 세력을 넓혔고, 고조선에 진출하여 한4군을 설치하기도 했지요. 또한 동중서董仲舒의 건의로 유학을 국학으로 채택하여 충忠과 덕德을 교육하고, 관리임용 시의 시험과목으로 지정하였습니다. 이를 통해 체계적이고 지속적인 국가 운영이 가능하게 되었을 뿐 아니라, 이때 자리 잡은 유학은 이후 우리나라 등 동아시아 전역에 전파되면서 유교 문화권을 형성하는 기반이 되었답니다.

힘으로나 문화로나 중앙아시아에 강력한 영향력을 과시하던 한나라는 한때 왕망王莽에 의해 멸망하고 '신新'이라는 나라가 세워지기도 했지만, 이후 황실의 종친인 광무제 유수劉秀가 일어나 다시 한나라를 세웁니다. 이를 '후한後漢'이라 부르는데요, 이 광무제 때 한나라는 무제 때와 비견할 만한 역량을 되찾았다고 할 수 있습니다. 특히 후한 때 환관이었던 채륜蔡倫이 종이를 발명해서 널리 보급되었는데요, 이는 유교 및 다양한 지식의 보급에 커다란 영향을 미쳤습니다.

전한과 후한 때 자리 잡은 국가 체제와 사회 문화 규범은 중국의 고대 문화를 완성했을 뿐 아니라, 이후 전개되는 중국 문화의 원형을 제공하였답니다. 한족, 한자, 한화 정책 등은 한나라가 중국 문화의 중심 뿌리임을 보여주는 것이라 할 수 있지요.

한편 당시 우리나라는 한나라에 의해 고조선이 무너지고, 부족국가 시대를 지나 고구려·백제·신라의 3국이 국가로 자리 잡기 시작했습니다.

또한 유럽은 진나라가 최초로 중국을 통일하고 진시황 사후에 무너졌듯이 알렉산더가 최초로 동서양 지역을 점령하고 그의 사후 무너져 갔으며, 한나라가 중국을 재통일하고 고대 문화를 완성해냈듯이 로마가 유럽을 장악하고 5현제 시대를 통해 팍스로마나 Pax Romana를 이루고 있었지요. 이 당시 중국과 로마는 비단길 등을 통해 간접적인 무역이 이루어지고 있었는데, 카이사르 Gaius Julius Caesar가 사망할 무렵 로마에서는 중국의 비단이 대단한 인기를 누렸다고 합니다.

이민족과 뒤섞이는 중국의 중세

한때 한나라보다도 강성했던 북방의 흉노족은 한나라의 대대적인 공격을 받은 뒤 남북 흉노로 분열되었습니다. 그중 남흉노가 한나라 멸망 후 혼란을 거듭하고 있던 중국 대륙으로 남하해, 새롭게 부상하고 있던 선비족 등과 함께 '5호 16국 시대'를 열었지요. 그런가 하면 반세기 후 북흉노가 서쪽으로 이동하며 '훈Hun 족'이라 불렸는데요, 이때 그들에게 쫓겨간 게르만 족이 로마 제국에 침투하면서 유럽에도 큰 지각변동이 일어나게 되었답니다.

한편 우리나라는 고구려·백제·신라의 삼국 시대가 활발히 전개되고 있었습니다. 특히 광개토대왕廣開土大王이 이끈 고구려는 후연後燕을 격파하고 요동 지역을 확보하면서, 명실공히 동아시아의 주도 세력으로 등장하기도 했지요.

삼국지와 위진 남북조 시대

중국 최초로 견고한 중앙집권적 국가를 완성한 한나라. 그러나 시간이 갈수록 왕을 보좌하는 환관과 외척들이 권력을 휘둘렀고, 지방의 추천을 받아 중앙정부로 진출한 호족들은 농민들의 토지를 뺏는 데 혈안이 되어 있었지요. 이에 토지를 잃고 몰락한 농민들은 유랑민이 되거나 도적이 되었으며, 비참한 생활에 몰린 많은 사람들이 병을 치유해주며 다가온 태평도와 같은 신앙에 빠져들었답니다. 이들은 머리에 노란 천을 두르고 거대한 무리를 이루며 지배계급에 저항해 난을 일으켰는데요, 이를 '황건黃巾의 난亂'이라고 불렀지요. 그렇게 황건의 난이 여기저기서 들불처럼 일어났고, 정부는 이를 제압할 수 없어 결국 호족들에게 도움을 청합니다. 이에 호족들은 금지되었던 군사력을 다시 가질 수 있었고, 막강한 경제력을 바탕으로 많은 병사를 끌어모아 황건의 난을 평정합니다.

하지만 한나라의 황실은 더 큰 위기에 봉착하는데요, 군사력을 갖게 된 호족들이 오히려 자신들이 황제가 되고자 서로 경쟁하기 시작했기 때문입니다. 이들 중 가장 두각을 나타내는 세 나라의 호족들이 전국을 주도하게 되는데, 위魏의 조조曹操, 촉蜀의 유비劉備, 오吳의 손권孫權

이 그들이지요. 팽팽하게 각축을 벌이는 당시의 상황을 극적인 소설로 담아낸 것이 우리에게 가장 많이 읽히는 중국 영웅전인 『삼국지』랍니다. 그렇다면 조조, 유비, 손권 중 최후의 승자는 누가 되었을까요? 아이러니하게도 최후의 승자는 조조의 밑에서 조조의 신임과 의심을 동시에 받고 있던 전략가 사마의司馬懿였습니다. 『삼국지』를 보면 사마의만이 유비의 천재 책사 제갈량諸葛亮의 공격을 막아낼 수 있었지요. 하지만 그는 조조와 조씨 가문 사람들에게 왕의 자리를 탐할 수도 있는 인물이라고 끊임없이 의심을 받았으며, 수시로 좌천되곤 했답니다.

제갈량 유비의 책사로, 유비가 촉나라를 세우자 승상이 되었다. 오나라의 손권과 연합하여 적벽(赤壁)에서 조조의 대군을 대파하고, 형주와 익주를 점령했다. 소설 『삼국지』 속에서 제갈량은 그 누구도 따라올 수 없는 천재 전략가로 그려진다.

사마의는 조조의 아들 조비曹조를 도와 한나라를 폐하고 위나라가 정식으로 황권을 갖게 했습니다. 하지만 결국 모반을 일으켜 전권을 틀어쥐지요. 이후 그의 아들 사마소司馬昭는 촉나라를 멸하고, 손자 사마염司馬炎은 위나라의 왕을 폐하고 '진晉나라'를 세웁니다. 그리고 머지않아 오나라를 정벌함으로써 마침내 진이 3국을 통일하게 되지요. 하지만 이 진나라도 오래가지 않아 흉노족의 침입으로 동쪽으로 쫓겨가 '동진東晉'이라 불리게 된답니다.

이 동진 시대의 북쪽은 '5호 16국'이라 하여 이민족들의 각축장이 되었다가 북위에서부터 북주로까지 이어지는 왕조들의 명멸이 되풀이 되었습니다. 동진은 송宋 · 제齊 · 양梁 · 진陳으로 이어지는 왕조들이 명멸하게 되지요. 이른바 '남북조南北朝 시대'랍니다. 그리고 이렇게 위나

세계사의 숨은 동력, 동양사

라에서부터 남북조로 이어지는 과정을 통틀어 '위진 남북조 시대'라고 부릅니다.

이 시기는 계속되는 전쟁과 왕조 교체로 혼란스러웠지만, 국가들마다 부국강병을 위해 다양한 군사제도와 조세제도가 시도되며 제도의 발전이 모색되었답니다. 이민족의 침입으로 야기된 남북조 시대에는 북쪽으로는 이민족이 한화漢化되고, 남쪽은 동진이 남으로 밀려나며 중국의 영역과 중국 문화가 더욱 확대되었지요. 또한 혼란이 가중될수록 종교에 마음을 의탁하는 사람들이 늘어났는데요, 이때 신선 사상과 노자 사상이 융합된 종교인 도교道敎가 넓게 자리 잡았으며, 서역에서 들어온 불교도 크게 사랑을 받기 시작했습니다. 특히 위나라 왕의 자리를 찬탈한 사마 가문에 저항하는 선비들이 관직을 버리고 칩거 생활에 들어갔는데, 이들을 '죽림칠현竹林七賢'이라 불렀지요. 이들을 통해 지식인 사이에서 현실도피 사상이 널리 유행하기도 했으며, 또 그것이 미화되기도 했답니다.

한편 새로운 권력층으로 자리 잡은 북쪽의 이민족은 지배를 원활하게 하기 위해 기존 한족의 명문가와 손을 잡았으며, 강남으로 쫓겨간 동진의 귀족들 또한 기존의 남쪽 세력들과 결탁하여 지배력을 강화해 나갔습니다. 이렇게 새로운 세력과 기존의 세력들이 결혼 등으로 엮어지며 정치·경제 전역을 장악하는 귀족들로 거듭나게 되었는데요, 이를 '문벌 귀족'이라고 합니다. 이들은 대토지를 소유하고 막강한 권력을 휘두르면서 왕조가 교체되어도 그 힘을 잃지 않고 지속하였는데요, 이후 강력한 중앙집권을 꿈꾸는 왕들에게 걸림돌로 남게 되었습니다.

단명한 수와 화려한 당제국

위진 남북조 시대는 중국의 패권을 위나라와 진나라가 이어가다가, 이민족의 침입으로 남과 북으로 패권이 나누어진 상태에서 왕조의 명멸이 계속된 시대입니다. 그 이후 전개된 시대 또한 수나라와 당나라가 왕조를 구축해가다가 이민족의 침입으로 다시 남과 북으로 갈려 왕조가 형성되는 비슷한 패턴을 그리고 있답니다. 다만 위진 남북조 시대는 각각의 나라가 지배한 기간이 매우 짧고 혼란이 계속되었다면, '수隋나라'를 이은 '당唐나라'나 이민족에 의해 남쪽으로 밀려나 세워진 '송宋나라'는 오랫동안 지속되는 건재한 왕조였으며, 경제적으로나 문화적으로 주변국들에게 커다란 영향력을 미치는 명실공히 문화대국으로 번성한 제국이었지요. 또한 군사적으로는 실제적 지배자나 다름없었던 북쪽의 이민족도 한화되기보다는 자신의 문화와 언어를 지켜나간 시대이기도 하답니다.

360년 만에 남북조를 아우르며 중국을 하나로 통일한 수나라는 먼저 문벌 귀족의 세력을 약화시키기 위해, 시험으로 관료를 뽑는 과거제를 시도했지요. 또한 '조용조租庸調'라 불리는 세제도 정비했습니다. 여기서 '조租'는 토지에 부과하는 세금으로 곡물을 징수하는 것이고, '용庸'은 사람에게 부과하여 노역을, '조調'는 각 지방의 토산품을 징수하는 세금제도이지요. 여기에 양쯔 강에서 황하에 이르는 대운하까지 건설되어 남북 간 경제 교류의 혁신이 이루어졌습니다. 하지만 중국을 최초로 통일한 진나라가 새 국가의 기틀을 제공했음에도 과중한 노역과 엄격한 규율 등으로 16년 만에 몰락했듯이, 수나라 또한 대운하 사업 등의 과중한 노역과 고구려 침략 등의 무리한 전쟁으로 38년 만에 무너져버리고 말았지요.

이후 120여 차례의 반란이 일어났는데, 이러한 혼란을 최종적으로 마무리하고 중국을 재통일한 이는 수의 지방장관이었던 '이연李淵'입니다. 그는 618년 당나라를 세우고, 수나라가 시도했던 정책들을 더욱 다듬고 본격화시키면서 국가의 기반을 다져나갑니다. 과거제도가 본격적으로 확대 실시되어 실력이 없는 귀족들의 자리가 위태로워졌으며, 조용조제도도 전면적으로 실시되면서 국가 재정이 튼튼해졌지요. 많은 국가들의 제도를 연구해 중앙을 3성 6부*로 만들어 서로 견제할 수 있게 했으며, 지방도 주현제**를 구축해 황제가 쉽게 관여할 수 있게 했습니다. 법 또한 방대한 연구를 통해 형벌과 행정에 관한 법규를 집대성한 『율령격식律令格式』***을 만들어 사용하게 되었는데요, 이때 만들어진 율령 체제와 제도의 틀은 당나라의 국가 체계를 완성시켰을 뿐 아니라 이후 우리나라를 비롯한 동아시아에 전파되어 국가의 조직

3성 6부 3성은 조칙을 만들고 왕의 의지를 전하는 '중서성', 정책을 심의하는 '문하성', 정책을 집행하는 '상서성'으로 이루어졌다. 6부에는 문관 인사를 담당하는 '이부'와 무관 인사를 담당하는 '병부', 호적과 재정을 담당하는 '호부', 의례와 외교를 관장하는 '예부', 사법을 관장하는 '형부', 토목을 관장하는 '공부'가 있다.
주현제 지방을 도로 나누고 이를 주로, 주를 현으로 세분화해 통치하는 제도이다.
율령격식 '율(律)'은 형벌, '영(令)'은 행정에 관한 법 규정이다. '격(格)'은 율령을 보충하거나 변경하는 역할을 하며, '식(式)'은 율령을 시행하는 데 필요한 세칙(細則)을 정한 규정이다.

체계에 큰 영향을 미쳤답니다.

이렇게 튼튼한 체계를 갖추기 시작한 당나라는 대내외적으로 비약적인 도약을 이룹니다. 먼저 돌궐과 티베트, 위구르를 복속시켜 초원 길과 비단길 모두를 확보하지요. 또한 신라와 연합하여 마침내 고구려까지 멸망시켜버립니다. 농업 기술도 비약적으로 발전했습니다. 화북 지역에서는 잡곡의 2년 3작이 가능해졌으며, 강남 지역은 쌀을 2모작할 수 있게 되었지요. 기후와 지형의 특성에 따라 작물이 세분화되었고 차, 목면 등의 특용작물도 상품화되기 시작했습니다. 생산량이 늘고 정치가 안정되자 인구가 증가하면서 도시가 발전하였지요. 소비가 증가하자 상업과 수공업도 함께 발전했습니다.

당나라의 당삼채(唐三彩) 당나라 수도인 장안과 낙양 부근에서 많이 제작된 것으로, 대체로 백색·녹색·갈색의 3색으로 배합된 것이 많아 '삼채'라는 이름이 붙었다. 서방의 양식과 이란풍의 문양 등이 함께 어우러져 있는 것을 볼 수 있는데, 당시 귀족들의 취미·풍속 등을 엿볼 수 있게 해준다.

이 활기에 더욱 박차를 가해준 것은 남북을 관통하는 대운하와 뻥 뚫린 서역으로의 교역로였지요. 대운하를 통해 남북의 경제 교류가 활성화되고 문화도 뒤섞였지요. 여기에 초원길과 비단길을 통해 북방 유목민과 서역인들의 왕래가 급격히 늘면서 경제적 번영은 물론 국제화된 당나라의 문화가 번성하였습니다.

8세기 당나라는 급속히 성장한 이슬람군에게 패배하여 비단길을 빼앗기기도 했지만, 이를 기회로 바닷길을 열게 되었답니다. 이로 인해 대량의 물자가 교역이 가능해졌고, 페르시아인들과 아라비아인들의 교역도 크게 늘었지요. 당나라의 수도 장안은 한때 인구 100만이 넘는 가장 화려한 국제도시였으며, 지식인과 유학생, 예술인, 종교인들도 몰려들어 문화적 활력도 가득 차 있었습니다. 당시 조로아스터교, 마니교 등 다양한 종교도 유입되었는데요, 그럼에도 여전히 불교와 도교가 지배적이었답니다. 또한 불교 문화와 남북조 시대로부터 이어져 온 귀족 문화가 서역 문화와 뒤섞여 당나라 특유의 귀족적 국제 문화가 도드라졌습니다.

그런데 이렇게 화려하게 번성한 당나라에도 중국 역사의 고질적 걸림돌인 여자 문제가 꼬여 있었답니다. 태종의 후궁이었던 여자가 태종의 아들, 고종의 황후가 된 것이지요. 이름하여 측천무후則天武后, 그녀는 자식들까지 연이어 폐위시키면서 여성의 몸으로 직접 황제의 자리까지 올랐답니다. 다행히 그녀는 뛰어난 정치술로 국력을 강화하고 나라를 안정시켰지요. 고구려 정벌이라는 중국 왕조들의 숙원사업을 이룬 것도 그녀가 남편의 권력을 대리하고 있을 때였답니다.

하지만 그녀의 손자인 현종玄宗이 여자에 빠졌을 때는 상황이 달랐습니다. 초기 현종의 치세에 무역과 경제적 번성은 물론 그에 따른 문화까지 만개하였지요. 하지만 그는 아들의 비를 자신의 여자로 삼아버렸습니다. 바로 절세미인의 대명사, 양귀비楊貴妃랍니다. 현종은 양귀비에게 푹 빠져 정사를 멀리하였고, 주변에 간신들만 들끓기 시작했지요. 여기에 과거시험에서 밀려난 귀족들은 땅을 확보하고 재산을 모으는 데 더 열을 올리고 있었고, 돈을 모은 부자들마저 땅을 사들여 대농장인 장원이 번져 나가고 있었지요.

장원이 늘수록 토지를 잃고 떠돌아다니는 백성들도 늘어났습니다. 무엇보다 떠도는 백성이 늘어나자 군역을 담당할 병사도 부족해졌지요. 이렇게 줄어든 군사력 때문에 현종은 이슬람의 아바스 왕조와의 전투에서 패하고 맙니다. 하는 수 없이 현종 말에 군사를 모아 월급을 주는 모병제로 바꾸었지만, 오히려 이것이 더 큰 화근이 되어버렸습니다. 월급을 받는 직업 군인이 된 병사들은 자신들의 밥줄을 쥐고 있는 직접 상관인 지방의 절도사들에게 절대 충성하게 되었고, 절도사들은 몰래 자신들의 군대를 키울 수 있게 되었기 때문이지요. 이렇게 힘을 키운 절도사들은 중앙을 무시하고 독자적인 행보를 하거나 난을 일으켰습니다. 이에 현종의 총애를 받던 절도사 안록산安祿山의 난을 시작으로 전

세계사의 숨은 동력·동양사·

국은 서서히 혼란으로 접어들었으며, '황소^{黃巢}'라는 인물이 대대적인 농민 반란을 이끌기도 하였지요. 그리고 마침내 절도사 '주전충^{朱全忠}'에 의해 당나라는 멸망하고 말았답니다.

북에는 요와 금, 남에는 송

주전충이 당나라를 멸망시키자 위진 남북조 시대 중간에 5호 16국이 등장했듯이, 혼란이 거듭되는 '5대 10국 시대'로 접어들었습니다. 5호 16국이 북방 이민족들의 격동이었다면, 5대 10국은 왕의 전통을 접수한 5대와 주변 10국이라는 남방 한민족의 격동이었지요. 당시 북방에는 서서히 거란이 들고일어났고, 비옥한 땅인 연운 16주를 획득해 '요^遼'를 건국하였답니다.

5대 10국의 혼란을 정리하고 '송나라'를 세운 자는 절도사 출신의 '조광윤^{趙匡胤}'이었지요. 절도사였던 그는 군권을 가진 절도사가 얼마나 위험한가를 잘 알고 있었습니다. 이에 절도사를 해체하고 지방의 무인들에게 군권을 주지 않는 방법을 모색하였습니다. 그는 문치주의^{文治主義}를 정면에 내세우며 황제권을 강화해나갔지요. 모든 관리를 시험으로 뽑았으며, 지방에도 문관을 파견해 군인들을 지휘하게 했지요. 심지어 황제가 직접 시험을 통해 관리를 선별하는 시험도 추가했으며, 감찰제도를 강화해 만 명에 이르는 정보원을 두기도 했답니다.

무엇보다 과거제가 정착되면서 '사대부^{士大夫}'가 새로운 주도층으로 떠올랐습니다. 문벌 귀족들은 당나라 말에 5대 10국에 이르는 절도사들의 전횡 속에서 그 힘을 잃어버렸고, 절도사 밑의 관료 출신들이나 중소 지주층이 유교 경전을 공부해 사대부로 자리 잡게 된 것이지요. 이들은 오랜 시간 공부를 할 수 있을 만큼 경제적 기반이 있는 사람들이었지만, 모두 귀족이 아닌 양민 출신임은 분명한 것이었죠.

송나라 때의 전시 송나라에서는 황제가 직접 시험을 보아 관료를 뽑기도 했는데, 이를 전시(殿試)라 한다. 이는 황제가 직접 자신에게 충성할 신하를 선발하는 것으로, 왕권 강화에 많은 도움을 주었다. 고려와 조선에도 전해져 시험의 최종 단계에 실시되었다.

과거제가 확산됨에 따라 공립학교인 관학과 사립학교인 서원이 발달했습니다. 주나 현의 행정 단위마다 공립학교가 하나씩 있었고, 서원은 성리학이 발달하면서 더욱 성행하여 남송南宋 중엽이 되면 관학을 대신하여 교육의 중심으로 부상하게 됩니다. 여기서 '성리학性理學'이란 과거 유학에 철학적 해석을 가미해 설득력을 높인 것으로, 유학을 새로운 차원으로 올려놓으며 사대부들의 중심 사상이자 중화 사상中華思想의 중심 사상으로 자리 잡게 되지요. '주희朱熹'가 이를 집대성해냈기에 '주자학朱子學'이라고도 하는데요, 특히 고려에 전해져 조선 시대를 지탱하는 중심 사상으로 확고하게 자리매김하게 되었답니다.

이렇게 곳곳에 사대부 관료들이 포진되면서 황권은 더욱 확고해졌으며, 지방의 군 세력이란 생각할 수도 없는 문치주의가 확립되어 갔지요. 하지만 이렇게 문신만을 우대하고 무신을 천시하는 체제와 분위기는 일찍부터 군사력의 약화를 가져왔습니다. 이에 요의 공격과 서하西夏의 위협에 굴복하여 해마다 비단, 은, 차 등 많은 양의 재물을 공물로 보내게 되었지요. 대신 요와 서하는 많은 공물을 받는 대가로 송나라를 '형님의 나라' '군주의 나라'라고 체면을 세워주었답니다. 그런 와중에 만주 일대에 있던 여진족이 힘을 결집해 '금金'을 세웠는데요, 송나라는 금과 동맹하여 요를 멸망시킵니다. 하지만 송나라는 요를 멸하자 금까지 정벌하려 했고, 이후 배신감에 가득 찬 금은 송에 쳐들어와 수도 개봉을 점령하고 송 왕조를 무너뜨려버렸지요. 그나마 다행인 것은 마지막 황제의 동생이 강남으로 도피해 임안에 수도를 정하고 다시 송 왕조를 세우게 되는데, 이를 '남송'이라 부른답니다.

그렇다면 허약했던 송나라의 경제와 문화는 어떠했을까요?

송나라 시대에는 200여 종 이상의 벼 품종이 개발되었고, 강남 지역에서는 모내기가 전면적으로 시행되었습니다. 차 마시는 습관이 널리 퍼져 차의 재배가 크게 늘었고, 차 특허 상들도 서하, 요, 여진 등에 수출해 많은 이익을 남겼지요. 또한 면포가 등장해 의류의 획기적인 변화를 일으키며 상품화되었답니다. 이렇듯 송나라 시대에는 경제적인 발전이 크게 일어났으며, 그만큼 도시와 농촌의 상품 교환과 상업활동이 활발히 이루어졌답니다. 활발해진 상업은 수공업 분야도 자극해 방직업, 도자기 생산업, 제지업, 제철업 등도 크게 성행하기 시작했지요. 특히 그들은 남송으로 쫓겨오면서 교역의 활로를 바닷길에서 찾아야 했는데요, 이로써 항구 무역이 번성하고 조선업도 발달하게 되었답니다.

하지만 이런 경제적 풍요 이면에는 소작농의 전락도 함께하고 있었지요. 당시 능력 있는 관료나 돈을 모은 부호들은 대토지를 소유하고 발달된 농업기법과 효율적 관리를 통해 그 영역을 더욱 확대해나갔지만, 그들이 확대될수록 소작농은 땅을 잃고 '전호佃戶'라 불리는 농노로 전락하고 말았습니다. 농촌에서 쫓겨난 사람들은 도시로 올라와 상업과 수공업에 노동력을 제공했는데요, 이를 통해서도 도시는 더욱 활성화되고 규모 또한 확대되었습니다. 도시의 풍요는 당시 종사자들의 소득도 향상시켜주었기에 경제적 여유가 생긴 서민들은 교육과 문화를 즐기기 시작했지요. 이는 당나라의 귀족 문화와는 반대로 서민들의 문화가 융성해졌음을 의미합니다. 특히 사대부 교육의 확대와 높아진 서민의 교육 욕구는 많은 서적 보급을 필요로 했는데, 이에 인쇄술까지 발달할 수 있었답니다. 성리학 서적은 물론 역사서, 철학서, 농서, 의학서 등 다양한 서적이 보급되었으며, 말하는 것과 글로 쓰는 것이 일치된 소설들이 많은 사랑을 받았습니다. 이때 인쇄술과 함께 화약도 널리 쓰이고 나침반도 발명되었는데요, 이것들이 후한 시대의 제지술과 함께 서구 유럽 사회에 전해지면서 근대 사회 형성에 막대한 영향을 미치게 되었답니다.

한편 송나라를 남쪽으로 몰아내고 중원을 지배한 금은 동북아시아 최대의 국가로 위세를 떨칩니다. 강북의 한족을 지배하게 된 그들은 유목민인 자신들과 농경민인 한족 및 발해민을 서로 다른 방식으로 지배하였지요. 자신들에게는 부족적 성격이 강한 군사행정 제도를, 피정복민들에게는 주와 현으로 나누어 관리하는 주현제를 사용한 것이지요. 이는 앞선 요와도 비슷한 정책이었답니다. 하지만 이런 분리 통

세계사의 숨은 동력: 동양사 ·

161

치 제도조차도 그들이 한화되어 가는 것을 막지는 못했습니다. 유목민이었던 그들도 제대로 된 국가 운영을 위해서는 정착해야 했고, 경제적 안정을 위해서라도 농경민화되어 가야 했으니까요. 그들은 서서히 유목민 특유의 강인함을 잃어갔으며, 한족을 지배할 수 있었던 군사력도 약화되어 갔지요. 게다가 송나라로부터 들어오는 막대한 공물은 사치와 방심을 더욱 부추기고 있었습니다. 이에 금은 요가 그러했듯이, 새롭게 성장한 몽골과 송나라의 연합군에 의해 끝내 멸망하고 말았답니다.

그런가 하면 우리나라에도 많은 변화가 있었습니다. 우리나라는 당의 힘을 빌린 신라가 삼국을 통일했으며, 이후 다시 왕건이 고려를 건국하였지요. 고려는 당은 물론 서역과도 활기찬 무역을 벌였으며, 요의 침입을 힘과 지혜로 막아내기도 했답니다. 하지만 문신들의 지나친 전횡에 격분한 무신들이 난을 일으키며, 혼란이 거듭되는 무신정권의 시대로 접어들어야 했습니다.

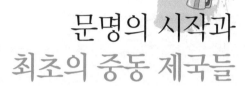

문명의 시작과
최초의 중동 제국들

    오늘날 문화를 주도하고 있는 유럽은 자신들의 뿌리인 그리스 로마 문화의 위대함을 이야기하고, 중국과 우리나라를 비롯한 동아시아에서는 종이, 화약, 나침반 등을 전파한 앞서고 화려했던 문명을 자랑할 수도 있겠지요. 하지만 인류 역사에서 가장 먼저 문명을 일으키며 강한 영향력으로 전 세계에 문명의 동력을 제공한 곳은 동서양 중간에 자리 잡은 오리엔트 지역이라 할 수 있습니다. 수메르 문명과 이집트 문명이 시작된 이들 지역은 아직까지 알려진 최초의 문명과 신화의 발생지이며, 오늘날 세계 종교인 기독교와 이슬람교의 뿌리를 제공한 곳이기도 합니다.

수메르와 고바빌로니아 제국

기원전 3000년경 티그리스 강과 유프라테스 강 사이의 남쪽 지역에 수메르인이 문명을 일으켰습니다. 지금까지 알려진 바에 의하면 인류 최초인 이 문명은 흙벽돌로 집을 짓고, 수로를 만들어 농경지에 물을 대었지요. 그들은 홍수에 대비하여 둑을 쌓고 저수지를 만들어 물을 확보했는데요, 그 과정에서 많은 사람들의 조직적인 노력이 필요했습니다. 이에 지도자가 생겨났으며, 외부 부족과의 전쟁 등을 통해 지도자의 역할이 더욱 강화되었지요. 왕이 등장했고, 청동기로 만든 무기를 사용하기 시작했습니다.

지속적인 왕의 지위와 전쟁의 결과로 지배계급과 피지배계급이 만들어졌으며, 우르, 우르크, 키시 등 12개가 넘는 도시국가들이 생겨나는 동력이 되었습니다. 이 도시들은 서로 교역하며 상업을 발전시켰고, 끝없이 패권을 다투었습니다. 이때 발명된 바퀴는 운송에 혁신을 가져오기도 했지요. 그러던 중 기원전 2300년경 유목생활을 하는 셈족의 일파인 아카드인에 의해 수메르 도시들이 정복당하기도 합니다. 아카드인의 사르곤 왕조는 한때 수메르 전역을 통일한 최초의 통일 제국이었지만, 피정복민에 대한 지나친 탄압 등으로 쉽게 무너져버렸지요. 이후 우르가 다시 수메르 지역을 평정해가며 제국으로 성장하게 되었답니다.

수메르인들은 흙으로 지구라트 Ziggurat 같은 거대한 신전을 만들어 그 위상을 높이려 했으며, 점토판을 만들어 다양한 기록을 남기기도 했지요. 우리는 그 점토판을 통해 이미 문자가 최초로 사용되고 있었으며, 60진법과 태음력도 만들어졌음을 확인할 수 있습니다. 특히 우르 왕조를 다시 일으킨 우르남무Ur-Nammu는 이 점토판에 법전을 새기고, 수메르의 영웅 전설인『길가메시 서사시Gilgamesh Epoth』를 정리하며 수메르 문화의 전성기를 구가하였지요.『우르남무법전Code of Ur-Nammu』은 아직까지 알려진 최초의 법전으로 인정받고 있으며,『길가메시 서사시』는 그리스의 대표적 영웅 서사시인『일리아스Ilias』의 선구가 된 최초의 문학작품으로도 알려져 있답니다. 또한 그들이 가진 종교와 신화도 이후 시대 또는 다른 지역에 많은 영향을 미쳤습니다. 특히 인간을 창조한 엔키Enki 신화는 그리스 신화의 프로메테우스Prometheus 신화에, 영웅 길가메시가 만난 우트나피쉬팀의 홍수신화 또한『구약성서』의 노아Noah 의 홍수신화에 직접적인 영향을 미치고 있지요.

함무라비 왕의 돌비석 '눈에는 눈, 이에는 이'라는 문구로 잘 알려진 함무라비법전이 새겨진 비석이다. 모든 사람들이 법을 알고 이해할 수 있도록, 이런 비석이 왕국 곳곳에 세워졌다.

　그러나 수메르인의 우르 왕조는 107년 만에 엘람Elam의 침입으로 멸망하고 맙니다. 이후 여러 작은 국가들이 경쟁하면서 셈 족인 아모리인도 바빌론에 국가를 세웠는데요, 그 6대 왕인 함무라비Hammurabi 가 대제국을 이룩합니다. 오늘날 고바빌로니아로 불리는 이 제국은 운하를 파고 도로도 정비하였으며, 활발한 무역을 전개하기도 했지요. 또한 여러 도시국가를 연합하고,『함무라비법전Code of Hammurabi』을 공포함으로써 중앙집권 체제가 가능해졌답니다. 그들은 수메르 신화의 영향을 받은 마르두크 Marduk 라는 신을 숭배했으며, 아카드어를 국어로 정하여 영웅 문학과 기록 등을 보급해 문화적으로도 메소포타미아 전역을 주도하였습니다.

이집트와 유대의 역사

메소포타미아 지역의 수메르가 가장 빨리 도시국가 형성을 이루어 냈다면, 보다 강력한 왕국을 등장시킨 것은 이집트였지요. 주기적으로 범람하는 나일 강은 농경을 크게 발달시켰으며, 사막과 바다에 둘러싸인 고립된 지형은 외부의 침입 없이 오랫동안 지속할 수 있는 안정된 국가를 가능하게 했습니다. 이러한 안정된 분위기 속에서 이집트의 왕은 '파라오 Pharaoh'라는 이름으로 신에 가까운 영향력을 행사했으며, 사후 신이 된다는 독특한 종교를 가지고 있었습니다. 사후 세계를 중시한 신앙으로 형체를 오래 유지하는 미라와 무덤인 피라미드 등이 발달하였는데요, 이와 함께 수학과 의학, 측량술도 큰 진전을 보였답니다. 주기적 범람과 발달된 농경 또한 천문학의 발전을 가져왔지요.

이집트는 기원전 3100년경 메네스 Menes 왕이 남과 북으로 나누어져 있던 이집트를 통합하면서 최초의 통

아부심벨 신전 이집트 남부에 있는 신전으로 일출을 바라보는 방향으로 위치해 있다. 아멘라(Amen-Ra) 등의 신과 람세스 2세 자신을 기리기 위해 만들어진 것으로, 정면에 자리 잡은 4개의 거상은 모두 람세스 2세라고 한다. 1960년대 아스완댐의 건설로 수몰 위기에 처해지자, 유네스코 등의 지원을 받아 원래 위치보다 65미터 높은 위치로 이전했다.

일 왕조가 시작되었고, 제4왕조의 쿠푸^{Khufu} 왕 등이 거대한 건축물인 피라미드를 곳곳에 건설하기도 했지요.

하지만 기원전 2200년경에 접어들면서 지방 군주들의 반란과 폭동이 일어나 혼란이 계속되었으며, 이후 잠시 재통일기를 갖다가 아시아로부터 온 힉소스^{Hyksos}의 지배를 받게 되었습니다. 그래서 이집트의 역사는 기원전 2200년을 전후로 고 왕조와 중 왕조로 나뉘어 불리고 있답니다.

중 왕조의 이집트인들은 힉소스를 몰아내면서 신 왕조를 여는데요,

우리에게 가장 많이 알려진 파라오 람세스 2세Pharaoh Rameses II도 신 왕
조 때의 왕이랍니다.

람세스 2세는 팔레스타인을 공략하고, 16년 동안이나 히타이트와
결전을 벌이기도 했지요. 하지만 전쟁이 길어지자 평화조약을 택하면
서 안정을 되찾은 이집트는 화려한 문화를 꽃피우기 시작합니다. 람
세스 2세의 재위 기간 동안 가장 많은 수의 신전과 석상 등이 세워졌으
며, '정신의 양식'이라 불리는 도서관도 만들어졌습니다. 완성도가 높
은 걸작으로 평가되는 아부심벨Abu Simbel 신전도 이때 지어졌습니다.

한편 메소포타미아와 이집트 사이를 오가며 이스라엘 민족의 역
사가 펼쳐지기도 했습니다. 『구약성서』의 대홍수에서 살아남은 노아
의 후손인 아브라함Abraham이 아버지를 따라 우르를 떠났고, 여호와
Jehovah의 부름을 받아 가나안 땅으로 향하게 되었지요.

가나안에 도착한 아브라함은 한때 극심한 기근을 피해 일가를 이끌
고 이집트로 이주한 적이 있는데요, 거기서 파라오를 만나 많은 선물
을 받아 돌아오기도 했답니다. 가나안으로 다시 돌아온 아브라함은 후
사를 원했습니다. 하지만 아내인 사라Sarah는 오랫동안 아이를 갖지 못
했지요. 이에 그는 파라오에게서 선물로 받은 노예 하갈Hagar에게서
이스마엘Ishmael이라는 아들을 보았답니다. 그런데 이스마엘이 성년이
되어갈 즈음 아브라함과 사라 사이에서 아이가 태어났지요. 바로 이삭
Isaac입니다. 여호와는 자신의 약속을 이삭이 잇게 하였고, 대신 이스
마엘에게도 이후 큰 민족이 되게 하겠다고 약속하였지요. 이렇게 해서

아브라함과 이삭 아브라함이 신의 명령에 따라 아들 이삭을 바치려 하고 있다. 하지만 신의 음성이 이를 멈추게 하고, 그의 믿음은 인정받는다. 아브라함은 유대교, 기독교, 천주교, 이슬람교 등 오늘날 유일신교들의 공통 조상이다.

이삭은 오늘날 기독교의 조상이 되었으며, 이스마엘은 이슬람교의 조상이 되었답니다.

한편 이삭의 손자 요셉^{Joseph}은 형들의 질투로 이집트의 노예로 끌려가게 되었는데요, 거기서 파라오의 꿈을 해석해주어 집정대신으로 출세하게 됩니다. 그는 이후 아버지 야곱^{Jacob}과 형제들을 이집트에 이주시켰고, 그들의 자손이 이집트 내에 한 종족을 이루며 살았다고 합니다. 하지만 당시는 이집트가 힉소스 출신의 파라오에게 지배를 받던 시대라고 추측됩니다. 이후 힉소스를 몰아내고 신 왕조가 들어서면서 그들은 노예로 전락해버리고 말았지요. 그리고 바로 람세스 2세

때, 유대인의 대표적 선지자 모세Moses가 나타나 노예로 살고 있던 동족을 이끌고 이집트를 탈출하게 되지요. 이것이 바로 홍해를 가르는 기적으로 유명한 '출애굽기', 즉 출이집트기랍니다.

가나안 땅에 도착한 모세의 후예들은 오늘날 팔레스타인에 해당하는 가나안 지방을 점령해나갔습니다. 돌로 블레셋의 장군인 거인 골리앗Goliath을 쓰러뜨린 다윗David은 이스라엘 12지파를 통합해 왕국을 건설하고, 예루살렘을 수도로 정했습니다.

지혜의 왕으로 불리는 다윗의 아들 솔로몬Solomon은 12개의 행정구역을 만들고 장관을 파견하는 등 국가 체제를 견고히 했으며, 웅장한 왕궁 등을 많이 세워 위엄을 과시했지요. 무엇보다 예루살렘에 성전을 건축하고, 영토를 더욱 넓혀 최고의 전성기를 구가했답니다.

하지만 솔로몬은 사치스러운 생활을 즐겼으며, 궁전 등을 건축하면서 많은 세금과 부역을 강제 동원하여 백성들의 원성은 갈수록 커졌습니다. 또한 평화를 정착시키기 위한 방법으로 여러 부족과의 정략결혼도 서슴지 않았답니다.

결국 그의 사후 부족 간의 분열과 갈등이 심화되면서, 왕국은 남북으로 분열되어 버립니다. 이로써 북쪽에는 이스라엘 왕국이, 남쪽에는 유대 왕국이 세워지게 되었답니다.

물론 이 이야기들은 역사적 실증보다는 성서에 근거한 이야기라 할 수 있지요.

아시리아와 신바빌로니아 제국

함무라비 시대에 절정을 구가하던 바빌로니아 제국은 그의 사후 각
지에서 반란이 일어나며 쇠약해졌고, 마침내 철기를 들고 나타난 히타
이트인들에 의해 무너져버렸답니다. 이후 메소포타미아 지역에 새롭
게 떠오른 세력은 셈 족 계열의 아시리아인들이었는데요, 그들은 껍데
기만 남은 바빌로니아는 물론 북이스라엘과 이집트까지 모두 발밑에
두게 됩니다. 이렇게 메소포타미아 지역과 이집트 지역을 모두 아우른
아시리아는 고대 오리엔트 지역의 최초의 통일 제국이라 부를 수 있었
지요. 특히 전성기를 구가하던 아슈르바니팔Ashurbanipal 왕은 광대한 영
토에 총독들을 배치하고 도로를 정비하였으며, 일정 구간마다 숙박시
설을 두기도 했답니다.

그러나 아시리아인들은 피지배민을 혹독하게 부리고 많은 세금을
강요하는 등 강압적인 지배 방식을 택함으로써, 최전성기가 지나자마
자 내분과 반란에 휩싸여버렸답니다.

이런 상황에서 칼데아 총독 나보폴라사르Nabopolassar가 백성들의 지
지를 받으며 칼데아의 왕으로 등장하여, 메디아와 연합해 아시리아를
멸망시키고 신바빌로니아를 세웁니다. 이후 그의 아들 네부카드네자
르 2세Nebuchadnezzar II는 이집트군을 격파해 아시아에서 몰아내고 메소
포타미아의 지배권을 확보했습니다. 또한 당시 이집트 측에 가담하였
던 유대 왕국을 파괴하고 수천 명의 유대인을 수도인 바빌론으로 끌고
갔지요. 세 차례에 걸쳐 포로로 끌려간 유대인은 거대한 지구라트 건

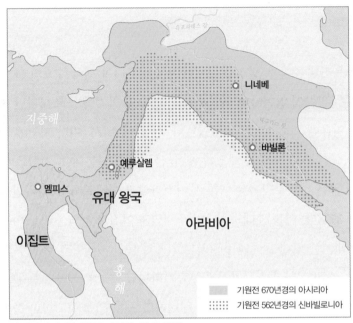

아시리아와 신바빌로니아의 최대 영역

설에 동원되었으며, 이 기간에 유대인 사이에 구세주의 등장을 기다리는 메시아 사상Messianism이 널리 퍼지게 되었답니다.

　네부카드네자르 2세는 함무라비 시대의 재현을 목표로 다양한 노력을 전개하면서 전성기를 구가했으며, 천문학과 점성술도 번성했습니다. 하지만 그의 사후 사제 계급들이 정치에 개입하면서 혼란에 빠졌고, 마침내 페르시아 키루스Cyrus 대왕의 공격에 의해 제국은 최후를 맞이하게 되었답니다.

페르시아 시대와
이슬람의 탄생

　유럽 문명이 꿈틀대기 시작하는 기원전 7세기를 전후해서, 최초의 문명이 등장했던 중동 지역은 그동안 볼 수 없었던 동서양을 아우르는 최초의 대제국을 선보이게 됩니다. 바로 페르시아입니다. 그들은 이제 막 성장하기 시작한 그리스라는 유럽 문명과도 치열한 각축전을 벌였답니다.

　페르시아가 멸망한 이후에도 중동 지역에서는 페르시아의 영광을 꿈꾸는 제국들이 등장해 또다시 유럽과 각축전을 벌입니다. 그리고 그 틈바구니에서 이후 세계사의 지각변동을 이끌 문명의 매개자로서의 종교가 탄생합니다. 바로 이슬람교이지요.

최초의 동서 대제국, 페르시아

한때 신바빌로니아 건국을 도왔던 메디아. 그 메디아의 속국이었던 아케메네스 왕조의 캄비세스 1세 Cambyses I 는 메디아의 공주와 결혼해 키루스 2세 Cyrus II 를 낳습니다. 이 키루스 2세가 성장해 어머니의 나라 메디아를 무너뜨리고 리디아를 점령했으며, 소아시아 연안의 그리스 식민도시들까지 수중에 넣습니다. 그리고 마침내 신바빌로니아 제국을 정복해 페르시아 제국의 기틀을 마련하였지요. 아케메네스 왕조가 이란 남서부의 파르스 지역에서부터 시작된 것이어서 '페르시아'라는 이름이 붙여졌는데요, 페르시아는 최초의 이란 제국이기도 합니다.

키루스 2세는 피정복지에 대해 그 지방의 종교를 인정하고 풍습을 존중하였으며, 자치를 허용하는 등 유화정책을 펼쳤습니다. 특히 신바빌로니아를 점령한 후, 바빌론에 끌려왔던 유대인을 풀어주어 고향으로 돌아갈 수 있게 했으며, 예루살렘 성이 재건될 수 있도록 경제적 지원도 아끼지 않았습니다. 또한 그는 노예제를 금지하고 궁궐을 짓는 모든 일꾼에게 급여를 지급했지요. 이런 키루스 2세의 선정은 『성경』에서뿐만 아니라 적군인 그리스인으로부터도 위대한 군주라는 칭송을 받게 했답니다.

다리우스 대왕의 불사 친위대 다리우스의 친위대는 1만 명으로 구성되어 있는데, 전투 등으로 결원이 생기면 바로바로 보충해 다시 1만 명이 되었다. 이에 불사의 친위대로 불렸다. 수사에 있는 다리우스 궁전의 벽에 장식되어 있다.

이후 이집트를 넘어 북동 아프리카까지 영토를 넓혀나간 페르시아는 다리우스 대왕 Darius

the Great 시대에 인더스 강에서부터 유럽에 이르는 최고의 영토를 자랑하게 되었지요. 이는 그리스 본토와 중국을 제외하고는 당시 알려진 대부분의 문명 세계를 통일한 것으로, 당시 페르시아야말로 세계 최초의 대제국을 건설했다고 말할 수 있습니다.

다리우스 대왕은 제국을 20여 개의 주로 분할하고 총독을 두었으며, 군용도로를 건설하고 우편제도도 만들었습니다. 또한 금화를 만들어 상품유통을 원활케 하는 등 화폐제도를 확립하였지요. 이러한 노력들로 인해 오리엔트 지역은 영토뿐 아니라 정치·경제적으로도 하나가 되어갔습니다. 그는 조로아스터교를 국교로 삼았지만, 피정복민에게

는 강요하지 않았답니다.

활기차게 뻗어나가던 페르시아에 제동이 걸리기 시작한 것은 그 유명한 그리스와 페르시아 간의 전쟁이었습니다. 과거 그리스의 식민지였으며 당시 페르시아의 지배하에 있는 이오니아^{Ionia}에서 반란이 일어났고, 이를 도운 그리스를 징벌하기 위해 페르시아가 군대를 움직인 것입니다. 하지만 한 번은 폭풍 때문에, 또 한 번은 유명한 마라톤 전투에서 대패하여 실패로 돌아갔지요. 이후 다리우스 대왕의 아들 크세르크세스 1세^{Xerxes I}가 다시 그리스로 출격합니다만, 이번에도 그 유명한 살라미스 해전에서 대패함으로써 페르시아는 전의를 상실하고 말았습니다. 이후 페르시아의 국력은 서서히 쇠퇴하기 시작했고, 마침내 새롭게 부상한 마케도니아의 알렉산더 대왕^{Alexander the Great}에 의해 역사의 뒤안길로 사라지고 말았답니다.

페르시아의 부활을 꿈꾼 파르티아와 사산조 페르시아

당시 대제국이었던 페르시아까지 삼키며 급속하게 팽창하던 알렉산드리아는 알렉산더 대왕의 급작스러운 죽음으로 분열되어버렸습니다. 분열된 국가 중 셀레우코스 제국이 가장 넓은 영토를 확보하였는데요, 지리상 중간적 위치에 알맞게 그리스와 페르시아 문화가 뒤섞인 대표적인 헬레니즘 문화의 중심지가 되었습니다. 하지만 지나치게 헬레니즘 문화를 강요해 피지배 민족의 반발을 샀으며, 서서히 강국으로

파르티아와 사산조의 최대 영역

변해가고 있던 이웃 로마에 의해 멸망하고 말았답니다.

셀레우코스 제국의 경계에 자리 잡고 있던 파르티아는 몰락해가던 셀레우코스 제국에 반기를 들며 등장했는데요, 이후 셀레우코스 제국의 영토 대부분을 접수하면서 제국의 면모를 과시하게 되었지요. 초기 그들은 헬레니즘 문화를 적극 받아들였지만, 서기 12년부터는 헬레니즘 문화를 거부하고 파르티아의 고유문화를 발전시켜나갔습니다. 특히 그들은 동서 무역의 이익을 독점하며 크게 번성하였는데, 중국 한나라에도 알려져 '안식국'으로 불리었지요.

한편 파르티아는 서쪽으로 확장을 꾀할수록 로마와 잦은 충돌을 거듭해야 했는데요, 이로 인해 많은 국력을 소비했답니다. 파르티아는 갈수록 쇠약해져 갔지만 450년이나 버텼지요. 하지만 내세울 만한 특별한 기록은 많지 않다고 합니다.

파르티아는 장군 아르다시르Ardashir가 반란을 일으켜 사산조 페르시아Sassanian Persia를 세움으로써 끝이 났습니다. '사산'이란 조로아스터교의 제사장이었던 아르다시르의 할아버지 이름인데요, 그만큼 조로아스터교를 기반으로 한 신정국가의 성격을 강하게 띠고 있었답니다. 무엇보다 아르케미네스 왕조처럼 순수한 이란 혈통이었던 그들은 페르시아 제국의 부흥을 외치며 인도의 쿠샨 왕조를 손에 넣고, 서쪽으로는 로마 제국과 치열한 접전을 벌여나갔지요.

특히 호스로우 1세Khosrau I 때는 비단길뿐만 아니라 바닷길까지 장악하여 동서 무역을 독차지했는데요, 이에 당시의 비잔틴 제국을 비롯해 돌궐과 인도, 중국과도 활발한 교류를 했답니다. 오늘날 페르시아 양식을 대표하는 정교한 금은세공과 유리 그릇, 화려한 모직물 등은 모두 이때 만들어졌다고 합니다. 또한 호스로우 1세는 동로마 비잔틴 제국의 황제 유스티니아누스Justinianus가 이교도의 학교를 폐쇄하자, 그리스 철학과 과학을 공부하던 많은 학자들을 받아들여 대접하였지요. 이에 대학도 만들어지고 그리스의 철학과 자연과학이 페르시아에서 발전할 수 있었는데, 이는 이후 이슬람 세계의 학문에 큰 영향을 주었습니다.

무함마드와 이슬람의 탄생

한때 평화조약으로 평화를 유지하기도 했던 사산조 페르시아와 동로마 비잔틴 제국이 전쟁으로 치닫자, 동서를 왕래하는 상인들의 통로가 막혀버렸습니다. 그러자 상인들은 홍해나 아라비아 반도를 횡단하는 무역로를 찾아 나섰는데요, 그러면서 메카와 야스리브(메디나의 옛 이름)가 새로운 무역 중심지로 떠올랐습니다. 원래 대부분이 사막인 자연환경으로 유목 등 열악한 환경에서 살아가던 아라비아 반도는 급속한 변화의 물결에 휘말리기 시작했지요. 특히 교역의 중심도시가 된 메카에는 농사나 목축을 하던 사람들은 물론 약탈을 하던 사람들까지도 몰려들었습니다. 각 부족들이 교역로를 차지하기 위해 잔혹한 전쟁을 벌였고, 돈을 벌기 위해 혈안이 되었지요. 그러면서 오랜 관습과 전통이 무너지고 사회는 혼란이 거듭되었답니다. 바로 이때 아라비아인들에게 새로운 사회질서를 제시하며 나타난 사람이 있었는데요, 바로 이슬람의 창시자 무함마드^{Muhammad}랍니다.

메카의 상인이었던 무함마드는 메카 근처의 히라산 동굴에서 명상을 하던 중 신의 계시를 받았다고 합니다. 그는 당시 만연해 있던 다신교를 거부하고 '유일한 신' 알라^{Allah}에게 절대 복종하라고 외쳤습니다. 그의 신 알라는 기독교의 여호와와 같은 것이었지요. 그는 신 앞에서는 모든 신자가 평등하다고 주장했는데, 이로 인해 많은 사람들의 지지를 받기 시작했답니다. 하지만 평등을 앞세운 그의 세력이 불어날수록 메카의 귀족들은 위기감을 느끼고, 대대적인 탄압을 시작했지요. 이에 무함마드는 622년 야스리브로 몸을 피하는데요, 이를 '헤지라^{Hegira}'라고 부르며 이슬람력의 원년으로 삼고 있답니다. 그는 이곳에서 '움마'라는 이슬람 공동체를 건설하고, 종교 및 정치 · 군사적 지도자가 되어 이슬람 조직을 확대하고 강화해나갔지요. 무함마드의 세

우상을 파괴하는 무함마드의 추종자들 무함마드의 군대는 메카의 귀족들과 수차례 충돌했다. 하지만 마침내 협상을 이끌어내어, 메카에 무혈입성하게 된다. 그들은 메카에 입성하자 카바 신전에 안치되어 있던 수많은 우상을 파괴했다. 『코란(Koran)』에서는 그때의 감격을 '진리가 왔고 거짓은 패망했다'고 표현하고 있다.

력이 확대되자 또다시 이를 진압하기 위해 메카의 귀족들이 공격해왔습니다. 하지만 무함마드의 이슬람 세력은 너무나 강해져 있었지요. 그들은 귀족들의 부대를 막아냈을 뿐 아니라, 630년에는 오히려 메카를 공격해 수중에 넣었습니다. 무함마드는 다신교의 우상들이 모셔져 있던 메카의 카바 신전을 유일신 알라의 신전으로 바꾸었는데요, 이때부터 메카는 이슬람 세계의 최고 성지로 추앙되고 있답니다. 이후 무함마드는 아라비아 반도의 다른 지역들도 모두 정복하여, 아라비아 반도를 통일하였습니다.

무함마드가 죽자 잠시 혼란이 있었지만, 지도자 회의를 통해 무함마드의 대행자를 의미하는 칼리프^{Caliph}를 선출하기로 했습니다. 지도자 회의를 통해 첫 번째 칼리프로 선정된 이는 무함마드의 동지이자 장인이었던 아부 바크르^{Abū Bakr}였지요. 그는 이슬람 사회의 기반을 다졌으며, 가자 지구를 점령하는 등 서서히 아라비아 반도 밖으로의 확장을 시작했습니다. 그리고 그의 뒤를 이은 칼리프 우마르^{Umar}에 이르러서는 팔레스티나와 시리아, 이집트뿐 아니라 사산조 페르시아까지 정복하면서 대대적인 영토 확장을 이루어냈답니다.

하나로 뒤섞이는 세계,
이슬람 제국과 몽골 제국

아라비아 반도에서 시작된 이슬람은 평등을 앞세우며 파죽지세로 퍼
져 나가기 시작했습니다. 그 여세는 페르시아의 영역은 물론 이집트를
지나, 지중해 건너 에스파냐에까지 이르렀지요. 그렇게 중동 세력은 유
럽의 벽을 무너뜨렸으며, 이후 비잔틴 제국을 경계로 또다시 유럽 지역
과 팽팽히 맞서게 되었지요. 물론 유럽도 가만히 있지 않았습니다. 그들
은 기독교 교황의 영도 아래 십자군을 구성하여 잃어버린 영토를 탈환
하고자 나서는데요, 이로써 200년에 가까운 십자군 전쟁이 이어집니다.
그런가 하면 진정으로 거대한 전쟁의 폭풍이 중국 변방에 있던 몽골에
서부터 불어와 아시아 전역을 완전히 휩쓸어버립니다.

이슬람의 분열, 옴미아드 왕조 vs 아바스 왕조

　제3대 칼리프 우스만^{Uthmān}에 이르러서도 영토 확장은 계속되었습니다. 하지만 그는 새로운 정복지에 자신의 세력을 심고, 자신이 편집한 코란만을 강요하는 등 독재자의 모습을 강하게 드러냈습니다. 결국 그는 암살당했고, 그의 반대 세력에 의해 무함마드의 사위인 알리^{Ali}가 제4대 칼리프로 선정됩니다. 하지만 그도 암살당하고, 원래 우스만의 지지 세력이었던 무아위야^{Muawiyah}가 권력을 장악하며 칼리프 자리를 차지해버렸지요. 그리고 그는 더 이상 회의를 통해 칼리프를 선출하지 않고, 세습하는 자리로 만들어버렸습니다. 그래서 이전의 시대를 '정통 칼리프 시대'라 하고, 이후를 '세습 칼리프 시대'라고 하지요.

　이제 칼리프는 왕과 다를 바 없었고 무아위야가 옴미아드 가문 출신이었으므로, 이를 '옴미아드 왕조'라 부르게 됩니다. 8세기 초 옴미아드 왕조의 힘은 중앙아시아는 물론 북아프리카와 북서 인도까지 뻗어나가며 최고의 전성기를 구가했습니다. 심지어 지중해를 건너 에스파냐와 게르만 족의 서고트 족이 세운 왕국들까지 손에 넣었습니다. 하지만 프랑크 왕국과 벌인 투르 전투에서 패함으로써, 불같이 번졌던 이슬람의 서유럽 공략은 멈추고 말았지요. 이 사건으로 당시 전투를 이끌었던 프랑크 왕국의 궁재 카를 마르텔^{Karl Martell}은 유럽의 영웅으로 떠올랐으며, 그의 손자 샤를마뉴^{Charlemagne}는 교황이 인정하는 서로마의 황제로 등극하기도 하지요.

한편 이슬람이 급속히 팽창한 이유에는 그들이 '신 앞에서는 모든 인간은 평등하다'는 이슬람의 구호를 앞세우며, 민족·인종·종교를 차별하지 않는 정책을 펼쳤던 것도 큰 몫을 차지합니다. 그들은 가는 곳마다 인종과 민족을 구별하지 않고 무슬림*으로 똑같이 대했으며, 심지어 세금만 조금 더 내면 다른 종교를 믿는 것도 흔쾌히 받아들였습니다.

그런데 광활한 영토와 다양한 민족을 지배하게 된 옴미아드 왕조는 오히려 차별 정책을 앞세우기 시작했지요. 그들은 자신들의 중심지인 시리아 중심의 정책을 펼치는가 하면, 이슬람으로 개종했음에도 비아랍인이라는 이유로 세금을 더 물렸지요. 그러자 차별받는 이들의 저항이 일기 시작했습니다. 그중에는 과거 암살로 죽은 알리의 후손만을 진정한 칼리프로 내세우려는 이들도 나타났는데요, 사실 혈통으로만 따진다면 무함마드의 사위인 알리야말로 진정한 후계자라고 할 수 있었기 때문이지요. 무함마드 사후 이 진정한 후계자를 버려두고 지도자들끼리 작당하여 칼리프를 선출한 것이라고 그들은 주장했습니다. 이렇게 알리의 후계자만이 진정한 이슬람의 지도자가 될 수 있다고 주장하는 이들을 '시아파Shiah Muslims'라 하고, 옴미아드 왕조로부터 세습되어오는 칼리프를 믿는 이들을 '수니파Sunni Muslims'라고 합니다. 이때부터 시작된 시아파와 수니파의 반목은 오늘날까지도 해결되지 않는 갈등으로 자리매김하고 있답니다.

 무슬림 이슬람교를 믿는 사람

아라베스크 무늬 아라베스크는 아라비아풍이라는 뜻이다. 우상숭배를 배격하고 사실적인 성인 표현 등을 기피했던 이슬람에서는 점차 기하학적 무늬가 발달하였다.

옴미아드 왕조에 대한 불만이 거세지자 아바스 가문이 먼저 들고일어났습니다. 그들은 시아파와 비아랍인들을 끌어들여 옴미아드 왕조를 무너뜨리고, 아바스 왕조를 열었습니다. 아바스 왕조는 수도를 아랍 중심의 다마스쿠스에서 페르시아 문화의 중심이었던 바그다드로 옮기고, 민족을 초월하여 아랍인들과 비아랍인들이 하나라는 범이슬람주의Pan-Islamism를 내세웠지요. 무슬림이라면 비아랍인도 인두세가 면제되었고, 아랍인이라도 정복지에 토지를 가지고 있으면 세금을 내야 했지요. 주요 요직에는 이란인이 등용되었고, 궁정의 친위대도 이란인과 투르크인 노예병사(맘루크)들이 자리 잡았습니다. 이에 따라 여러 민족과 문화가 한데 어우러진 폭넓은 이슬람 문화가 이루어졌습니다. 인종적 의미의 아랍인이라는 개념도 아랍어를 사용하고 이슬람을 믿으며, 스스로를 아랍인이라고 말하는 사람들을 칭하는 것이 되어버렸지요.

그렇게 이라크, 시리아, 이집트를 비롯한 북아프리카 전역이 문화적으로 아랍화되어 갔으며, 오늘날의 아랍권이 형성되는 계기가 되었습니다. 차츰 대규모 정복 활동도 줄어들고 평화의 시기가 찾아왔습니다. 새 수도인 바그다드를 중심으로 국제무역과 산업이 크게 발달하고 예술과 문화가 번창했지요. 문화적으로 번창하고 있던 당나라는 물론 고려까지도 원활한 교역 대상이었답니다. 오늘날 이슬람의 대표적인 양식인 아라베스크 양식도 이때 만들어진 것이라고 합니다.

　한편 탈라스에서 당나라와 전투를 벌여 크게 승리했는데요, 이때 포로로 잡아간 중국인들에 의해 종이 만드는 법이 이슬람에 전해졌다고 합니다. 그들이 종이를 사용하게 됨으로써 번역 사업과 학문은 크게 융성했는데, 그 성과들이 유럽에 전해져 근대를 여는 밑거름이 되었답니다.

셀주크 투르크 제국과 십자군 전쟁

　오늘날 이슬람 문화의 전형을 만들며 문화적으로 화려하게 만개한 아바스 왕조지만, 정치적으로는 그 시작부터 분열의 가능성을 내포하고 있었습니다. 먼저 아바스 왕조에게 쫓겨난 옴미아드 왕조가 바다를 건너 점령지였던 에스파냐 지역에 후옴미아드 왕조를 세웠습니다. 그들은 코르도바를 수도로 정하고 자신들이 칼리프 국가임을 여전히 강조하고 있었지요.

　한편 옴미아드 왕조를 몰아내는 것을 도왔던 시아파는 아바스 왕조 설립 후 새 왕조로부터 제대로 대접받지 못했답니다. 아바스 왕조는 여전히 수니파였고, 알리의 후손만을 진정한 지도자라고 생각하는 시아파의 복종을 얻어낼 수 없었기 때문이지요. 시아파는 자신들의 적통 지도자들을 칼리프가 아닌 '이맘^{Imam}'이라고 불렀는데요, 그만큼 지도

자에 대한 생각이나 교리도 서서히 차이가 생기고 있었답니다. 이러한 갈등이 지속되자 마침내 이스마일파Ismailism가 아프리카 북부로 이동해 이집트를 점령하고 왕조를 세웠습니다. 그들은 무함마드의 딸이자 알리의 부인인 파티마Fātima의 이름을 빌려 '파티마 왕국'이라고 칭했으며, 스스로가 적통 이슬람 국가임을 내세웠지요. 이로써 시아파인 파티마 왕조와 아바스 왕조, 후옴미아드 왕조가 모두 칼리프라고 주장하는 3개의 칼리프 왕국이 존재하게 된 것입니다.

아바스 왕조의 동쪽 페르시아 지역도 분열되기 시작했습니다. 이란계 시아파가 일어나 부와이 왕조를 세웠으며, 바로 옆으로 이란계 수니파 사만 왕조도 세워졌습니다. 이들은 투르크인 노예군사를 매매하면서, 투르크인들에게 수니파를 전파하기도 했답니다. 이에 이슬람으로 개종한 투르크인이 사만 왕조의 경계에 최초의 투르크인 이슬람 국가인 카라한 왕조를 세우기도 했답니다. 특히 10세기 중반 부와이 왕조는 아바스 왕조의 수도 바그다드를 점령하고 실권을 장악하게 되었는데요, 이후 아바스 왕조의 칼리프는 이슬람 세계의 종교적 권위만을 나타내는 허수아비로 전락해버리고 말았지요.

이제부터 우리는 과거 돌궐족의 후손인 투르크인들을 눈여겨봐야 합니다. 사만 왕조의 투르크계 군사령관 출신이 세운 가즈나 왕조는 카라한 왕조와 함께 사만 왕조를 무너뜨리고, 아바스 왕조의 칼리프로부터 술탄Sultan의 자리를 인정받습니다. 즉 서유럽의 교황과 왕처럼, 칼리프가 종교적 권위를 가지고 술탄이 정치적 실권자가 되는 것이지요. 이로써 이슬람 세계는 종교와 정치가 분리되기 시작했으며, 투르

청소년을 위한 지금 시작하는 인문학

크인들의 이슬람 지배가 시작되었습니다.

　원래 유목민이었던 투르크 부족의 부족장 중에는 '셀주크 Seljuk'라는 사람이 있었습니다. 그는 이란 북부로 내려와 수니파 이슬람으로 개종하였지요. 그리고 그의 손자 투그릴 베크 Tughril Beg 가 셀주크 투르크라는 이슬람 국가를 세웠습니다. 그는 1055년 시아파 왕조인 부와이 왕조를 무너뜨리고 바그다드에 입성합니다. 같은 수니파인 아바스 왕조의 칼리프로부터 대대적인 환영을 받은 그도 술탄의 칭호를 얻었습니다. 이후 셀주크 투르크는 비잔틴 제국과 싸워 소아시아와 시리아를 장악했으며, 동쪽 파미르 지방까지 영토를 확장하며 최고의 전성기를 누리게 되었지요. 하지만 3대 술탄이 죽자, 왕자들 간에 내분이 일어나 제국의 영토가 분열되어버렸고, 혼란이 계속되는 가운데 유럽인들의 십자군 원정까지 시작되었습니다. 셀주크 투르크가 기독교인들의 예루살렘 순례길에 통행료를 요구했기 때문이지요. 셀주크 투르크는 유럽인들의 길고 치열한 공격으로부터 이슬람 세계를 지켜내고 있었지만, 그로 인해 서서히 몰락해가고 있었답니다.

한편 이집트의 파티마 왕조의 마지막 재상이었던 살라딘Saladin은 그가 모시던 왕이 죽자 아이유브 왕조를 세웠습니다. 그는 10년 동안의 준비를 통해 제1차 십자군 원정 때 빼앗긴 예루살렘을 탈환했으며, 자신들을 침범한 유럽인들에게도 관용을 베풀었지요. 과거 제1차 십자군

셀주크 투르크의 성장

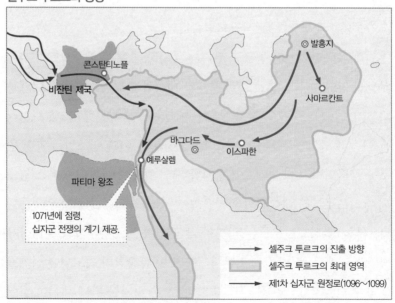

이 이슬람인들을 잔인하게 살상하고 약탈했지만, 그는 살육과 파괴를 철저히 금지하고 대가만 지불하면 풀어주기도 했답니다. 십자군을 물리친 살라딘은 이슬람 세계의 영웅일 뿐 아니라, 공정하고 관대한 영도자로서 유럽에서도 많은 사람들의 존경을 받는 인물이 되었답니다.

역사상 최대의 영역을 지배한 몽골 제국

이슬람의 등장은 아시아의 문화가 에스파냐 등을 통해 유럽과 직접적으로 뒤섞이는 계기를 만들었으며, 투르크인의 이슬람화를 통해 중앙아시아까지 하나의 문화권으로 섞이는 거대한 문화의 융합이 일어났습니다. 세계의 문명은 그렇게 긴밀한 접촉으로 세계화되고 있었는데요, 그중 가장 커다란 획을 그은 것은 아시아 대부분의 영역을 하나로 통일한 몽골 제국이라고 할 수 있습니다.

몽골 족은 요와 금의 지배를 받고 있었지요. 하지만 요가 망하고 금이 약해지고 있을 때, 테무친^{Temuchin}이 나타나 모든 부족을 제압하고 통일국가를 세웁니다. 몽골인들은 그를 '왕 중의 가장 위대한 왕'이라는 의미의 '칭기즈 칸^{Chingiz Khan}'이라 불렀으며, 그는 그 이름에 걸맞게 무서운 속도로 세상을 정복해나가기 시작했지요. 그는 말의 기동력과 천호제* 같은 몽골 특유의 군사조직을 앞세워, 금의 베이징을 먼저 함

천호제 몽골 특유의 군사행정 조직이다. 먼저 10명의 부하를 둔 십부장이 있고, 그 위에 십부장 10명을 거느리는 백부장, 그 백부장 10명을 거느리는 천부장이 존재한다.

락시켰습니다. 하지만 그는 더 이상 중국 쪽을 향하지 않았습니다. 그는 비단길과 초원길을 장악해야 동서 무역을 통해 전쟁 비용과 국가 운영 자금을 확보할 수 있다고 판단했기 때문이지요. 이에 그는 서쪽으로 진격해 이슬람 국가인 호라즘을 정복하고, 인도 서북부와 러시아 남쪽까지 정벌해버렸지요. 몽골 제국이 세워진 지 채 20년도 되지 않아 동유럽까지 진출한 것이랍니다.

칭기즈 칸이 죽자, 셋째 아들 오고타이 Ogotai가 칸이 되었습니다. 원래 몽골의 풍습상 막내인 툴루이 Tului가 모든 것을 물려받아야 했지만, 오고타이가 권력 투쟁에서 승리한 것이지요. 칸에 오른 그는 남아 있던 금의 세력을 완전히 멸망시키고, 죽은 첫째 형의 아들 바투 Batu를 시켜 서방을 정벌하게 했습니다. 바투는 헝가리를 정복하고 발슈타트 전투에서 독일과 폴란드의 연합군을 무찔렀습니다.

제4대 몽케 Mönke 칸은 동생 훌라구 Hulagu를 서아시아로 보내 바그다드를 점령하고, 아바스 왕조와 셀주크 투르크 제국을 멸망시켜버렸지요. 또한 제5대 쿠빌라이 Khubilai 칸을 남아시아로 보내 티베트와 다리를 정복하게 했답니다. 이후 쿠빌라이 칸은 고려를 공격해 항복을 받아내고 스스로가 중국을 적극 통치하기 시작했습니다. 자신이 직접 통치하는 영역을 '원元'이라는 중국식 이름으로 바꾸고, 남송을 공격해 중국 전역을 손안에 넣었지요. 이로써 몽골 제국은 아시아 대부분의 지역을 가로지르는 역사상 유례없는 대제국이 되었습니다.

그들이 만들어놓은 하나된 아시아로 인해, 상인들은 국가가 보장하는 안전망 속에서 매우 활발한 교역을 전개할 수 있었습니다. 아시아

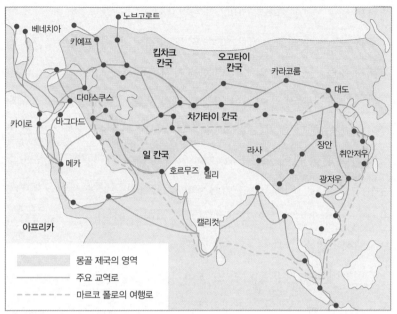

몽골 제국의 영역과 주요 교역로

전역은 40킬로미터마다 세워진 사람과 말이 머물 수 있는 역참들로 연결되었으며, 모든 항구들이 활짝 열려 대량의 물건들이 바다를 건넜지요. 몽골 제국에는 많은 외국인들이 드나들었으며, 마르코 폴로^{Marco} Polo는 17년 동안 쿠빌라이 칸의 궁정 관리를 하기도 했지요. 그가 경험한 원나라의 모습을 담은 것이 유명한 『동방견문록^{The Travels of Marco Polo}』인데요, 유럽인들에게 그것은 허풍이라고 믿을 만큼 꿈같은 세상이었답니다. 유럽인들에게 몽골 제국은 공포의 대상인 동시에 동경의 대상이었는데요, 유럽인들은 특히 몽골이 협력해준다면 이슬람 세력을 무너뜨리고 성지를 회복할 수 있을 것이라는 희망을 품기도 했답니다. 이에 부를 찾아 나선 유럽인들과 몽골인들을 개종할 선교사들의 행렬도 줄을 이었습니다. 이때 본격적으로 비단, 향료, 인쇄술, 화약 제조술, 도자기 제조술이 서양에 전해졌으며, 심지어 페스트균까지 전해져 유럽 인구에도 엄청난 변동을 야기했답니다.

하지만 몽골 제국의 이러한 영광은 그리 오래가지 못했답니다. 원래 칸이 되어야 했던 칭기즈 칸의 막내 툴루이의 아들인 몽케 칸과 쿠빌라이 칸이 결국 칸에 오르면서, 기존의 오고타이 칸의 지지 세력과 분열이 생겼기 때문이지요. 이에 서서히 각 지역이 독립을 선언함으로써 러시아 지역의 킵차크 칸국과 페르시아 지역의 일 칸국 등 5대국으로 분열되어버렸습니다.

쿠빌라이 칸이 세운 원나라 또한 머지않아 권력 다툼에 휩싸여야 했지요. 무엇보다 몽골인은 막내가 상속자인 데 반해 중국의 전통은 장자상속이었지요. 중국화된 몽골인 원에서는 둘 다 왕권 상속의 명분을 갖고 있었기에 왕권 상속을 둘러싼 끝없는 암투가 벌어졌답니다.

하지만 이보다 더 근본적인 원인도 있었습니다. 원나라가 몽골인 제일주의를 내세우며 한족을 차별하고 탄압했기 때문이지요. 이에 전국에서 한족인 농민들의 반란이 계속되었고, 마침내 그 반란의 주동자 중 하나였던 주원장朱元璋에 의해 원은 멸망하고 말았습니다.

대항해 시대와
역전되는 동서양의 세력 판도

한때 세계를 호령하던 몽골 제국이 몰락하자, 그동안 숨죽여 있던 이슬람 세력과 한족이 다시 아시아 세계를 주도해나갔습니다. 그중 이슬람 세계는 과거 이슬람 왕국의 군사 노예이거나 자발적으로 이슬람으로 개종하기도 했던 투르크 족이 중심 세력으로 등장했지요. 공포의 대상이었던 몽골 제국을 통해 더 큰 세상을 알게 된 유럽은, 이에 오스만 투르크 제국이라는 또 다른 힘겨운 상대를 면전에 두어야 했답니다.

한편 십자군 전쟁 이후 활짝 열린 몽골의 교역로를 통해 베네치아 등의 유럽 도시들은 번창했는데요, 지중해의 서쪽 끝자락에 있던 포르투갈과 에스파냐의 사정은 달랐습니다. 그들은 언제나 비싼 값을 주고 상

세계사의 숨은 동력, **동양사** ·

품을 구입해야 했는데, 중앙에 버티고 있는 이슬람 제국의 태도에 따라 그 가격이 천정부지로 오르는 경우도 있었답니다. 세상은 점점 더 많은 교역으로 풍요로워지고 있었고, 그들에게도 화려한 동방과 직접 교류할 수 있는 새로운 길이 절실했지요. 결국 그들은 새로운 바닷길을 찾아 모험을 떠나고, 그 결과 생각했던 것 이상의 엄청난 행운을 찾습니다. 그리고 그로 인해 세상의 판도는 완전히 바뀌게 되는데요, 그동안 늘 뒤떨어졌던 서구 유럽이 세계를 주도하기 시작한 것이지요.

경제적 번영 속에 역주행하는 명나라

원의 한족에 대한 차별은 백련교^{白蓮敎}의 난으로 폭발했습니다. 백련교는 미륵이 나타나 세상을 구한다는 한족의 변형된 불교 중 하나로, 당시에는 빨간 수건을 머리에 둘러 '홍건적^{紅巾賊}'이라고도 불리었지요. 빈농 출신이었던 주원장은 백련교 무리를 이끌고, 한족 생활의 중심지였던 강남에 '명나라'를 세웠습니다. 주원장은 원나라를 정벌해 중국을 장악하고, 과거 한족이 지배하던 시대로 돌아가야 한다는 복고주의를 내세웠습니다. 다시 성리학을 국가 이념으로 등장시켰으며, 농업을 중시하였지요. 또한 지방의 책임자들이 서로 감시하는 이갑제 ^{里甲制}를 통해 지방 농촌의 구석구석까지도 황제의 통치력이 침투할

 이갑제 전국을 이(里)와 갑(甲)으로 나누고, 책임자를 두어 서로 감시하고 책임을 분담하는 촌락 자치 행정 제도다. 세금 부과와 향촌 통제를 위한 제도의 성격이 강하다.

수 있게 했습니다.

중국이 세상의 중심이라는 중화주의의 기치가 다시 높이 세워졌고, 몽골족 토벌과 인도에까지 세력 확장도 이루어졌지요. 특히 제3대 황제인 영락제永樂帝 때 정화鄭和를 보내 7차에 걸친 남해 원정을 단행하였습니다. 영락제는 대규모 원정을 통해 명의 건국과 권위를 세상에 알리려고 했으며, 정부가 대외교역권을 장악하고자 했던 것이지요. 이는 국가 재

정화의 남해 원정이 새겨진 부조 정화의 원정길은 인도차이나 반도를 돌아 아프리카까지 이어져 있었다. 한 번 떠날 때마다 60척 이상의 거대 함선과 2만 7천 명 이상의 인원이 동원되었다. 원정은 교역을 의식해 평화적으로 이루어졌지만, 명나라의 힘을 과시해 조공을 요구하려는 의도도 깔려 있었다.

정을 확보하는 것이기도 했지만, 또한 원나라 때 성행했던 민간인들의 상업을 억누르고 농업을 부흥시키려는 정책 중 하나이기도 했답니다.

한편 몽골 제국의 침입에 무릎을 꿇었던 고려는 이후 새로 등장한 명의 압력에도 시달려야 했습니다. 이에 최영 장군의 주도로 명 정벌에 나서지만, 이성계의 위화도회군威化島回軍으로 무산되고 말았지요. 회군으로 군권을 장악한 이성계가 조선을 세우고, 이성계의 아들들이 왕의 자리를 두고 죽고 죽이는 왕자의 난이 일어납니다.

피의 승자가 된 태종이 왕권 강화에 성공하고, 그의 아들 세종이 선정을 베풂으로써 조선은 당당한 왕조로 거듭나며 500년을 이어가게 된답니다. 이 세종대왕 때에 측우기, 물시계 등 뛰어난 과학적 성과가 나타났으며, 훈민정음이라는 세계에서 가장 과학적인 문자가 탄생하게 되었지요.

이슬람의 부활과 오스만 투르크 제국

명나라에 의해 원나라가 멸망하자, 과거 몽골의 영광을 다시 재현하겠다는 왕조도 등장했습니다. 서차가타이 칸국의 유력자였던 티무르Timur가 바로 그 주인공인데요, 그는 당시 중앙아시아 교역의 중심지였던 사마르칸트를 수도로 삼아 티무르 왕조를 세우고, 칭기즈 칸의 후손과 결혼해 칭기즈 칸의 가문임을 내세웁니다. 티무르는 바그다드를 비롯한 과거 일 칸국의 영토를 손에 넣으며 무서운 속도로 세력을 확장해나갔지요. 이때 서서히 자리 잡기 시작한 오스만 투르크 제국과도 앙카라에서 맞붙었는데요, 티무르 왕조의 승승장구 앞에 오스만 투르크 제국은 무릎을 꿇어야 했답니다. 하지만 티무르 왕조의 번영은 오

래가지 못했습니다. 원나라를 무너뜨린 명나라에 복수하기 위해 중국으로 향하던 티무르가 병사해버렸고, 이후 급속도로 몰락해버렸기 때문이지요. 한편 그가 몽골의 영광을 내세우긴 했지만, 이미 그는 독실한 이슬람교도이기도 했습니다. 과거 몽골인들이 중앙아시아를 원활히 지배하기 위해 이슬람교도가 되었기 때문이지요.

그런가 하면 같은 이슬람교도로서, 과거 페르시아의 영광을 재현하려는 왕조도 등장합니다. 티무르 왕조가 쇠퇴하자, 시아파 제7대 이맘의 자손인 이스마일Ismāʿīl이 이란 지역을 통일하고 사파비 왕조를 연 것이지요. 이는 800년 만에 세워진 이란 왕조로, 이란 민족주의를 내세웠으며 오늘날 이란의 모태가 되는 왕조입니다. 또한 시아파 왕조인 만큼 당시 수니파 왕조인 오스만 투르크 제국과 빈번히 충돌하였지요.

이렇게 몽골 제국 지배 이후 중앙아시아의 판도는 조금씩 변모를 거듭하고 있었는데요, 그 판도의 최종 승자는 당연 오스만 투르크 제국이라고 할 수 있습니다. 오스만 1세Osman I와 그의 조직은 원래 셀주크 투르크에 고용된 용병집단이었지요. 이들이 1299년 셀주크 투르크 제국이 멸망하자 그 권위를 물려받아, 오스만 투르크 제국의 문을 열었답니다. 그들은 비잔틴 제국의 경계에까지 영토를 확장했으며, 부르사Bursa를 공략하여 아나톨리아Anatolia 전역을 통일했지요. 오스만 1세 사후에도 발칸 반도의 동맹군을 격파하고, 십자군을 무찌르면서 발칸 반도의 대부분을 손에 넣었답니다. 한때 급성장하고 있던 티무르군에게 패하여 술탄이 포로로 잡히기도 했지만, 메흐메트 2세Mehmed II 때에는 마침내 콘스탄티노플을 공략해 1500년을 버텨온 비잔틴 제국을 멸망시켜버렸지요. 이로써 유럽 세계에 대한 이슬람 세계의 우위가 확인되었으며, 오스만 투르크 제국의 전성기가 펼쳐지게 되었답니다.

이어 북아프리카 전역과 동유럽 일부를 손에 넣었으며, 페르시아와 이집트 및 아랍 지역을 점령해버렸습니다. 특히 이집트에는 살라딘 이후에 노예 군사들이 세운 맘루크 왕조가 칼리프의 권위를 이어받고 있었는데요, 오스만 투르크 제국의 셀림 1세Selim I는 이 칼리프의 세습권을 빼앗아 이슬람의 종주국으로 군림하게 되었지요. 이때 술탄 칭호와 칼리프 칭호를 함께 사용함으로써, 술탄칼리프제를 확립합니다.

또한 술탄 술레이만 1세Suleiman I는 해군력을 강화해 지중해 해상권을 장악했으며, 한때 신성로마 제국의 빈까지 공략해 포위하기도 했습니다. 여기에 동쪽으로는 사파비 왕조를 공격하여 바그다드를 함락하고, 남쪽으로는 아덴까지 영토를 확장하였지요. 그렇게 오스만 투르크 제국은 유럽과 아프리카, 아라비아 반도 등 3대륙을 아우르는 대제국으로서 막강한 위용을 자랑하고 있었습니다. 경제 또한 유럽과 아시아를 잇는 중개무역으로 번영을 누렸으며, 다른 민족들의 문화도 허용하고 통합함으로써 문화적으로도 황금기를 누렸습니다.

대항해 시대의 개막과 변화하는 세계 지형

오스만 투르크 제국은 3대륙을 점유해 유럽과 아시아의 한 중앙에 버티고 섰으며, 지중해의 해상권마저 장악해버렸습니다. 몽골 제국의 세계 정복을 통해 급속도로 활성화되던 무역로들이 막강한 오스만 투르크 제국에 의해 막혀버린 것이지요. 지중해 무역이 번성할 때부터 유럽의 서쪽 끝에 위치해 경제적 불이익이 막심했던 포르투갈은 일찌감치 새로운 활로를 찾아 대서양에 배를 띄웠고, 아프리카 대륙의 서쪽 끝 베르데 곶에 다다를 수 있었습니다. 오스만 투르크 제국이 비잔틴 제국을 무너뜨린 후에야 뒤늦게 하나의 왕국으로 등장한 에스파냐도 이사벨Isabel 여왕이 콜럼버스Christopher Columbus의 모험을 지원하면서, 꽉 막힌 지중해를 피해 대서양 항로 개척에 뛰어들었지요.

새로운 항로를 찾기 위해 뛰어들었던 그들은 항로뿐 아니라 더 큰 보물들까지 덤으로 발견합니다. 포르투갈은 아프리카 곳곳에서 노예를 잡아 팔거나, 설탕 공장에 투입해 가장 저렴한 설탕으로 유럽 시장을 독점할 수 있게 되었지요. 에스파냐는 아메리카라는 신대륙을 발견했는데요, 그곳의 원주민을 강제 동원해 거대 농장을 운영하기 시작했습니다. 게다가 그곳에는 감자, 옥수수, 토마토 등 유럽의 식량문제를 해결할 새로운 작물들이 있었고, 엄청난 양의 금과 은까지 기다리고 있었지요. 포르투갈과 에스파냐는 급속도로 막대한 부를 모으기 시작했으며, 오스만 투르크 제국의 지배하에 있던 지중해 무역 대신 새로운 항로로 연결된 대서양 무역이 활기를 띠게 되었습니다. 물론 머지않아 네덜란드나 영국 등 다른 유럽 국가들도 대항해와 대서양 무역에 뛰어들기 시작했습니다.

반면 술레이만 1세 때 최고의 전성기를 누리던 오스만 투르크 제국은 그의 사후 서서히 그 힘을 잃어갔습니다. 그럼에도 그들은 여전히

레판토 해전 오스만 투르크 제국의 서진을 저지하기 위해 교황과 기독교 국가들이 연합 함대를 결성해 레판토 바다에서 맞붙었다. 양측 모두 200척이 넘는 전함이 동원됐다. 연합 함대에 유리한 서풍이 불기 시작했고, 기독교 동맹의 압도적인 대포가 오스만 투르크 제국 함대의 좌익을 무너뜨렸다. 3시간 만에 끝난 이 전투에서 오스만 투르크 제국은 2만 5천여 명의 사상자를 냈지만, 기독교 동맹의 사상자는 7,500여 명 정도에 불과했다. 이 전투는 동서양 판도 변화의 상징으로 역사에 남았으며, 노를 젓는 갤리선을 중심으로 한 마지막 해상 전투로도 알려져 있다. 이후에는 범선과 함포를 중심으로 한 해전이 나타났으니, 해전 또한 중세에서 근대로 변모해가고 있었다.

유럽을 우습게 여기고 있었는데요, 그 결과 지중해 서쪽으로 그 세력을 더욱 확장하려다 레판토 해전에서 기독교 연합군에 대패하고 말았답니다. 당시 기독교 연합군은 새로운 식민지 개척으로 급성장한 에스파냐의 펠리페 2세^{Philip II}가 이끌고 있었으며 1,800여 문의 대포로 중무장하고 있었지요. 750문의 대포와 약간 더 많은 전함을 보유했던 오스만 투르크 제국은 초반부터 대대적인 포격으로 무너지기 시작했습니다. 오스만 투르크 제국은 이 해전에서 지중해의 패권을 빼앗겼고, 이후 정치·경제적으로도 쇠락을 거듭하게 되었지요. 또한 새로운 강대국 러시아 및 오스트리아와의 전투에서도 패해 우크라이나와 헝가리의 대부분을 내주었으며, 내부적으로도 술탄 계승권을 둘러싸고 분열이 일어났답니다.

이렇게 역전되어버린 동서양의 판도는 이후 근대화와 제국주의로 무장한 유럽의 세계 지배로 더욱 견고하게 자리를 굳히게 되지요. 또한 이때부터 새롭게 개척된 아프리카와 아메리카 대륙이 세계사의 전면에 본격적으로 등장하게 되었답니다.

한편 중농 정책과 복고주의를 내세웠던 명나라에도 거부할 수 없는 새로운 물결이 밀려오고 있었답니다. 송과 원을 거치면서 발전한 상업과 수공업은 이미 중국 경제에 크게 자리 잡고 있었으며, 비단, 차, 도자기 등 당시 중국의 상품들은 세계 최고를 자랑하며 국내외에서 엄청난 인기를 누리고 있었지요. 여기에 가장 믿을 만한 화폐로 은이 통용되면서, 은을 화폐로 사용하던 서유럽과의 교역이 더욱 본격화되고 있었습니다.

남아메리카에서 캐낸 막대한 양의 은이 중국으로 흘러들어 오기 시작했으며, '향신鄕紳'이라는 새로운 세력도 등장했지요. 원래 원나라 시대에 중앙에서 밀려나 농촌에서 지주이자 유력자 역할을 하던 한족의 지식인들인데, 이들이 명나라가 세워지자 중앙의 관료가 되거나 경제활동에 적극 참여하게 되었지요. 이들은 이윤을 극대화하기 위해 농업 경영은 물론 상업, 수공업에도 적극 참여하면서 초기 자본가의 모습을 나타내기도 했답니다. 수십 대의 직물기를 구비하고 수백 명에 이르는 기술자와 노동자가 옷감 일을 하는 직물업 등에서의 대량생산이 시작되었으며, 자본과 노동의 분리 및 분업이 곳곳에서 이루어지기 시작했습니다. 더 이상 중농주의와 복고주의는 힘을 발휘할 수 없었

세계사의 숨은 동력, 동양사

고, 오히려 발달된 도시와 상공업의 분위기가 도시 서민층 문화와 소비를 활성화시키고 있었지요. 서민 위주의 언문일치 소설과 희곡이 많이 쓰이고 읽혔으며, 성리학 대신 좀 더 현실적인 양명학陽明學이 등장했습니다. 꾸준히 서구의 문물도 도입되어 세계지도나 무기, 천문학 등이 널리 알려지게 되었지요.

하지만 이렇게 경제·문화적으로 번성하고 있는 명나라에는 여진족과 일본 왜구가 문젯거리로 남아 있었습니다. 명나라의 대외무역이 국가에 통제하에 있었고, 생필품과 물품을 얻고자 하는 여진족과 왜구에게는 교역이 엄격히 통제되고 있었기 때문이었지요. 이에 전국 시대를 정리한 일본이 조선을 거쳐 명나라를 침략하려 했고, 여진족도 후금을 세워 위협했습니다. 명나라는 20만 명의 병력을 조선에 파견하는 등 전력을 소비했고, 또한 환관의 횡포 등으로 인한 농민 반란도 잇따랐지요. 결국 이자성李自成의 농민군을 여진족의 도움을 받아 진압함으로써, 명나라는 문을 닫고 여진족의 왕조 '청淸나라'가 등장합니다.

그런가 하면 우리나라의 문화를 배워가며 자란 변방의 섬나라에 불과했던 일본이 어떻게 조선을 침략하고 명나라까지 정벌할 수 있었을까요? 당시 그들은 각지의 지방 영주 무사들이 서로 패권을 쥐기 위해 난립한 전국 시대였지요. 이런 와중에 1543년 포르투갈의 상선이 표류하여 일본 다네가시마에 도착합니다. 이때 그 지역 영주가 포르투갈인들에게 조총 2정을 사들였고, 이후 에스파냐와의 교역도 시작되는 등 서구 문물이 도입되기 시작했지요. 이런 무기의 선진화에 앞장섰던 오다 노부나가織田信長가 전국의 패권을 쥐었습니다. 그는 농민에게는 농사만 짓게 하고 병사는 군역에만 종사케 해 군사력을 강화시켰으며, 수공업과 상업은 물론 서양과의 교류도 계속해 개혁을 이끌어냈지요. 그리고 그의 뒤를 이은 도요토미 히데요시豊臣秀吉가 마침내 1590년 전국 시대를 마치고 전국을 통일합니다. 하지만 통일이 이루어지자 군역에만 종사하던 병사들의 생계와 일거리에 문제가 생겼고, 성장한 상인들도 더 넓은 교역 상대가 필요해졌지요. 이에 히데요시는 조선을 손에 넣고 명나라에 무역 개방을 요구하기 위한 대대적인 침략을 단행합니다. 당시 일본 전역에는 서유럽 전체가 가진 조총의 양보다 많은 약 4만 정의 조총이 있었고, 이를 앞세워 1592년 임진왜란을 일으킨 것이랍니다.

강력해진 유럽 열강과
식민지화되는 세계

아프리카와 아메리카에서 퍼올린 수많은 인력과 자원은 유럽에 엄청난 혜택을 안겨주었습니다. 그 혜택은 포르투갈과 에스파냐를 따라 신대륙 개척과 대서양 무역에 뛰어든 네덜란드, 영국, 프랑스 등 인근 서유럽 국가들에도 이어졌지요. 에스파냐를 뛰어넘어 새롭게 부상한 영국은 산업혁명까지 일으키며 강력한 자본주의 제국으로 자리매김했고, 앞다투어 산업화를 도입한 유럽 국가들도 과거 아시아의 강국들은 결코 넘볼 수 없는 강력한 군사·경제적 힘을 갖게 되었습니다. 아프리카와 아메리카는 물론 아시아 대부분의 나라들이 영토를 빼앗기거나 식민지로 전락했는데요, 과거 강대국들도 예외가 될 수는 없었답니다.

식민지로 전락하는 오스만 투르크 제국

레판토 해전 이후 오스만 투르크 제국을 가장 많이 괴롭힌 것은 러시아였습니다. 절대왕정을 거치며 서구 강대국 대열에 뛰어든 러시아는 유럽으로 진출하기 위해 먼저 그 통로인 오스만 투르크 제국을 확보해야 했기 때문이지요. 이에 러시아는 여섯 차례나 공격해 오스만 투르크 제국을 빈사상태로 만들어버리는 데 앞장섰습니다.

처음에는 흑해의 북동부 지역을 빼앗고 내정간섭을 시작했으며, 결국 발칸 반도의 슬라브 족 국가인 세르비아와 루마니아, 몬테네그로를 오스만 투르크 제국으로부터 독립시켜버렸습니다. 또한 그 와중에 러시아는 자신의 남하를 견제하는 영국, 프랑스와 함께 그리스의 독립을 지원한다며 오스만 투르크 제국에 군대를 주둔시켰는데요, 이때부터 오스만 투르크 제국이 유럽 열강들의 각축장이 되어버렸습니다. 결국 그리스는 독립하고, 러시아는 흑해와 에게 해를 묶는 해협의 항해권을 획득하기도 했답니다.

물론 늦었지만 오스만 투르크 제국도 개혁을 추진했습니다. 근대법과 절충을 꾀하는 새로운 법전을 만들고 근대 교육을 위한 학교도 개설했지요. 그러나 개혁과 수차례의 전쟁을 수행하면서 많은 차관을 들여왔고, 점점 서구 열강의 경제적 식민지로 전락해갔습니다. 그러다 1875년 서유럽에 금융공황이 일자 오스만 투르크 제국의 재정은 파탄나고 말았습니다. 하지만 서서히 근대 의식은 싹트고 있었고, 이후 근대화된 청년 장교들이 청년 투르크당을 결성해 혁명을 일으켰습니다.

그들은 술탄과 보수 세력을 몰아내고 내각을 구성하였지요.

　그러던 중 그들은 제1차 세계대전이 다가오자 잃어버린 발칸 반도를 회복하기 위해 독일 등의 동맹국에 가담합니다. 러시아에 의해 슬라브 족에게 빼앗긴 반도이니 만큼, 그와 적대 세력인 게르만 족 국가들 편에 서서 싸운 것이지요.

　결국 제1차 세계대전은 동맹국 측의 패배로 끝났고, 아프가니스탄과 에티오피아 등 투르크 족이 아닌 곳은 모두 오스만 투르크 제국으로부터 점차 분리되어나갔습니다.

　한편 오스만 투르크 제국이 러시아와 유럽 열강에 연거푸 무너지자, 원조 이슬람 세력이었던 아랍인들도 독자적 움직임을 보였습니다. 그들은 오늘날 이슬람 세력이 약해지고 낙후된 것은 오스만 투르크 제국의 부패 때문이라고 주장했지요. 이에 이슬람교의 근본 교리이자 경전인『코란』으로 돌아가야 한다며 이슬람 원리주의 Islamic Fundamentalism 를 내세웠습니다. 와하브 Wahhāb 가 주장했기에 '와하브 운동'이라 불리는 이 운동은 이제 투르크 족이 아닌 원래의 아랍인이 이슬람의 중심이 되어야 한다며 오스만 반대 투쟁을 전개해나갑니다. 특히 아라비아 반도의 사우드 가문이 등장해 와하브 운동을 전격적으로 지원하였고, 이후 오늘날의 사우디아라비아로 거듭나게 되었답니다.

　참고로 오늘날 사우디아라비아 출신의 오사마 빈 라덴 Osama Bin Laden 과 아프가니스탄의 탈레반 Taliban 정권도 이 와하브 운동에 뿌리를 두고 있답니다.

청나라의 번영과 쇠락

　열강들이 최종적으로 손에 넣고 싶어한 곳은 중국이라고 할 수 있습니다. 몽골 제국 때부터 유럽인들의 상상의 나라였으며, 실제로도 차와 비단, 도자기 등 실생활을 풍요롭게 해주는 상품들이 쏟아져 나오는 곳이자, 거대한 땅과 많은 인구로 엄청난 수요가 있는 소비시장이기도 했기 때문입니다. 하지만 그들이 단번에 욕심을 내기엔 중국은 결코 만만치 않은 곳이었지요. 비록 임진왜란과 농민 반란으로 비틀대던 명나라는 멸망했지만, 곧이어 등장한 청나라야말로 중국 역사에서

207

보기 드문 강국이기도 했답니다. 여진족을 만주족으로 개칭하고, 후금을 청으로 바꾸며 중국의 새 왕조를 연 그들은, 전투에 강한 이민족 특유의 조직을 더욱 효율적으로 개편한 8기군*을 앞세워 주변 민족들을 점령해나갔습니다. 만주와 중국은 물론 타이완, 몽골, 티베트, 신장성까지 포괄하며 몽골 제국을 제외한다면 중국 역사상 가장 넓은 영토를 차지하며, 당시 성장하던 러시아와는 조약을 통해 국경선을 결정지어놓은 상태였지요.

경제 또한 더욱 번성하고 있었습니다. 명나라 시대의 산업들은 청나라 때에도 발전을 거듭했고, 옥수수, 담배 등의 외국 작물도 수입되어 각지에서 재배되기 시작하였지요. 가족 단위에서 벗어난 합자회사가 많이 생겨나고, 길드처럼 동종업계 사람들이 모여 자신들의 이익을 반영하며 숙박과 창고도 제공하는 회관이란 곳도 곳곳에 생겼습니다. 특히 국가가 주도하는 관영 수공업을 포기하자 민영 수공업이 크게 발전하면서, 자본가, 기술자, 노동자의 구분이 분명해지고, 경영 방식도 더욱 합리화되어 갔지요. 무엇보다 도시와 수공업의 발달은 '신안 상인'과 '산서 상인' 같은 상업 자본을 급성장시켰는데요, 이에 그들은 전국적인 유통망을 가지고 자신들이 거래하는 물품을 직접 생산하는 등 수공업, 금융업, 대외 무역까지 장악해나갔답니다.

그렇다고 청나라가 교역을 자율화한 것은 아닙니다. 전국적인 상품 수요가 늘고 대외 무역이 증가했어도 교역항은 광저우 하나로 한정했

8기군 하나의 기에 약 7,500명 정도의 병력을 가지는데, 각 기가 하나의 군사조직이며 행정조직이다. 각각의 색을 가진 8개의 기가 있어 8기군이다.

으며, '공행公行'이라는 특허 상인 조합이 대
외 무역을 독점케 하였지요. 당시 중국의 상
품들은 가장 매력적인 것이었고, 특히 차와
도자기를 앞세워 이 한정된 무역에서조차
막대한 이익을 챙기고 있었답니다.

아편전쟁 중국 목선들이 영국의 돛과 증기로 작
동하는 철선 네메시스 호에 의해 파괴되고 있다.

　청나라는 강하고 풍요로웠으며, 여전히
세상의 중심이 중국이라고 믿었습니다. 그
러나 군주제 국가가 그러하듯 3대에 이르는 강력한 군주가 사라지자
쇠퇴의 길을 걷기 시작했으며, 자급자족이 가능한 풍요로움 또한 독이
되어 돌아옵니다. 강성했던 8기군은 사병 수를 허위 보고하는 등의 부
정과 함께 군기가 해이해져 갔으며, 막대한 교역 이익은 더 이상의 시
장 확대나 도전을 게을리하는 결과를 가져왔지요. 무엇보다 이 막대한
이익에 직접적 피해자가 된 영국이 극악의 방법을 택함으로써 청나라
의 몰락이 시작되었습니다.

　당시 청나라와의 대외 무역을 주도하고 있던 영국은 청나라에 모직
물과 면직물을 수출하고, 도자기, 비단, 차 등을 수입하고 있었지요. 당
시 영국에서는 차 문화가 크게 대중화되면서 차의 수요가 급증한 반면,
중국인들에게 영국의 상품은 크게 필요하지도 부족하지도 않았답니다.
영국은 갈수록 무역적자에 시달렸고, 이를 타개하기 위해 자신들의 나
라에서도 금지하고 있는 아편을 밀수출하기 시작했습니다. 마약인 아
편은 중독을 일으키며 퍼져 나갔고, 중국인들의 생활과 경제는 피폐해
져 갔지요. 서서히 아편 수입액이 차 수출액을 능가했고, 그동안 쌓이

기만 하던 청나라의 은이 끝없이 유출되었지요. 은으로 세금을 내던 농민들의 부담은 가중되었고, 부패한 관리들의 횡포와 맞물려 여기저기서 백련교도白蓮教徒들이 난을 일으켰습니다. 청 왕조는 뒤늦게나마 엄격한 밀수 단속에 들어갔지만, 그 과정에서 적발된 영국 상선과 사소한 무력 충돌이 일어납니다. 그리고 영국 정부는 바로 이 사건을 문제 삼아 아편전쟁阿片戰爭을 일으킵니다. 아편은 물론 부패와 백련교도의 난 등으로 허약해진 청나라는 막강한 해군과 우수한 무기로 무장한 영국군 앞에 무릎을 꿇어야 했습니다. 유럽인들의 동경의 대상이자 넘볼 수 없는 대국이었던 중국이 서구 열강 앞에 꼬리를 내리는 순간이었지요.

이 전쟁으로 영국은 공행을 폐지시키고 5개항을 개항해 자유무역을 할 수 있게 되었답니다. 이때 홍콩까지 빼앗아갔으며, 치외법권治外法權*이나 최혜국대우** 등을 인정받았습니다. 이후 미국, 프랑스, 벨기에, 노르웨이 등도 영국과 똑같은 대우를 요구하며 압박해왔고, 중국은 그렇게 불평등한 계약을 통해 근대의 국제 사회에 발을 들여놓기 시작했습니다. 물론 이런 열강들의 개항 요구와 침략도 갈수록 더해갔지요. 특히 영국과 프랑스의 협공으로 또 한 차례 전쟁이 치러져, 10개항을 추가로 개항하고 중국 내륙까지 여행도 허락되었지요. 심지어 아편 판매까지 공인되었답니다.

치외법권 다른 나라의 영토 안에 있으면서도 그 나라 국내법의 적용을 받지 않고, 본국의 주권을 행사할 수 있는 권리이다.
최혜국대우 어떤 나라가 협정을 통하여 최고의 혜택을 부여받았을 경우, 그 혜택을 최혜국대우 당사국도 자동적으로 누리게 되는 대우를 말한다.

진압군과 싸우는 태평군 과거에 계속 낙방하고 있던 홍수전(洪秀全)이 기독교 서적을 접하고 만든 상제회(上帝會)에서 비롯되었다. 그는 하늘의 주재자인 상제(上帝)를 기독교의 여호와와 같은 위치에 놓고 새로운 세상을 주창하였다. 유교와 공자에 대해 비판하고, 유일신 신앙을 내세우는 등 중국 역사에서는 볼 수 없던 혁신적인 내용들을 볼 수 있다. 한편 태평군을 진압하기 위해 군사력 보유를 허락받은 향신들은 이후 군벌(軍閥)로 성장해 민중들을 착취하게 된다.

몰락하는 중국과 저항하는 민중

아편은 물론 자유무역을 타고 값싸게 무장한 열강의 공산품들이 중국의 도시와 농촌에 깊게 파고들면서, 중국의 경제와 민생은 파탄에 빠지고 말았습니다. 게다가 전쟁 패배에 대한 막대한 배상금까지 국민들의 세금으로 감당해야 했답니다. 이에 무능력한 만주족의 청 왕조를 타도하고 한족의 세상을 재건하자는 움직임이 일어났습니다. 기독교의 영향을 받은 그들은 지상천국을 이상 국가로 제시하면서, 남녀 차별과 사유재산을 폐지하고, 토지의 균등 분배를 주장하였지요. 공동 소유와 농민을 위한 국가를 내세우며 각계각층의 민중들이 들불처럼 들고일어난 이 '태평천국 운동'은, 오늘날 중국에서 혁명으로 평가될 정도로 대대적이고 혁신적인 민중 반란이었지요. 하지만 그들의 이상은 종래의 유지들을 활용하면서 그 한계가 드러났고, 계속되는 정부 진압군과의 싸움 속에서 과거 조직과 비슷해져 가자 민중의 실망을 사기 시작했습니다. 여기에 청 왕조가 지방의 향신들에게 군사력을 보유할 수 있게 하자 향신들의 대대적인 진압이 이루어집니다. 이후 강력한 무기를 갖춘 열강들 또한 진압에 뛰어들어 계속 승전함으로써, 태평천국의 난은 실패로 돌아가고 말았지요.

　이 난은 어떤 면에서 반봉건 · 반외세를 내세운 개혁이기도 했는데요, 이후 청 왕조도 서양의 앞선 과학기술과 군사지식을 도입하며 '양무운동洋務運動'이라는 이름하에 본격적인 개혁에 착수합니다. 하지만 그 개혁은 기존의 지배계층이 기득권을 유지하기 위한 단순한 기술 도입에 불과했지, 서구사회처럼 시민 계급이나 자본가 계급의 성장과 참여를 불러일으키는 개혁이 아니었지요. 이 양무운동은 1894년 청일전쟁에서 패배함으로써 결국 실패한 개혁임이 자명하게 드러나고 말았습니다. 청일전쟁의 실패는 중국인들을 더욱 초라하게 만드는 것이었지만, 일본의 경우는 뒤늦은 아시아 국가도 개혁을 통해 강국이 될 수 있음을 보여주는 것이기도 했지요. 이에 일본 유학파 중심으로 일본 메이지유신을 모델로 하는 개혁이 단행되기도 했습니다. 그러나 '변법자강운동變法自彊運動'이라 불리는 이 운동은 서태후와 기존의 기득권 세력에 부딪혀 실패하고 말았지요. 한편 정반대로 외세를 몰아내고 중국의 전통을 회복하려는 '의화단운동義和團運動'도 일어났는데요, 전통 무술을 앞세워 열강의 신무기들을 제압하려 한 허망한 꿈에 불과한 것이었습니다.

결국 중국의 근대적 의미의 개혁은 중국혁명동맹회 中國革命同盟會가 주축이 되어, 청 왕조를 무너뜨리며 시작되었습니다. 쑨원 孫文과 일본 유학생들을 중심으로 만들어진 중국혁명동맹회는 삼민주의 三民主義*를 내세우며, 중화민국 中華民國이라는 민주공화정을 세울 것을 주장하였습니다. 그들은 『민보 民報』라는 회지를 발간해 청 왕조 타도의 필요성을 알리고, 기존의 혁명 조직을 통합하는가 하면, 군 내부에도 혁명 세력을 침투시켰지요. 그러던 중 1911년 철도를 국유화한다며 청 왕조가 외국 차관을 유치하려고 하자, 국내 자본가와 중국혁명동맹회가 들고일어나 혁명을 촉구하게 됩니다. 이에 청 왕조가 진압군을 동원했는데, 오히려 우창의 진압군이 혁명군이 되어 혁명을 주도해버렸지요. 신해년에 일어나 '신해혁명 辛亥革命'으로 불리는 이 근대적 민주주의 혁명은 전국적으로 확산되어나갔습니다. 그 결과 쑨원이 임시 대총통으로 추대되고, 민주공화정 체제를 내세운 중화민국 임시정부가 수립되었답니다.

하지만 청 왕조는 여전히 존재했고, 혁명 또한 아직 완성된 것이 아니었지요. 청 왕조는 서둘러 위안스카이 袁世凱를 불러들이고 임시정부를 정벌케 합니다. 태평천국 때 지방 향신들에게 군사력을 보유할 수 있게 한 후, 독립적인 군 세력으로 급성장한 이들이 바로 '군벌'인데요, 이 군벌의 대표가 위안스카이였지요. 하지만 그는 함께 청 왕조를 무너뜨리면 대총통의 자리를 주겠다는 쑨원의 제안을 받아들이고, 군의 머

삼민주의 쑨원이 제창한 중국 근대 혁명의 기본 이념으로 민족, 민권, 민생을 내세웠다.

리를 돌려 청 왕조를 향합니다. 이때 물러난 황제가 영화 〈마지막 황제 The Last Emperor〉의 주인공 푸이^{傳儀}였답니다.

청 왕조가 몰락하고, 마침내 위안스카이가 대총통에 오르며 중국에도 정식 민주공화국이 수립되었습니다. 하지만 그가 노린 것은 민주주의가 아니라 황제의 자리였지요. 그는 쑨원이 만든 국민당을 와해시키기 위해 온갖 수단을 동원했으며, 국회의 동의 없이 몰래 거액의 차관을 들여와 독재정치를 위한 재정을 확보했지요. 이에 전국에서 봉기가 일어나고 다시 혼란에 빠져들었으며, 그 와중에 위안스카이가 사망해 버렸습니다. 그러자 각지의 군벌들이 기다렸다는 듯이 들고일어나 패권을 다투면서, 혁명 세력은 힘을 더욱 잃어갔습니다. 중국의 민중들은 그런 혼란 속에서 세계대전을 맞이해야 했던 것이지요.

식민지로 변하는 세계, 라틴아메리카 국가들의 독립

중국, 오스만 투르크 제국, 인도 등 거대 제국은 물론 아시아와 태평양 일대의 크고 작은 나라들도 하나둘 열강의 식민지로 전락하고 있었습니다. 먼저 인도 쟁탈전에서 영국에 밀린 프랑스가 베트남과 캄보디아는 물론, 인도차이나 반도까지 수중에 넣었습니다. 영국도 이에 뒤질세라 싱가포르와 말레이시아를 차지했습니다. 천연자원이 풍부한 자바와 수마트라, 보르네오 등은 이미 오래전부터 네덜란드가 손을 뻗고 있었고, 미국도 에스파냐가 점령하고 있던 필리핀을 빼앗으며 중국

청소년을 위한 지금 시작하는 인문학 •

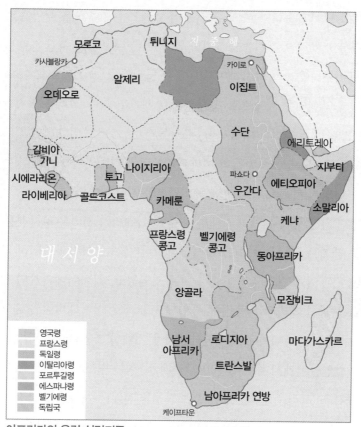

아프리카의 유럽 식민지들

침략의 교두보로 삼았습니다. 그나마 영국과 프랑스 세력의 완충지대
였던 타이만이 독립을 유지할 수 있었답니다.

아프리카 대륙도 유럽 열강으로부터 자유로울 수 없었습니다. 유럽
인들은 대항해 시대 초기에는 아프리카 해안 지역에서만 자원과 노예
를 획득하는 데 열을 올렸습니다. 하지만 1869년 수에즈운하가 개통되
고, 각국의 탐험가들과 선교사들이 내륙지방까지 도달하는 길을 열자

상황은 달라졌습니다. 영국은 서둘러 수에즈운하 주식을 매입하고 이집트를 보호국으로 만들었습니다. 그러고는 아프리카 북단에서 남단의 케이프타운까지 종단하며 식민지를 넓혀갔지요. 프랑스도 이에 뒤질세라 알제리를 시작으로 동서를 정복해가는 횡단 정책을 펼쳤습니다. 그 밖에 독일이나 이탈리아, 포르투갈, 벨기에도 아프리카 식민지 획득에 뛰어들었고, 그 결과 에티오피아와 라이베리아를 제외한 아프리카 전역이 서구 열강의 손에 들어가 버렸지요.

반면 가장 먼저 유럽의 지배를 받게 된 아메리카 지역은 나폴레옹 전쟁을 계기로 하나둘 독립을 달성해나갑니다. 포르투갈과 에스파냐에 의해 기존의 문명과 전통이 철저히 붕괴되었고, 라틴아메리카의 원주민들은 광산 개발과 대농장에 투입되는 노예로 전락해버린 상태였지요. 이런 식민 상태가 지속되면서 이곳을 지배하고 있던 에스파냐나 포르투갈인들에게서 후손이 태어났는데요, 이들을 '크리오요 Criollo'라고 불렀지요. 크리오요들은 당시 원주민들을 지배하는 특권을 가지고 있었지만, 본국에서 온 관리들의 관리를 받아야 하는 식민지 입장이었답니다. 바로 이들을 중심으로 독립운동이 일어난 것이지요. 그 독립의 불씨는 나폴레옹이 에스파냐를 점령하자 본국이 위기에 몰리면서 시작되었답니다. 이후 나폴레옹이 물러나고 보수적인 메테르니히 Klemens Wenzel Lothar Fürst von Met'ternich 가 나타나 이들을 진압하려 했습니다. 하지만 라틴아메리카의 독립이 시장 확보에 유리할 것이라고 판단한 영국이 반대하고 나섰고, 아메리카 대륙의 독점적 지위를 확보하고 싶었던 미국이 아메리카 대륙은 간섭하지 말라는 먼로선언 The Monroe Doctrine 을 주장했지요. 결국 에스파냐와 포르투갈로부터 콜롬비아, 페루, 브라질 등이 각각 독립하기 시작했으며, 19세기 중반에 이르면 18개의 공화국이 탄생하게 됩니다.

하지만 이들의 독립은 제대로 된 사회 개혁으로 이어진 것은 아니었답니다. 신생 독립국들은 유럽의 앞선 헌법을 내세우고 있었지만, 인종 차별이 계속되는 등 요식 행위에 불과했으며, 각지에 모든 걸 독점하고 있던 지주들이 사병을 만들어 정권 탈취에 혈안이 되어갔지요. 여기저기서 쿠데타가 일어났고, 열강들은 이 지역을 식량과 원료 공급지이자 제품시장으로 이용하느라 정신이 없었답니다.

세계대전과
사회주의 국가의 건설

아시아의 강국들이 유럽 열강 앞에서 힘없이 무너지고 있을 때, 일본은 서둘러 개항을 결정하고 강력한 개혁을 단행했습니다. 그 결과 일본은 아시아에서 유일하게 열강의 대열에 합류합니다. 유럽에도 일본만큼이나 뒤늦게 열강에 합류한 나라가 있었는데요, 바로 독일이랍니다. 열강들이 함께하는 유럽의 한복판에서 자신의 세력을 강화해나가려던 독일은 주변국들과 연대하거나 경쟁하면서, 세계대전을 일으키고 맙니다. 미국의 참전으로 전쟁은 종식되고 독일은 막대한 배상금을 떠안아야 했지요. 여기에 당시 경제를 주도하던 미국에서 대공황이 일어나자 독일은 완벽한 궁지에 몰려버렸지요. 공황의 위기는 일본까지 덮쳤습니다. 이에 독일과 일본이 앞장서서 또다시 세계대전을 일으키게 되는 것이지요.

그런가 하면 전쟁의 혼란 속에서 마르크스 ^{Karl Heinrich Marx}의 이상을 앞세운 사회주의 혁명이 실제로 성공을 거두며, 세계는 공산주의 ^{Communism} 열풍에도 휘말리게 됩니다. 20세기 전후의 세계는 한마디로 대격동 그 자체였다고 할 수 있답니다.

메이지유신으로 급부상한 일본

임진왜란이 실패로 끝나고, 이를 이끌던 히데요시가 죽자 도쿠가와 이에야스 ^{德川家康}의 에도 막부 시대가 열렸습니다. 그는 지방의 영주들에게 성 하나만을 갖게 하고, 격년으로 영주의 아내와 자녀들을 에도에 머물게 함으로써 중앙집권을 강화했지요. 전국이 안정되면서 오랫동안 평화가 지속되었고, 농업에서도 황무지가 개간되고 품종이 개량되는 등 커다란 발전이 있었습니다. 많은 양의 물자가 거래되고 화폐도 사용되었지요. 특히 새로운 정치질서 강화를 위해 선진 문물을 적극 받아들였는데요, 이에 초기 에도 시대에는 중국은 물론 에스파냐, 포르투갈, 네덜란드, 영국, 베트남 등 많은 나라들과 활발한 교역이 이루어졌답니다. 하지만 평등을 앞세운 기독교가 널리 보급되고 사회 혼란이 염려되자 막부는 쇄국으로 방향을 바꿉니다. 4개항만을 열어두고 막부만이 무역을 독점했는데요, 이 역시 막부의 지배력과 이익을 극대화하는 역할을 하였답니다.

반면 상업이 성행하고 평화가 지속되면서, 무사 계급이 지배하던 농민의 수도, 무사 계급의 힘도 모두 약화되어가고 있었습니다. 이에 무사를 중심으로 한 기존 체제가 흔들리기 시작했으며, 무사 계급의 불만을 완화하기 위해 성리학을 적극 권장하기도 했답니다. 그러던 와중에 1853년 미국이 함대를 이끌고 와 개항을 요구합니다. 청나라가 아편전쟁에서 일거에 무너지는 것을 목격한 일본은 겁에 질려 2개의 항구를 개항하는데요, 이를 시작으로 러시아, 영국, 프랑스 등에도 개항을 하게 되었답니다. 문제는 이후 미국이 또다시 더 많은 요구를 해왔고, 관세자주권 포기와 치외법권 등을 인정하는 조약을 막부가 체결해버렸다는 것이었지요.

개항이 되자 서구 열강들은 원료와 차 등을 대량으로 수입해갔는데, 일본 국내 시장은 원료가 부족해 가격이 급상승해버렸지요. 물가 상승으로 서민들과 하급 무사들의 삶이 궁지에 몰리며 불만이 터져 나왔습니다. 이에 천황과 하급 무사들이 외세에 눌려 개항을 한 무력한 막부를 토벌해야 한다고 들고일어났는데요, 결국 막부의 쇼군이 천황에게 정권을 바치는 것으로 마무리되었답니다.

이로써 마침내 일본은 오랜 막부 시대를 끝내고 천황이 실권을 장악하는 천황 정치 시대가 열렸습니다. 이때 정권을 받은 이가 메이지 천황明治天皇이며, 그를 중심으로 단행한 근대 개혁이 바로 '메이지유신'이지요. 그들은 먼저 지방 무사 세력을 무력화시키고, 중앙집권적 관료 체제를 정비했습니다. 신분 평등과 교육의 평등 보장 및 근대 교육

실시 등을 추진하며 서구 근대 사회를 모방하기 시작했으며, 무엇보다 부국강병을 내세우며 서구의 경제 체제와 군사 체제를 도입해갔습니다. 국가가 나서서 기술, 설비, 기계 등을 도입해 전신, 철도, 각종 공장 등의 산업을 육성하고 그에 따른 경제 제도도 마련했지요. 군사들은 징병제로 채워졌으며, 포병공장을 세우고 조선소를 확충했습니다. 일본 사회에 자본주의 체제가 자리 잡아갔으며, 빠르게 근대적 국가의 면모를 갖추기 시작했지요.

천황에게 통치권을 반납하는 막부 국가의 모든 정치 실권을 장악하고 있던 막부에 거센 비판이 일자, 1867년 서로 대립하던 존왕파와 막부파 간의 합의하에 왕정복고가 이루어진다. 막부의 권력이 천황에게 돌아간 이 사건은 단순한 정권 교체를 의미하지 않는다. 그것은 일본에서 봉건제도가 끝나고 천황을 중심으로 한 중앙집권적인 근대 국가가 탄생하는 것이기 때문이다.

반면 일본의 개혁은 국가로부터 강요된 개혁이었기에 전체주의적 성향을 강하게 띠었고, 민주적 접근과는 거리가 먼 것이기도 했답니다. 이에 지식층을 중심으로 국민의 자유와 권리를 요구하는 운동들이 전개되었고, 헌법과 의회가 만들어졌지요. 이로써 일본은 입헌군주제立憲君主制를 구축하게 됩니다. 하지만 그것은 자유가 엄격히 제한되는 형식적인 것으로 천황의 절대 권력을 정당화하는 역할을 했으며, 군사력과 함께 군국주의 및 제국주의로 나아가는 발판이 되는 것이었답니다.

어느 정도 개혁을 달성해낸 일본은 서구 열강처럼 식민지가 필요하다고 판단했습니다. 이에 가장 가까운 조선에 운요호를 몰고 가 개항을 요구했고, 대포의 화력에 밀린 조선은 마침내 개항에 응해야 했지요.

하지만 일본이 조선을 바로 식민지로 전락시킬 수는 없었답니다. 비록 서구에게 밀렸지만 한때 강국이었던 청나라가 조선을 보호하고 있었거든요. 이에 일본은 청일전쟁을 일으킵니다. 그것도 조선 땅에서 동학혁명東學革命을 구실로 청과 일본의 군대가 맞붙은 것이지요.

결과는 놀랍게도 일본의 승리였습니다. 근대화된 아시아의 작은 나라가 거대한 청을 꺾은 것이지요. 이 전쟁으로 일본은 청으로부터 타이완과 랴오둥 반도를 받고 조선의 지배권도 인정받습니다. 하지만 곧바로 독일과 프랑스, 러시아가 힘을 합해 간섭을 해왔지요. 급부상하는 일본이 중국에 진출하는 것을 보고만 있을 수 없었기에 러시아가 중국의 영토와 조선을 관리할 수 있도록 압력을 넣은 것이지요.

일본은 억울했지만 꾹 참고 기다렸습니다. 그리고 마침내 일본은 영국과 동맹을 맺고, 러시아 함대가 정박 중인 뤼순 군항을 공격했지요. 유럽과 아시아의 열강이 최초로 맞붙은 러일전쟁이 터진 것입니다. 그런데 하필 다음 해에 러시아는 혁명에 휩싸였고, 일본은 러시아를 꺾는 쾌거를 맛보게 되었지요. 일본은 러시아로부터 사할린의 일부와 남만주 철도 부설권을 얻어냈으며, 조선에 대한 독점적 지배권을 획득하게 되었답니다.

그 결과 1910년 조선은 마침내 일본에 병합되어 식민지로 전락하고 말았습니다. 한때 프랑스와 미국의 도발까지 막아냈던 조선. 하지만 흥선대원군興宣大院君과 명성왕후明聖王后의 경쟁 속에서 여러 차례 개혁의 기회를 잃어버렸고, 결국 근대화된 일본 앞에서 무력하게 무너지고 말았지요.

제1차 세계대전과 사회주의 혁명

한편 일본의 메이지유신보다도 늦게 하나의 통일국가를 이룬 독일은 서둘러 경제적 혁신을 이룹니다. 그들도 일본처럼 아직 왕권이 살아 있었고, 그 장점을 살려 중화학공업 등 국가 주도적인 대규모 산업에 집중하였지요. 또한 교육에도 공을 들여 많은 인재들이 등장해 화학공업과 전기공업의 비약적 발전을 이룹니다. 그 결과 독일은 영국을 제치고 유럽 최고의 철강생산국이자 중화학공업국으로 발전하였고, 그 여세를 몰아 식민지 확장에 뛰어들었답니다.

유럽 한복판에 있는 독일이 세력을 뻗어나가려 하자, 러시아와 주변 유럽국들은 긴장할 수밖에 없었습니다. 특히 러일전쟁에서 패배한 러시아는 발칸 반도 지역에 관심을 두고 있었고, 가장 많은 식민지를 가지고 있던 영국도 견제에 나섰지요. 전쟁은 러시아와 세르비아 등 오스만 투르크 제국으로부터 독립한 같은 슬라브계의 연대와 독일과 오스트리아라는 게르만계의 연대가 마찰을 빚으면서 시작되었습니다.

전쟁이 시작되자 오스트리아는 물론 오스만 투르크 제국과 불가리아가 독일 동맹국 측에 섰고, 영국·이탈리아·그리스·루마니아와 영국의 동맹국인 일본이 러시아의 연합국 측에 서게 되었지요. 결국 동맹국 4개국과 연합국 30여 개국이 싸우는 초유의 세계대전이 벌어지게 되는데요, 바다 건너에서 무기를 팔며 힘을 비축한 미국이 참전하면서 연합국 측의 승리로 막을 내립니다.

전쟁의 결과 오스트리아가 해체되어 오스트리아, 헝가리, 체코슬로

바키아로 각각 나뉘어졌으며, 세르비아는 보스니아, 슬로베니아 등을
합병해 유고슬라비아가 되었지요.

동유럽에서도 핀란드, 에스토니아, 라트비아, 폴란드 등 많은 국가
들이 독립하였습니다. 하지만 승전국인 영국의 식민지였던 인도는 독
립하지 못했습니다. 영국이 인도가 참전할 경우 독립을 약속했는데,
영국이 약속을 어긴 것이지요. 이에 간디Mohandas Karamchand Gandhi는 무
폭력·무저항·불복종 운동으로 독립을 전개했으며, 네루Jawaharlal Nehru
는 무장 투쟁을 통해 독립을 찾아 나섰지요.

그런가 하면 패전국인 오스만 투르크 제국은 모든 것을 잃은 상황에
서 케말 파샤Kemal Pasha가 나타나 터키공화국을 세웠으며, 독일은 황제

가 퇴위하고 사회민주당에 의해 새로운 바이마르공화국^{Die Republik von Weimar}이 출범하게 되었답니다.

한편 러시아는 열강 중 하나였음에도 여전히 군주제가 유지되고 사회 혁신은 크게 진전되지 않은 정치·사회적 후진국이었습니다. 이런 러시아가 러일전쟁에서 패하자 민중들의 생활은 극심하게 피폐해져 갔는데요, 그런 와중에도 독일 및 오스트리아에 맞서 제1차 세계대전까지 일으킨 것입니다. 전쟁의 공포 속에서 생필품 부족 등의 굶주림이 계속되었고, 러시아군의 패전도 거듭되고 있었지요. 여기저기서 "빵을 달라!" "전쟁을 멈춰라!" "전제정치를 타도하라!"는 구호가 울려 퍼졌고, 노동자들의 파업과 시위가 끊이지 않았습니다. 그리고 마침내 1917년 3월 노동자·농민·병사들이 모여 자신들의 대표기관으로 소비에트^{Soviet}를 결성해 혁명을 일으키게 됩니다. 왕을 몰아내고 임시정부가 구성되었지요.

하지만 서서히 부르주아와 대지주에게 주도권을 빼앗기고 전쟁 또한 계속되었습니다. 이때 레닌^{Vladimir Ilich Ulyanov Lenin}이 나타나 소비에트가 권력을 장악하는 혁명정부를 세우게 됩니다. 이들은 서둘러 전쟁을 멈추고 토지 사유 제도를 폐지해버립니다. 11월에 일어난 이 러시아 대혁명을 통해 마침내 사회주의 국가가 탄생하게 된 것이지요. 이후 1922년 러시아는 마침내 소비에트 사회주의 공화국연방(소련)을 수립하게 되었으며, 더 나아가 각 나라의 사회주의자들을 연결하며 사회주의 확산을 지원해나갔습니다.

중국 내에도 소련의 지원을 받는 공산당이 창립되었습니다. 당시 중

손을 흔들고 있는 마오쩌둥 중국의 정치가이자 공산주의 이론가요 혁명가이다. 젊은 시절 마르크스주의(Marxism)를 접하고 1921년 공산당 창립 대회에 후난 성 대표로 참가했다. 그 후 공산당 지도자이자 폭동 지휘자로 활약했으며, 대장정을 통해 확고부동한 지도자로 부상하게 된다. 1949년 10월 중화인민공화국 건국과 동시에 중앙인민정부 주석이 되었다.

국은 제1차 세계대전에서 연합국 측에 참전했는데요, 그럼에도 불구하고 연합국 측은 중국을 잠식하려는 일본의 요구를 들어줍니다. 이에 반일·반제국주의를 외치는 5·4운동이 거세게 일기도 했지요. 이런 상황에서 중국인들은 러시아 혁명이 성공하는 것을 확인합니다. 중국의 많은 지식인과 농민, 노동자들에게 새로운 사회로의 희망이 제시되자, 갈수록 공산당에 가입하는 사람들이 늘어만 갔습니다.

공산당의 세력이 커지자 국민당의 쑨원은 공산당과의 합작을 통해 일본과 맞섰습니다. 하지만 쑨원이 죽자 원래부터 공산당과의 합작을 원치 않았던 군관학교 출신의 장제스蔣介石 세력이 군권을 장악했고, 대대적인 공산당 토벌에 들어갔지요. 심지어 일본이 만주사변滿洲事變을 일으켜 대대적으로 중국 영토를 농락하고 있는데도, 장제스의 군대는 공산당 토벌에만 열을 올렸습니다.

일본과 대치하면서 장제스 군에게까지 몰리면서 힘을 잃어가고 있던 공산당. 그러나 이때 마오쩌둥毛澤東이 나타나 368일간 1만 5천 킬로미터를 행군하는 대장정을 단행합니다. 마오쩌둥의 공산당은 가는 곳마다 국민당과의 내전을 중지하고 일본과 맞서야 한다는 점을 강조했는데요, 이에 많은 국민들의 호응을 얻어낼 수 있었답니다. 또한 그것은 공산 세력이 전국에 스며드는 것을 의미하는 것이기도 했지요. 국민들의 마음이 공산당 쪽으로 기울자, 장제스는 하는 수 없이 또 한 번 일본과 맞설 국공합작을 받아들이게 됩니다.

제2차 세계대전 전후의 세계

뒤늦게 급성장한 일본에게 제1차 세계대전은 더없이 좋은 기회였습니다. 앞선 열강들이 전쟁에 뛰어들어 정신이 없는 동안 아시아 시장에 대대적 수출을 하면서 호황을 누릴 수 있었고, 오늘날 대기업으로 성장한 거대 독점 자본도 급성장하게 되었지요. 여기에 연합군 측에 서서 독일의 팽창을 저지하면서, 독일이 가지고 있던 중국 내 이권도 가져올 수 있었답니다.

하지만 전쟁이 끝나자 서구 열강들이 다시 아시아 시장에 찾아왔고, 피 튀기는 경쟁을 해야 했지요. 게다가 관동 대지진까지 발생했습니다. 시장이 좁아지고 지진 피해가 극심해지자 파산이 잇따르고, 은행도 문을 닫기 시작했습니다. 하지만 더 큰 타격은 미국으로부터 왔습니다. 전후 세계경제의 주축이었던 미국에서 대공황이 터진 것이지요. 공황이 터지자 이미 식민지를 많이 보유한 영국 등의 열강들은 자신들의 식민지와 본국만 교류하는 폐쇄적인 블록경제 정책으로 위기를 극복하려 했지요.

이런 상황에서 아직 식민지가 많지 않은 일본과 승전국에 속했으나

대동아 공영권 전단 일본의 중국 침략은 동아시아 모든 국가의 공동 번영을 위한 조치임을 주장하는 전단이다. 물론 일본 침략은 공황 극복을 위해 일본이 원료 공급지와 시장을 확보하려는 것일 뿐이었다.

별 소득도 없이 부채만 늘어간 이탈리아, 패전으로 모든 걸 잃은 독일은 이를 타개할 방법이 없었습니다. 결국 그들이 택한 것은 대대적인 대외 침략을 통해 경제를 회복하는 것이었으며, 이를 위해 정치 · 경제 · 사회의 모든 것이 전쟁을 위해 조직되는 군국주의와 전체주의로 나아가게 되었답니다.

일본이 먼저 만주사변을 일으켜 중국 내에 만주국을 건설하고 만주 일대를 통치하기 시작했습니다. 그리고 1937년 7월, 중국에 대한 대대적인 공격을 시작함으로써 중일전쟁中日戰爭을 일으켰지요. 일부 학자들은 이 중일전쟁에서부터 제2차 세계대전이 시작되었다고 보기도 합니다. 당초 일본은 중국을 쉽게 정복할 수 있을 것이라 생각했습니다. 하지만 다시 뭉친 국공합작군은 만만치 않았으며, 새로운 공산국가인 소련을 견제하고자 한 미국이 국민당을 전폭적으로 밀어주고 있었지요.

전쟁이 장기화되자 일본군은 난징을 점령하고 그곳에 살고 있는 20만 명의 민간인을 대학살하기도 했답니다. 1939년 독일도 폴란드를 침공하면서 전쟁을 선포하고, 이탈리아, 일본과 한편이 되었지요. 일본 역시 아시아에 진출하려면 이미 아시아를 장악하고 있는 영국 · 프랑스 · 네덜란드 등과 싸워야 했기 때문에 독일 등과 손잡을 필요가 있었답니다. 본격적인 제2차 세계대전이 시작되었고, 일본군은 대동아 공영권을 내세우며 아시아 공략에 박차를 가했지요. 그러자 이를 견제하기 위해 미국·영국 등이 경제 봉쇄 정책을 내놓게 되었습니다.

경제 봉쇄 정책에 의해 석유 등의 물자 공급이 막힌 일본은 경제 봉쇄를 주도하던 미국을 먼저 선제 공격합니다. 1941년 하와이에 있는 진주만의 태평양 함대를 폭격한 것이지요. 이 폭격으로 미국의 해군은 초토화되었으며, 이후 일본은 동남아시아와 남태평양 일대를 점령해 나가기 시작했습니다. 문제는 이 폭격이 그동안 후방 지원만 하고 있던 미국을 직접 전쟁에 뛰어들게 했다는 것이지요. 6개월 후 차근차근 해군력을 재정비한 미군은 미드웨이 해전에서 일본 해군을 격파해 설욕하고, 전세를 반전시켜나갑니다.

독일 또한 러시아의 추위 앞에 좌절했으며, 머지않아 노르망디 상륙작전에 당해 베를린까지 점령당하고 백기를 들게 되었지요. 전세가 이미 연합군 측에 완전히 기울었지만 일본은 끝까지 버텼습니다. 그리고 마침내 일본 영토에 두 차례의 원자폭탄이 투하되자 천황이 직접 나서서 항복을 선언하게 됩니다. 이로써 인류 최대의 재앙이자 역사상 가장 많은 사상자를 낸 제2차 세계대전이 마침표를 찍었습니다.

제1차 세계대전이 끝났을 때는 패전국들의 식민지만 독립했지만, 제2차 세계대전이 끝나자 패전국은 물론 연합국에 포함되어 있던 아시아의 대부분의 식민지들이 독립을 하게 됩니다. 영국에 한 번 배신당했던 인도도 독립을 획득했으며, 일본의 식민지였던 우리나라도 이때 독립을 맞이하게 되었답니다. 하지만 인도의 경우 종교적 문제가 치열해 이슬람 세력이 파키스탄으로 분리 독립하며 두 나라가 되었고, 우리나라 또한 미국과 소련이 동시에 군대를 주둔해 두 이념이 대립하는 형국이 되어버렸답니다.

한편 국공합작으로 일본에 맞서던 중국의 공산당과 국민당은 일본의 세력이 약해지던 세계대전 말부터 이미 분열되어 가고 있었지요. 이 분열은 제2차 세계대전이 종료되고 일본군이 점령했던 지역을 누가 차지하느냐를 두고 더욱 격렬해집니다. 하지만 국민들은 내전을 원치 않았고, 이에 두 진영이 정전 협정을 하고 협상에 들어가기도 했지요. 그러나 이번에도 장제스의 국민당이 먼저 협상을 깨고 공산당을 공격합니다. 국민당의 뒤에는 공산화를 저지하려는 미국의 강력한 지원이 뒤따랐고, 국민당의 압도적인 우세가 계속되었지요. 한편 이것은 마오쩌둥의 전략적 후퇴에 불과한 것이었답니다. 공산당군은 후퇴하는 듯하면서 농촌 지역으로 더욱 파고들며 민중을 사로잡아갔고, 승승장구하며 도시를 점령해간 국민당은 군열이 길게 늘어지면서 병력이 분산되고 말았던 것이지요. 이제 공산당은 만주 지역을 장악하며 대반격을 시작했으며, 인민해방군이라는 이름을 내걸고 중국 전역을 장악해나갔습니다.

궁지에 몰린 장제스 일행은 타이완으로 탈출해 독립정부를 구성하는 데 만족해야 했고, 1949년 10월 1일 마침내 중국은 중화인민공화국中華人民共和國을 선포하며 공산국가로 우뚝 서게 되었습니다. 이로써 커다란 영토를 차지한 소련과 중국이 공산국가로 변모했고, 체코슬로바키아, 헝가리 등 소련과 가까운 동유럽의 여러 나라들이 공산화 대열에 합류했습니다.

결국 세계는 공산주의 진영과 자유주의 진영으로 나뉘어 소리 없는 대립을 하게 되었는데요, 이를 공산권이 많은 동유럽과 자유 진영이 많은 서유럽을 빗대 동서 대립이라고 불렀으며, 이 시대를 '냉전 시대'라고 이름 붙였지요.

한편 아시아와 유럽 국가들의 독립에 자극을 받은 아프리카 대륙도 민족의식이 강화되며 독립을 서둘렀습니다. 1951년 북아프리카의 리비아를 시작으로 튀니지, 케냐 등 아프리카 전역의 대부분의 나라가 독립을 하게 되었지요.

그런가 하면 동서 진영이 맞붙었던 한국전쟁을 전후하여 제3세력이 등장하기도 했습니다. 아시아 및 아프리카의 여러 나라들이 단결한 이 세력은 미국 진영도 소련 진영도 아닌 독자적 세력임을 강조하고 나섰습니다. 물론 오늘날은 소련이 무너지고 동유럽이 자유화되면서, 동서 대립의 개념이 사라져버렸답니다.

동양의 역사,
연표로 살펴보기

유럽 못지않게 동양에서도 많은 나라들이 명멸하여, 중국 역사 하나만 파악하기에도 무척 혼란스럽습니다. 이에 우리나라와 중국, 중동 주요국들의 역사를 간략하게나마 연표를 통해 살펴보기로 하겠습니다.

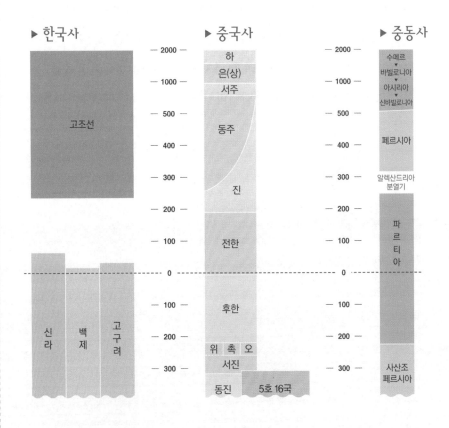

▶ 한국사

고조선

신라 | 백제 | 고구려

▶ 중국사

— 2000 —
— 1000 —
— 500 —
— 400 —
— 300 —
— 200 —
— 100 —
0
— 100 —
— 200 —
— 300 —

하
은(상)
서주
동주
진
전한
후한
위 촉 오
서진
동진 | 5호 16국

▶ 중동사

— 2000 —
— 1000 —
— 500 —
— 400 —
— 300 —
— 200 —
— 100 —
0
— 100 —
— 200 —
— 300 —

수메르
▼
바빌로니아
▼
아시리아
▼
신바빌로니아

페르시아

알렉산드리아
분열기

파르티아

사산조
페르시아

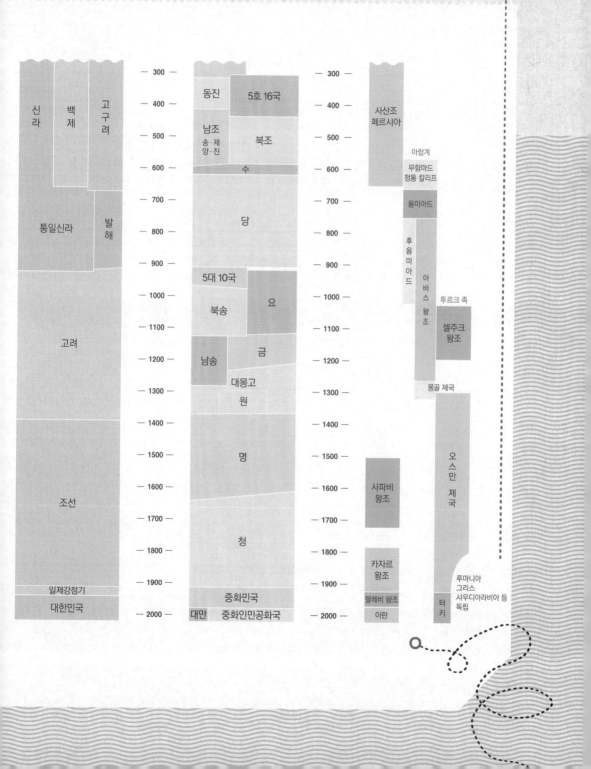

신라 백제 고구려

통일신라 발해

고려

조선

일제강점기
대한민국

— 300 —
— 400 —
— 500 —
— 600 —
— 700 —
— 800 —
— 900 —
— 1000 —
— 1100 —
— 1200 —
— 1300 —
— 1400 —
— 1500 —
— 1600 —
— 1700 —
— 1800 —
— 1900 —
— 2000 —

동진 5호 16국

남조 송·제 양·진 북조

수

당

5대 10국 요

북송

남송 금

대몽고
원

명

청

중화민국

대만 중화인민공화국

— 300 —
— 400 —
— 500 —
— 600 —
— 700 —
— 800 —
— 900 —
— 1000 —
— 1100 —
— 1200 —
— 1300 —
— 1400 —
— 1500 —
— 1600 —
— 1700 —
— 1800 —
— 1900 —
— 2000 —

사산조
페르시아

아랍계
무함마드
정통 칼리프

옴미아드

후옴미아드

아바스 왕조

투르크 족
셀주크 왕조

몽골 제국

사파비
왕조

카자르
왕조

팔레비 왕조
이란

오스만 제국

터키

루마니아
그리스
사우디아라비아 등
독립

제4장

우리 사상의
뿌리,
동양과 한국의 철학

우리 사상의 뿌리, **동양 철학**

오늘날 우리는 인터넷과 스마트폰 등 과거와는 전혀 다른 첨단화된 문명과 문화 속에서 살아가고 있지요. 그리고 그에 어울리는 빠르고 합리적인 사고방식으로 하루하루 생활하고 있고요. 하지만 우리의 생각 저변에는 오래전부터 내려오던 우리 고유의 철학과 사상이 스며들어 있답니다. 믿기지 않는다고요?

어른을 공경하고, 오늘날에도 많은 사람들이 여전히 공부를 통해 출세하고자 하는 것 등이 바로 과거 우리 조상들이 가진 유교적 사고방식의 대표적인 잔재라고 할 수 있답니다. 이렇듯 우리는 서구화된 현대를 살아가고 있는 것 같지만, 뼛속까지 뿌리내린 우리의 고유 문화를 동시에 살아내고 있는 것이지요. 그러므로 우리 사상의 뿌리인 동양 철학이나 한국 철학에 관심을 갖는 것은 당연하며, 꼭 필요한 일이라 할 수 있습니다.

물론 동양 철학을 공부한다고 하면 고리타분하게 들릴 수도 있습니다. 또한 전통과 고유의 것은 유익한 것만 선별해 현대에 적용해야 한다고 비판하는 사람도 있겠지요. 하지만 우리 것을 모르고 우리의 현재를 이야기할 수 없으며, 좋은 것을 선별하려 해도 그것이 무엇인지 대략은 알고 있어야만 가능하지요. 무엇보다 오늘날 동양 철학은 서양의 현대 철학과 일맥상통하는 점이 많아 새롭게 조명받고 있답니다.

참고로 여기서 말하는 동양 사상은 우리나라에 가장 많은 영향을 미친 중국 철학을 말합니다. 과거 중국 철학은 동아시아 지역의 큰 흐름이었으며, 오늘날 동양 사상의 대표적 사례이기도 하지요. 이에 여기서도 중국 철학을 중심으로 소개하여 동양 철학의 이해를 돕고, 그를 바탕으로 한국 철학을 간단히 정리해보기로 하겠습니다.

제자백가와
전쟁의 시대를 주름잡는
병법 사상

그리스가 민주주의의 황금시대를 맞으며 소피스트들의 활동이 왕성할 즈음에, 중국에서는 혼란이 극심했던 춘추 전국 시대를 중심으로 수많은 철학자들이 등장합니다. 그리스인들이 '인간이란 무엇인가?'를 묻고 있을 때, 동양의 철학자들은 이 난세를 헤쳐나가기 위한 다양한 방법을 모색하고 있었답니다. 동양의 학자들이 보여준 학문적 성과는 한 나라를 조직하고 체계를 잡는 것에서부터 세상을 달관하는 모습이나 외교 등의 실무 지식까지 다양한 것들이었지요. 특히 이때 등장한 유가와 도가 등의 철학들은 이후 중국 사상계에 지속적으로 남아 변함없는 영향을 미치게 된답니다.

춘추 전국 시대와 제자백가의 등장

역사 속에 실재했던 것으로 보이는 상商나라는 주周나라 무왕武王의 공격에 멸망하였지요. 당시 상나라의 폭군인 주왕紂王을 무너뜨리는 데에는 강태공姜太公의 정치 공세와 군사 전략이 절대적인 역할을 했습니다. 이후 무왕은 주나라의 기틀을 다지기 위해 동생 주공 단旦을 재상으로 임명하는데, 2년 후 무왕이 죽고 맙니다. 무왕의 아들 성왕成王은 너무 어렸고, 이에 주공 단은 조카의 왕위를 뺏을 것이라는 의심을 받으며 반란에 휩싸여야 했지요. 주공은 서둘러 반란을 제압하고, 예악禮樂과 법도法度를 제정하는 데 박차를 가합니다. 이를 통해 주나라의 제도문물制度文物이 완성되며 그 기틀이 튼튼히 다져졌습니다. 이는 이후 중국 문화에 기본 골격을 제공해주었답니다.

그후 안정적으로 자리 잡았던 주나라가 몰락한 것은 유왕幽王 때입니다. 여색에 홀려 실정을 일삼던 유왕은 견융족의 침입에 제대로 대응도 못 하고 패해 전사하고 말았지요. 이때 수도인 호경鎬京이 불타 동쪽 낙양洛陽으로 천도를 하게 되는데요, 이때부터 '동주 시대東周時代'라고 일컬어지지요. 이 동주 시대에 왕은 이미 그 힘이 다하여, 지방 제후 세력들이 주나라 왕실을 보호한다는 핑계로 군사를 일으켜 패권을 다툽니다. 바로 '춘추 전국 시대春秋戰國時代'가 시작된 것이랍니다.

질서와 기강이 무너지고, 전쟁과 암투가 잦아지면서 혼란이 계속되었지요. 바로 이때 공자孔子가 등장합니다.

공자는 무너져가는 주나라를 바라보며 기틀을 다지던 주공의 시대로 돌아가기를 바랐습니다. 당시 주공이 펼친 예악과 법도를 다시 세운다면 또다시 좋은 세상이 올 것이라 믿은 것이지요. 특히 주공이 보여준 신하로서, 인간으로서의 도리가 세상을 이롭게 할 것이라고 생각했는데요, 바로 그런 인품만이 당시 왕을 업신여기고 스스로 왕이 되려고 다투는 상황을 잠재울 수 있다고 여겼기 때문이지요.

강태공 본명은 강상(姜尙)이다. 주나라 무왕의 선군인 태공(太公)이 바랐던(望) 인물이라는 의미에서 '태공망(太公望)'이라고도 불린다. 위수(渭水)에서 한가로이 세월을 낚다가 무왕을 만났다 하여 강태공으로도 많이 불리는데, 이에 한가하게 낚시하는 사람을 '강태공' 혹은 '태공'이라 말하는 속어가 생겼다. 그에 대한 이야기는 대부분이 전설적이지만, 전국 시대부터 경제적 수완과 병법가(兵法家)로서의 그의 재주가 자주 회자되었다.

공자는 한때 자신이 나고 자란 노(魯)나라에서 장관급에 해당하는 벼슬을 하면서 노나라의 정치와 사회 기강을 비약적으로 발전시키기도 하였지요. 하지만 이에 불안을 느낀 이웃 제나라가 계략을 써서 군주가 법도에 어긋난 일을 일삼게 하자, 자리에서 물러나 천하를 떠돌게 되었답니다. 68세에 노나라로 돌아온 그는 제자들을 모아 학문을 가르치니, 그 수가 3천 명에 이르렀다고 합니다.

공자의 사후에 중국은 극도의 혼란기인 전국 시대로 접어들게 됩니다. 철기의 본격적인 보급과 인구 증가로 살육전의 규모도 더 커진 데다가, 각국의 제후들이 이제 더 이상 주나라 왕실 같은 것은 안중에도 없어지면서 자신들이 직접 나서서 천하를 호령하는 진짜 왕이 되고자 하였습니다. 각국의 제후들은 부국강병을 내세우며 외교·행정·군사 등 다양한 방면의 전문 지식인과 인재를 필요로 하게 되었는데요, 이에 다양한 지식과 사상이 선보이며 활발한 철학의 시대가 전개된 것이지요. 이른바 '제자백가 시대 諸子百家時代'가 시작된 것입니다.

백성들 틈으로 퍼져 나가는 유가와 묵가

어떻게 하면 싸워서 이길 것이며, 어떻게 군사를 조직해야 할까? 이웃 국가와는 어떻게 지내야 하는가? 백성들은 어떻게 다스려야 하며, 무엇으로 백성들을 하나로 뭉치게 할 것인가? 심지어 어떤 국가나 사회가 인간에게 가장 좋은 사회인가? 도대체 우리가 지식으로 연구하는 생각들이 합당한 것인가?

이 모든 것들이 지식인의 관심거리였으며, 그 관심의 비중에 따라 제각기 다른 분석과 대안들이 제시되었지요. 이에 유가儒家·묵가墨家·법가法家·도가道家·명가名家·병가兵家·종횡가縱橫家·농가農家·음양가陰陽家 등 다양한 사상이 전개되었답니다.

이 중 백성들의 마음에 서서히 스며들며 많은 관심을 불러일으킨 것은 '유가'와 '묵가'라고 할 수 있습니다. 한비자韓非子 또한 "세상에 이름을 떨치고 있는 학파는 유儒와 묵墨이다"라는 말로 당시 상황을 지적하고 있지요.

공자에 의해 가장 일찍 일가를 이루기 시작한 유가는 공자의 72명에 이르는 뛰어난 제자들에 의해 계승되었으며, 맹자孟子와 순자荀子라는 거목들이 등장하기도 했지요. 이를 통해 이상적 인간상과 세상을 추구

했던 유가는 특히 젊은 학자들 사이에서 많은 사랑을 받으며, 폭넓은 영향을 미쳤답니다.

　그런가 하면 학자를 뛰어넘어 진실로 많은 백성들의 폭넓은 지지를 받은 것은, 당시의 혼란을 사랑과 평등으로 극복하려 했던 묵가일 것 입니다. 묵가는 당시 수공업 노동자였던 묵적墨翟이 유가를 배우다가, 유가의 문제점들을 비판하며 등장한 사상입니다. 그는 세상이 혼란한 원인이 사람들이 서로 사랑하지 않기 때문이라고 지적하며, 유가의 차 등적인 사랑에 반기를 들며 타인을 가리지 않고 사랑하는 겸애兼愛를 주장하였습니다. 묵적은 모든 사람이 "복숭아를 던져주면 더 좋은 오 얏으로 보답한다"면서, "이렇게 사람을 사랑하는 자는 반드시 사랑을

영화 《묵공》 주인공 혁리는 유덕화가 열연했으며, 묵가의 일원으로 나온다. 묵가는 국제평화를 실현하기 위해 종종 약소국을 돕는 전쟁에 참가했다. 그 과정에서 그들은 뛰어난 방어 전술과 방어 장비들을 소유 또는 전수하기도 했다.

받을 것이다"라는 말로 사랑이 가진 전염성을 믿어 의심치 않았습니다. 그리고 그것이 더 커져서 "다른 사람의 나라를 제 나라 보듯이 하고, 다른 사람의 집안을 제 집안 보듯이 하고, 다른 사람 몸을 제 몸 보듯이 한다"면, 세상은 평화롭고 조화로운 사회가 될 것이라고 역설하였지요. 그의 구별 없는 사랑은 차별 없는 인재 등용으로도 이어져, "백성이라고 하여 끝내 천하다는 법도 없다. 능력이 있으면 등용하고, 능력이 없으면 해임한다"고 단언했습니다.

묵적은 또 꼭 전쟁을 통하지 않고서도 나라가 부강해질 수 있다며, 절약을 내세웠습니다. 왕이 모범을 보여 사치를 버리고 검소하게 생활한다면 재물이 넘쳐나 저절로 부강해질 수 있다는 것이지요. 이에 유교에서 중시하는 예와 음악을 비판하고, 검소한 장례 등을 권장하였답니다.

또한 묵적은 노동을 중요하게 여겼는데요, 이에 '노동이야말로 인간 사회와 동물 세계를 구별하는 것'이라는 오늘날 많이 회자되는 통찰력을 보여주기도 했답니다. 끊임없는 전쟁으로 피폐해진 세상에 사랑으로도 부국강병을 만들 수 있으며, 누구나 평등하게 등용되어야 한다는 그의 사상은 끊임없이 착취당해 오던 백성들로부터 시작해 엄청난 호응을 받으며 번져 나갔습니다. 특히 그들은 자신들 집단의 우두머리를 '거자鉅子'라고 부르며 집단생활을 하기도 했는데요, 이들의 주요 활동에는 적극적인 반전反戰 운동도 있었답니다. 사랑과 평화를 중시한 그들은 침략 전쟁을 철저히 반대했는데요, 이에 반전운동으로 약소국을 위한 전쟁을 벌이기도 했답니다. 유덕화가 나오는 영화 〈묵공Battle Of Wits〉은 이런 묵가의 반전운동을 다룬 것이지요.

한때 그 영향력이 너무 커서 맹자가 유교의 영향력 확대를 위해 꼭 뛰어넘고자 했던 묵가 사상. 하지만 묵가는 평등을 주장하면서도 거자에 대한 절대복종을 내세우는 전체주의적인 모순과 당시 하나씩 견고한 국가로 성장하는 국가들의 힘 앞에서 서서히 그 위세를 잃기 시작했습니다. 결국 진시황秦始皇에 의해 전국 시대가 통일되자 순식간에 사라지고 말았습니다.

한편 유가와 묵가에 다음가는 유파를 뽑는다면 '도가' 사상을 들 수 있을 것입니다. 노자老子와 장자莊子로 대표되는 이 유파는 모든 인위적인 것들을 거부하고 원천적 자연의 원리, 즉 도道로 돌아갈 것을 주장하였지요. 이후 도가는 유가 사상의 가장 강력한 라이벌로 등장하며 중국의 양대 철학으로 자리 잡습니다.

이들 이외에도 명칭과 사실에 대한 관계를 예리하게 연구하고자 했던 '명가'나 백성뿐 아니라 군주도 농사를 지어야 한다는 '농가', 음과 양의 원리를 좇아 만물을 해석하려 한 '음양가'도 있었지요. 심지어 각 학파의 장점만 취하려는 '잡가'나 끝없는 전쟁 속에서 타국과의 외교 균형을 어떻게 맞출 것인가에 대한 논쟁을 이끈 '종횡가'도 있었답니다. 하지만 이 모든 것들 중에서도 결국 각 국가들이 관심을 보이고, 또한 실제 적극적으로 도입하려 했던 유파는 전술을 논한 '병가'와 규제와 법의 확립을 최우선으로 둔 '법가'였답니다.

전쟁의 시대를 주름잡는 병가와 법가

치열한 전국 시대에 제후로서 살아남는 법은 오직 이기는 것이었습니다. 모두를 평정하고 통일해야만 끝날 수 있는 전쟁이었던 것이지요. 이에 그들의 가장 큰 관심사는 이기는 방법이었고, 쉽게 무너지지 않는 국가 체제를 갖추는 것이었지요. 그런 만큼 전투와 전쟁에서 이기기 위한 전술 전략을 연구한 '병가'와 군의 상벌과 통치 체제를 구축하려는 '법가'를 잘 아는 학자가 제후의 관심을 가장 많이 받을 수밖에 없었답니다. 특히 변방의 존재에 불과했던 진秦나라가 법가를 중시하면서 최강국으로 부상하자 그 관심은 절대적인 것이 되었는데요, 이후 한漢나라 초기까지만 해도 병가와 법가가 관료들 사이에서 가장 큰 영향력을 행사했답니다. 결국 국가 관료 및 제후들에게는 병가와 법가, 종횡가가, 백성들에게는 묵가와 유가가 널리 유행했다고 볼 수 있겠지요.

먼저 병가는 주나라를 세우는 데 혁혁한 공을 세운 강태공으로부터 시작된다고 볼 수 있습니다. 그는 백성의 마음을 사로잡고 적을 혼란시키는 다양한 계책을 선보여 천하의 3분의 2가 주나라 편으로 돌아서게 했고, 뛰어난 용병술로 목야전투牧野戰鬪를 대승으로 이끌며 상나라를 토벌할 수 있었지요. 훗날 강태공은 용병술과 권모술수의 시조로 여겨지며 병가의 모범이 되었고, 『육도六韜』라는 병서를 남겼다고 전해집니다. 이 책은 경제력의 비축 등을 통한 전쟁 준비와 군대 편성, 다양한 전략 전술과 식량 공급, 훈련 등의 실무적 내용뿐 아니라,

청소년을 위한 지금 시작하는 인문학 ●

'난폭하고 질서를 어지럽히는 행동을 막고, 사치를 그치게 하는 수단을 전쟁'이라 하여 전쟁이 갖는 진정한 목적까지 다루고 있었지요. 후세에도 많은 영향을 미친 이 병서는 다만 온전한 그의 작품이라기보다 후학들에 의해 덧붙여지고 재정리된 것이라 할 수 있답니다.

이후 강태공은 공로를 인정받아 제 땅의 제후로 봉해져 그곳의 정치와 의례를 정비했는데요. 이 제齊나라에서 병가와 법가의 대가들이 등장하곤 했지요. 먼저 손무孫武는 제나라에서 자라고 오吳나라에서 활동한, 중국 최고의 병법가이지요. 그의 저서 『손자병법孫子兵法』은 단순한 전투 전략뿐 아니라 승패의 기미와 인사의 성패, 국가 경영의 요지들까지 다루고 있습니다. 그는 싸우지 않고도 남을 이기는 것이 최고의 전술이라고 생각했으며, 적을 알고 나를 알면 '백전불태百戰不殆'라는 말로도 너무나 잘 알려져 있답니다.

손무가 춘추 시대에 활동했다면, 전국 시대에 활동한 그의 후손이 손빈孫臏입니다. 제나라의 군사軍師였던 그는 손무의 병법을 계승하고, 전국 시대의 전쟁 환경에 어울리는 자신만의 병법들을 추가해 『손빈병법孫臏兵法』을 선보였습니다. 이것이 『손빈병법』에 기마병의 활용 전술과 성을 공격하는 공성전이 많이 반영되어 있는 이유이지요. 그는 손무와 함께 종종 '손자'라고 칭해지곤 한답니다.

또한 위魏나라 오자吳子의 병법이나, 『육도六韜』와 함께 많이 읽히는 『삼략三略』도 잘 알려진 병가의 저서라 할 수 있지요. 하지만 『삼략』은 춘추 전국 시대 이후에 지어졌으며, 저자도 명확하지 않답니다.

법가 역시 제나라 출신인 관중管仲으로부터 유래를 찾아볼 수 있답니다. '관포지교^{管鮑之交}'로 잘 알려진 그는 친구 포숙^{鮑叔}의 추천으로 재상이 된 이후, '창고가 가득 찬 뒤에야 예절을 알게 되고, 먹을 것과 입을 것이 넉넉해야 영예와 치욕을 안다'라는 현실적인 기치 아래 법을 앞세운 개혁을 추진합니다.

　토지를 개혁하고 농업을 발전시켰으며, 지방행정을 나누고 사농공상^{士農工商}의 각 직업을 전문적으로 분업화했으며, 염전과 제철업을 일으켰지요. 각 역할에 알맞은 좋은 관리를 등용하기 위해 노력했으며, 관리가 좋은 인재를 추천하지 않아도 정해진 벌을 내렸답니다. 그의 다양한 개혁은 제나라를 춘추 시대의 첫 번째 맹주로 급부상시켰고, 이에 그의 법치 또한 부국강병의 좋은 본보기이자 법치의 효시가 될 수 있었던 것이지요.

　이후 정^鄭나라의 자산^{子産}은 『형서^{刑書}』라는 형법의 법조문을 만듦으로써 중국 최초의 성문법^{成文法}을 선보였으며, 위나라 이극^{李克}이 『법경^{法經}』을 편찬하기도 했지요. 그리고 마침내 이극에 심취했던 위나라의 상앙^{商鞅}이 진나라에 등용되어 법령을 편집하고 백성 모두에게 공개함으로써 본격적인 법치 정치가 시작되었습니다.

　상앙은 지위 고하를 막론하고 누구에게나 엄격한 법을 적용하여 법치를 현실화시켰으며, 형법^{刑法} · 가족법 · 토지법 등 여러 방면에 대개

관포지교 관중과 포숙의 우정처럼 영원히 변치 않는 참된 우정을 일컫는다. 포숙은 어렸을 때부터 관중의 모든 것을 이해하고 배려했고, 군주에게 자신보다 더 높은 자리에 관중을 추천하였다. 이에 명 재상이 된 관중은 "나를 낳은 이는 부모님이지만 나를 알아준 이는 포숙이다"라는 말을 남겼다.

혁을 단행해나갔지요. 그 결과 당시 가장 낙후된 나라였던 진은 일약 최고의 강국 중 하나로 발돋움하게 되었답니다.

한편 신불해申不害는 군주가 뜻하는 바를 신하가 모르게 하여 신하를 다루어야 한다는 '술術'을, 신도愼到는 권위에 의해 신하와 백성을 제압해야 한다는 '세勢'를 제안하기도 했지요. 이에 한비자韓非子는 상앙의 법, 신불해의 술, 신도의 세를 비판하고 종합해, 법가 이론을 완성해냈답니다.

하지만 한비자는 친구 이사李斯의 모략으로 죽임을 당해야 했고, 그의 이론은 이사에게 계승되어 진나라에 구체적으로 적용되면서 진나라의 전국 통일을 이끌게 됩니다.

상앙 상앙이 처음 법을 내세웠을 때 백성들은 믿으려 하지 않았다. 이에 그는 수도 남문에 나무 기둥을 세우고 "누구든 이 기둥을 북문으로 옮기는 사람에게는 금 10냥을 상으로 준다"고 써서 붙이도록 했다. 사람들이 숙덕거릴 뿐 아무도 믿지 않자, 다시 상금을 금 50냥으로 올렸다. 어떤 사람 하나가 반신반의하면서 나무 기둥을 북문으로 옮기자 상앙은 그 자리에서 50냥의 금을 상금으로 주었다. 이 사건 이후 새로운 법 조항들이 백성들에게 공고되었다. 이후 그의 상벌은 엄격하여 진을 강국으로 만들었지만, 많은 반감을 사기도 했다. 그는 그를 믿어주던 효공(孝公)이 죽자 잔인한 거열형에 의해 죽었는데, 온몸을 갈기갈기 찢어 죽이는 이 거열형은 엄격한 벌을 위해 상앙이 처음 도입한 것이었다.

평화의 시대를 꿈꾸는
동양 최대의 지배 철학,
유가 사상

엄격한 법치를 통해 진秦이 전국을 통일했지만, 그 위세는 30년을 넘기지 못했습니다. 이는 공평한 상벌만 가지고는 백성들의 마음을 사로잡을 수 없으며, 나라 또한 오랫동안 유지할 수 없다는 것을 말해주는 것이었지요. 이를 지켜본 한무제漢武帝는 동중서董仲舒의 건의를 받아들여 유가의 학문인 유학儒學을 국학으로 받아들입니다. 예禮를 통해 황제의 권위를 높이고, 군주를 아버지처럼 따르며 충성할 수 있는 사상이 필요했기 때문이지요. 이후 중국의 왕과 관료들은 대부분 유학을 국학으로 받아들이며 국가를 경영하는 핵심 철학으로 삼았으며, 이에 중국 최대의 사상으로 거듭나게 되었답니다.

인과 예를 앞세운 공자

공자는 춘추 시대 후반에 노나라에서 태어나 자랐습니다. 노나라는 예와 법도를 통해 주나라를 반석으로 올려놓은 주공周公이 봉토로 받은 나라이지요. 그만큼 예禮와 법도를 중시하였으며, 주나라의 사회·문화가 가장 잘 보존되어 있기도 했답니다. 공자는 노나라에서 제후나 세도가들에게 예禮와 자녀 교육을 가르치는 지식인 중 하나였으며, 그 중에서도 예禮라는 번거로운 형식을 왜 따라야 하는지를 설득력 있게 설명해준 대표적인 사람이랍니다.

공자의 시대는 이미 주나라의 권위는 명분만 남았고, 여기저기서 왕위를 찬탈하기 위해 하극상과 배신이 난무하는 세상이었지요. 이에 공자는 자신의 시대를 예禮와 의義가 무너진 시대로 파악하고, 이 혼란을 종결짓는 길은 오직 옛 주공이 다스리던 주나라의 질서를 회복하는 것이라고 생각했습니다. 그가 보기에, 예禮와 법도를 세웠을 뿐 아니라 권력 찬탈은 꿈도 꾸지 않은 채 끝까지 어린 조카를 보필하였던 주공과 그 시대는 그야말로 본받아야 할 인격의 표본이자 모범이 될 만한 시대였던 것이지요.

그렇다면 공자는 왜 그토록 예禮를 중시하는 것일까요?

그것은 공자가 가장 중요시하는 인仁이 예禮를 통해 실현되기 때문이랍니다. 먼저 인仁이란 공자 사상의 핵심으로, 일반적으로 '어진 마음'이나 '사람들을 사랑하는 것'으로 해석됩니다. 때때로 '자기가 서고자 할 때 남을 먼저 세워주고, 자기가 뜻을 이루고자 할 때 남이 먼저

주공 단 무왕의 동생으로 예법을 정착시켜 국가의 기초를 다졌으며, 저서로 『주례(周禮)』를 남겼다. 주공 단은 자신이 왕에 오를 수 있는 힘이 있었음에도 평생 조카를 보필했으며, 형인 무왕이 병석에 눕자 자신의 아버지와 조상들에게 '무왕을 대신하여 자기를 죽게 해달라'고 빌었다고 한다. 그의 이런 인품은 칭송의 대상이 되었으며, 전설 속의 요순(堯舜) 임금과 함께 성인으로 숭상되기도 했다.

이루도록 하는 것'으로 이해되기도 하지요. 그리고 이런 인자한 사랑이 부모에게 미치면 효孝가 되고, 형제에게 미치면 형제간의 우애인 제悌가 되는데요, 이것이 사회윤리의 기초가 된다고 말합니다. 그는 이 효제孝悌를 실천할 수 있는 방법으로 충서忠恕를 제안하였지요. 충忠은 글자에서도 볼 수 있듯이 '마음의 중심을 잡아 흔들리지 않는 것'이며, 마음이 같다는 의미의 서恕는 '자기가 싫은 것은 남에게도 하지 않는 것'입니다. 좀 더 쉽게 풀면, 진심을 다하는 성실한 마음으로 자신의 마음에 비추어 타인이 바라는 바를 먼저 해주는 마음 씀과 태도라 할 수 있지요. 공자는 이것이 마을 사람들과 나라, 온 천하까지 확장되면, 인仁이 세상에 실현되어 이상적인 세상이 올 것이라고 생각했습니다.

그런데 자기가 바라는 것을 타인에게 먼저 해준다는 것은 자신이 가진 이기심을 극복하는 것이지요. 그래서 공자는 인仁이란 자신의 이기적인 욕구를 극복하고, 예禮로 돌아가는 것이라고 말합니다. 쉽게 말하면 인仁이란 자기 욕심을 극복하는 것이고, 곧 예禮를 행하는 것이지요. 이로써 인仁은 예禮라는 형식을 통해 이루어진다고 할 수 있는 것이랍니다.

또한 공자는 예禮에 합당한 자세로 정명론正名論을 주장합니다. 정명론이란 임금은 임금답게, 신하는 신하답게, 아버지는 아버지답게, 자식은 자식답게 자신의 역할을 충실히 하는 것이지요. 그렇게 각자가 서로에게 알맞은 역할을 충실히 할 때 예禮가 바로 서고 세상은 살기 좋아진다는 것이지요.

이렇게 이야기하고 보니 공자의 사상은 꽤 난해해 보이기도 합니다. 사실 공자는 자신의 중요한 개념인 인仁이나 예禮에 대해 직접적이며 일괄적으로 정의한 것이 없고, 대화 속에서 다양한 예를 통해 말하고 있지요. 이에 후학들에게 많은 부분 모호하게 남아 있어 명확히 정의하기 어려운 면이 있습니다. 하지만 그렇다고 해서 너무 어렵게만 생각할 것은 아닙니다. 서양인이 유학을 접한다면 오히려 낯설게 느껴져 접근하기 힘들지 몰라도, 우리에게는 익숙한 것들이기 때문이지요. 효도라든가, 어른을 공경하라든가 이런 모든 것들은 우리가 너무나 당연히 생각하면서도 그것이 유교의 중요한 개념임을 깨닫지 못했던 것일 뿐이니까요. 평소 자주 듣는 어른들 말씀이나 사극 드라마만 보아도 쉽게 그 개념을 알아챌 수 있답니다.

이제까지 설명한 공자의 이상적인 인간상도 남을 배려하고 이해할 줄 아는 인자한 선비의 모습이라 할 수 있을 것입니다. 물론 공자가 사람을 사랑하는 것은 묵가에서 말하는 것처럼 차별 없는 무한정한 사랑은 아니랍니다. 공자는 사람을 사랑하는 것이 인仁이지만, 오직 인자仁者라야만 사람을 좋아할 줄 알고 미워할 줄도 안다고도 했으니까요. 인仁은 착한 사람은 사랑하고, 악한 사람은 미워하는 그런 차별적 사랑이랍니다.

한편 공자의 저술로는 그가 제자들을 가르치며 만든『역경易經』『서경書經』『시경詩經』『예기禮記』『춘추春秋』『악경樂經』등이 있는데요, 이 중『악경』을 제외한 5경은 유학의 기본 경전으로 오랫동안 필수 교재처럼 여겨져 왔답니다.

의를 내세우고 왕도 정치를 강조한 맹자

공자의 손자인 자사子思의 후학으로 알려진 맹자는, 공자처럼 각 나라를 떠돌며 유세를 하고 다녔지요. 아마도 그의 사상을 가장 잘 나타내주는 것도 위魏나라 혜왕惠王을 만나 유세하는 과정에서 나온 다음과 같은 말일 것입니다.

> 🧔 혜왕 "노인께서 천 리를 멀다 않고 찾아오셨으니, 장차 이 나라에 이롭게 함이 있겠습니까?"
>
> 🧔 맹자 "왜 하필이면 이로움을 말하는 것입니까? 오직 인의仁義만이 있을 뿐입니다."

당시 전국 시대가 막바지에 접어들면서 7웅끼리 살아남아 전투를 벌이던 시기로, 부국강병에 필요한 학문들이 환영받고 있을 때였지요. 혜왕도 당연히 자신을 찾아온 맹자에게 어떤 현실적 이득이 있는지를 물은 것이고요. 하지만 이때 맹자는 오히려 왜 이득을 묻느냐고 되묻습니다. 눈앞의 이익보다 인의仁義와 같은 이상적 덕목이 더욱 중요하다는 것이지요. 바로 여기서 맹자의 사상이 어떤 것인지를 한눈에

알아볼 수 있답니다. 그는 단순한 이익이 아닌 이상적 도덕이야말로
인간을 인간답게 하고, 진정으로 평화롭고 살기 좋은 세상을 만들 수
있다고 강하게 주장하고 있는 것이지요. 특히 그는 인仁과 의義를 똑같
이 강조하고 있는데요, 이것이 공자와는 다른 점이랍니다. 공자도 "군
자는 오직 의義를 따라 행동해야 한다"며 의義를 실천 원리로 여겼지
만, 인仁과 어깨를 나란히 할 만큼 강조하지는 않았거든요.

　그렇다면 의義란 무엇일까요? 맹자는 "인仁은 사람의 마음이고, 의義
는 사람이 가야 할 길이다"라고 말하기도 하고, "옳지 못한 것을 수치
스러워하고 악한 것을 미워하는 마음"이라고 표현하기도 합니다. 결
국 의義란 사람이 해야 할 바른 것을 행하는 것이고, 그렇지 못할 경우

맹자 공자 사후 100년 후 즈음 노나라 바로 옆 추(鄒)나라에서 태어났다. 의를 강조한 맹자는 '이익을 보면 의를 먼저 생각하라'는 견리사의(見利思義), '의가 주인이고 이익이 종'이라는 의주리종(義主利從) 등의 유명한 말을 남겼다. 도덕 정치를 너무 강조한 나머지 끝내 쓰이지 못하고, 공자처럼 만년에 제자 교육에 전념했다. 교육을 위해 어머니가 3번 이사했다는 맹모삼천지교(孟母三遷之敎)의 주인공이기도 하다.

수치스러워하는 것이지요. 또한 불의를 보면 불끈 화가 나는 정의감이기도 합니다. 공자도 의義를 통해 어진 마음인 인仁이 나타난다고 하였지요.

이렇게 의義는 맹자에게 있어서 없어서는 안 될 아주 중요한 덕목으로 다루어지고 있는데요, 어쩌면 이것은 각 국가가 하나의 국가로 완성되어가면서 그 안에 필요한 정신이 변했음을 반영하는 것이었을지도 모릅니다. 이제 국가란 단지 이익을 좇는 것이 아닌, 그 안에서 옳고 그름이 판가름될 수 있는 도덕적인 조직이어야 하는 것이지요. 실제로 그 시대에는 선비들 사이에서 의義가 강조되기도 했답니다.

한편 맹자는 의義를 강력히 주장하면서 호연지기까지 제안합니다. '호연지기浩然之氣'란 '지극히 크고 강하니, 정직함으로 잘 기르고 해치지 않으면 천지 사이에 꽉 차게 된다'는 기氣로, 사리사욕 없이 용기로 가득한 마음이자, 인의仁義로 갈고닦인 넓고도 태연한 마음의 상태를 말합니다. 한마디로 대장부이자 사나이다운 기개의 경지라 할 수 있겠지요.

맹자는 호연지기는 의義가 차곡차곡 쌓여야만 하는 것이라고 말하며, 수양을 강조하기도 합니다. 그는 수양을 이야기할 때 4단과 4덕을 이야기하는데요, 그 기반에는 그의 유명한 '성선설性善說'이 있습니다. 공자가 우리의 본성이 하늘을 닮아 선하다고 했듯이 맹자도 인간의 본성은 선하다고 말합니다. 맹자는 그 구체적인 예를 '4개의 단서'라는 의미에서 4단이라고 부르고, 이를 인의예지仁義禮智의 4덕四德과 연결 짓습니다.

먼저 누구를 불쌍하고 측은히 여기는 마음으로, 이것은 인仁의 실마리가 된다고 합니다. 다음은 잘못을 수치스러워하고 부끄러워하는 마음으로, 이것이 바로 의義의 실마리가 되지요. 사양하고 양보하는 마음은 예禮의 실마리가 되며, 옳고 그른 시비를 가릴 줄 아는 마음은 지智의 실마리가 되는 것이지요.

이렇게 착한 마음을 가지고 있다는 것은 인간이 선하다는 것을 말하는 것이지요. 맹자는 아이가 물에 빠지면 누구나 달려가 구하려고 한다면서, 다른 사람의 고통이나 불행을 그냥 보아 넘기지 못하는 마음 또한 성선설의 중요한 근거라고 제시하기도 합니다.

맹자는 위의 4단과 4덕이 없다면 인간이 아니라고 하면서, 이것을 수양을 통해 갈고닦아야 한다고 주장합니다. 그는 이 수양이 원래 선했던 본성을 찾는 것이라고 역설하며, 다음과 같은 말로 독촉하기도 했답니다.

"사람이 닭이나 개를 잃으면 찾을 줄 알면서 마음을 잃어버리면 찾을 줄을 모른다."

이제 맹자는 4덕을 바탕으로 왕도 정치까지 나아갑니다. 그는 인의仁義가 선정으로 드러나면 왕도王道요, 이익을 좇아 권력을 휘두르면 패도覇道라고 주장합니다. 맹자는 이를 "힘으로 남을 복종시키면 사람들이 진정으로 복종하는 것이 아니다. 다만 힘이 모자라서 복종할 뿐이다. 덕으로 복종시키면 사람들이 마음속으로부터 기뻐서 성심으로 그에게 복종한다"는 말로 표현하기도 했지요. 맹자는 또한 공자의 정명론을 왕도와 결부시켜 역성易姓혁명론까지 나아갔습니다. 즉 왕이 왕답게 행동하지 않는 한 왕이 아니라는 것이지요. 그래서 왕도가 아닌 패도 정치를 한다면 언제든지 쫓겨날 수 있음을 말하고 있습니다. 이에 그는 다음과 같은 대화를 남기기도 했지요.

제선왕   "탕왕이 걸桀을 쫓아내어 가두고, 무왕이 주紂를 정벌했다고 하는데, 그런 일이 있습니까?"

맹자   "옛 기록에 있습니다."

제선왕   "신하가 자기 왕을 죽여도 됩니까?"

맹자   "인仁을 해치는 자를 적賊이라 하고, 의義를 해치는 자를 잔殘이라 합니다. 잔적을 일컬어 한 사람의 필부라고 하고요. 한 사람의 필부인 주紂를 죽였다는 말은 들었어도, '왕을 시해했다'는 말은 듣지 못했습니다."

맹자에게 있어 왕이 왕의 역할을 하지 않으면, 이미 왕이 아닌 것이지요. 걸과 주 같은 왕은 얼마든지 죽일 수 있다는 그의 말은 이후 폭군을 몰아내는 명분이 되어, 역성혁명론의 이론적 근거가 되었답니다.

맹자는 공자와 달리 유세를 할 때 수많은 수레와 제자들을 거느리고 다녔다고 합니다. 이미 살아생전 명성과 부를 어느 정도는 누린 듯합니다. 하지만 그는 그 어느 국가에서도 쓰이지 못했답니다. 이익을 앞세우며 병가와 법가 등의 실용적 학문에 관심이 많았던 당시의 상황 속에서 인의仁義라는 도덕적 명분만을 앞세운 데다가, 왕을 몰아내도 된다는 역성혁명의 논리까지 가지고 있었기 때문이지요.

　맹자의 사상은 한漢나라가 세워지고 유교가 국학으로 널리 장려되고 있을 때조차도 크게 빛을 보지 못했습니다. 하지만 송宋나라 때 주희朱熹가 나타나 그를 공자의 적통으로 인정하면서 유학의 전면으로 부상하게 되었습니다. 주희에 의해 맹자의 부활을 목표로 한 성리학이 만들어졌으며, 그의 책『맹자』가 중요한 경전이 되었기 때문이지요.

　한편 성리학을 익힌 고려의 선비 정몽주鄭夢周가 친구 정도전鄭道傳에게『맹자』를 주었다는 이야기가 있습니다. 결국 정몽주는 고려 왕에게 절개를 지키다 죽어갔고, 정도전은 역성혁명을 일으켜 새 왕조를 건국하지요. 우리는 이 두 사람에게서 맹자 사상의 모습을 떠올려볼 수 있습니다. 왕에 대한 절개로 목숨까지 아끼지 않았던 정몽주에게서 의義를, 더 이상 백성에게 도움이 되지 않는 고려를 무너뜨리는 정도전에게서 역성혁명론의 전형을 볼 수 있는 것이지요.

순자, 하늘의 의미를 바꾸며 현실로

　맹자와 60년 정도의 차이로 같은 시대에 같은 유학을 공부한 순자. 하지만 그는 사상과 삶, 그리고 그 영향력까지도 맹자와는 정반대의 길을 걸었답니다.

먼저 순자는 하늘의 의미를 바꾸어버립니다. 예로부터 하늘의 뜻을 따르는 것은 매우 중요한 것이었지요. 공자와 맹자 또한 하늘의 뜻을 중히 여겼으며, 인간의 본성이 하늘을 닮아 선하다고 하였지요. 공자는 요 임금을 하늘과 같은 덕이라 칭송하였고, 맹자는 "하늘의 뜻을 따르는 자는 살겠지만 하늘의 뜻을 거스르는 자에게는 죽음뿐이다"라고 목청을 높이기까지 했습니다. 그들에게 하늘은 인간 본성의 근거이자 아주 선한 것이었으며, 특히 맹자에게는 성선설의 근거이기도 한 것이었지요.

하지만 순자는 하늘에게 무슨 선함이나 감정이 있느냐고 되묻습니다. 그는 하늘은 그저 자연이며, 사람과 같이 인격을 가진 것이 아니라고 말합니다. 또한 자연이 만물을 낳은 것은 하늘과 땅의 자연스러운 현상이지, 하늘이 선하거나 덕이 있다는 것을 의미하지는 않는다고 말합니다. 그의 주장으로 인해 하늘은 하늘의 운행법칙에 따라 움직일 뿐, 인간에게 상을 주거나 벌하는 존재가 아닌 별개의 것이 되어버립니다. 즉 주왕 같은 폭군이 나타난다 해도 하늘이 벌을 주어서 패망하는 것이 아니라 단지 백성들이 들고일어나 망한다는 것이지요. 그렇다고 그가 하늘을 아예 의미 없는 것으로 생각한 것은 아닙니다. 그에게 하늘은 자연현상이자, 관찰하고 적응하며 유리하게 바꿀 수 있는 대상이었지요. 하늘이 비를 내리면 이를 예측하고 제방을 만드는 등의 대처를 하는 것처럼 말이지요.

하늘이 선한 것이 아니라면, 그리고 인간의 본성이 하늘을 닮은 것이 아니라면, 인간의 본성은 어떻다는 것일까요?

이에 순자는 인간의 본성은 동물과 같이 욕망과 감정이 가득한 악한 것이며, 선하다는 것은 인위적인 것에 불과하다고 말합니다. 맹자와 반대되는 '성악설性惡說'과 '예치禮治'가 나오는 것이지요.

순자는 인간의 본성은 굶주리면 배부르고자 하고, 추우면 따뜻하길 바라고, 피곤하면 자고자 하는 등 동물과 다를 바 없다고 말하면서, 그 욕망이 사실은 도덕적인 선악과는 관계가 없다고 지적합니다. 다만 각자가 그 욕망을 좇다 보면 끊임없이 쟁탈전이 일어나고 사회가 혼란에 빠진다는 게 문제인데, 순자는 이런 혼란이 악惡이라고 말합니다.

순자 하늘을 하나의 자연으로 격하시킨 순자는 유학의 유물론적 사유를 가능케 했다. 현실적인 유학을 선보인 그는 제나라에 중용되었으나 뒤에 모함을 받아 제나라를 떠났고, 초나라에서는 난릉 지방의 수령을 맡았다. 그는 이 지역에서 선정을 베풀고 제자도 길러냈다.

이에 순자는 이 욕망들을 정리하고 질서를 세우면 이상적인 사회가 된다고 주장합니다. 그리고 그 질서를 세우는 방법으로 예禮와 예치禮治를 제시하는 것이지요.

순자는 성인이 생각에 생각을 거듭하여 예禮를 만들고 법도를 제정했다고 말합니다. 예禮와 법도는 인위적으로 만든 것이지, 인간의 본성에 근거하지는 않는다는 것이지요. 공자와 맹자는 우리가 선한 본성을 타고나서 그 본성을 찾아가야 한다고 했지만, 순자는 선한 본성을 타고나 본성대로 행동하는 것을 왜 성인이나 군자라고 칭송하느냐고 되묻습니다. 오히려 성인의 본성이 일반인과 다른 것은 이렇듯 예禮와 법도를 인위적으로 배우고 익히기 때문이라고 그는 주장합니다. 순자는 이에 선善은 인위적인 노력이 쌓여야만 가능한 것이라고 말합니다. 인의예지仁義禮智 또한 맹자가 말한 것처럼 자연스러운 감정이라기보다, 인간이 사회의 필요에 따라 인위적인 노력을 거듭함으로써 만들어지는 것이라고 말하지요. 그렇다고 예禮가 무조건 욕망을 억제하는 것도 아니라고 순자는 말합니다. 오히려 예禮는 부귀를 원하는 사람에게는 부귀를 얻을 수 있는 방법을 제시해주고, 덕德과 능력도 쌓게 해준다고 하지요. 그리고 이러한 덕과 능력이 높은 관직과 재산 같은 보상을 얻게 함으로써, 더욱 덕德과 능력을 기르게 만들어준다고 합니다.

이제 순자는 이 인위적인 예禮를 사회에 확장시킵니다. 그는 교육과 학문을 통해 사람들의 본성을 변화시키고, 인위적으로 선善을 발현하게 해야 한다고 말합니다. 이렇게 강력하게 예禮를 통해 사회질서를 바로 잡으려는 것이 예치禮治이지요. 그러므로 예禮가 사회적 제도와 규범이 되어 백성들을 가르치고 교화해나가 사회는 질서가 잡혀나가게 되는 것입니다. 그에게 이제 예禮는 사회규범이고 제도가 되어버립니다.

또한 순자는 덕德과 능력의 차이에 따라 관직과 재산이 주어졌듯이, 예禮를 통해 재편된 경제적·신분적 차이의 위계질서 또한 인정해줍니다. 심지어 그는 이익을 위해 통치하는 패도 정치까지 허용하고 있는데요, 그에게 임금이란 윤리적 덕성의 소유자라기보다 백성에게 실질적인 이익을 가져다주는 존재이기 때문이지요.

순자의 이런 실용적이고 예禮로서 제도와 규범을 중시하는 태도는 당시 부국강병을 원하는 군주들의 많은 관심을 받았을 뿐 아니라, 당시 많은 호응을 받고 있던 법가 사상과도 크게 일맥상통하는 것이었답니다. 실제로 법가 사상을 완성한 한비자와 법가를 통해 진나라의 통일을 일군 이사는 순자의 제자이기도 했답니다.

순자 또한 관료로서 오랜 시간 등용되어 쓰였답니다. 또한 한나라가 유학을 채택했을 때도, 순자의 유학이 주류를 이루고 있었지요. 하지만 송나라 때 주희가 맹자를 적통으로 인정하면서, 그의 철학은 이단이자 비주류로 전락하고 맙니다.

유교를 비웃는 최고의 라이벌, 노장 사상과 죽림칠현

진시황의 분서갱유와 탄압으로 위축되었던 유학은 한漢나라가 세워
지면서 다시 전환기를 맞았지요. 한나라 초기의 유학은 유실된 책들을
복원하고 재해석하는 데 맞추어졌답니다. 우리가 알고 있는『시경詩經』
『춘추春秋』등도 이때 복원된 것이지요.

하지만 후한 시대가 되자 유학은 지나치게 형식화되며 쇠퇴하기 시
작했고, 새로 유입된 불교와 다양하게 변모한 도교가 대중들을 파고들
며 주류로 부상하기 시작합니다. 서서히 유학은 예절을 가르치거나 예
식의 형식을 정하는 용도로 전락해가고 말았습니다. 특히 삼국 시대를
평정한 조조의 후손들이 끝내 하극상에 밀려나고 진晉나라가 세워지

자, 정치를 등진 선비들을 시작으로 노장 사상^{老莊思想}이 대유행을 몰고 오게 됩니다.

자, 정치를 등진 선비들을 시작으로 노장 사상老莊思想이 대유행을 몰고 오게 됩니다.

노자와 도덕경

도가道家의 시조는 노자입니다. 그는 초楚나라 사람이라고 하는데 요, 실존 인물이었는지조차 확실하지 않답니다. 노자는 『도덕경道德經』을 통해 자신의 사상을 남기고 있는데요, 그 핵심은 도道와 무위자연無爲自然으로 요약할 수 있습니다. 그렇다면 도道는 무엇일까요? 먼저 『도덕경』의 첫 구절을 살펴보겠습니다.

"도道를 도道라고 말로 표현하면, 그 도道는 본연의 도道가 아니고, 이름 지어 부를 수 있는 이름은 참다운 실재의 이름이 아니다(道可道 非常道, 名可名 非常名)."

시작부터 머리가 아프지요? 솔직히 노자의 도道라는 것은 매우 난해하고 어려운 개념입니다. 그래서 과거 후학들은 물론 오늘날에도 많은 해석들이 존재하지요. 하지만 이 도道를 그의 핵심 주장인 무위자연에 비추어보면 그 뜻이 서서히 드러나기도 합니다. 여기서 무위無爲란 '아무것도 하지 않는 것'을 의미합니다. 그리고 그 행동의 주체는 바로 인간이라는 것이 중요하지요. 즉 여기서 인간은 아무것도 하지 않는 것이 낫다는 것입니다. 그냥 그렇게 자연의 순리대로 두라는 것이지요.

이제 도道의 의미가 보이지 않나요? 도를 도라고 말하면 본연의 도가 아니라고 했지요. 바로 인간이 도를 말해버리는 순간, 도는 도가 아닙니다. 자연의 순리였던 도는 인간이 규정할 수 있다고 생각해서 명명하는 그 순간 원래의 도에서 벗어나 버리는 것이지요. 그만큼 인간의 생각보다 크다고 하겠습니다. 이름을 부르는 것도 같습니다. 인간이 사물을 이름으로 표현할 수 있다고 생각해 이름을 부른다고 해서, 그것이 실제 그 사물 자체를 드러냈다고 말할 수는 없는 것이지요. 예를 들어 '사과'라고 말했다고 해서, 지금 눈앞에 있는 바로 그 사과 자체를 모두 설명했다고 할 수 없는 것처럼 말이지요. 이렇듯 인간이 하는 말이나 행동은 자연에 비해 하잘 것 없을 만큼 작고 무의미해 보일 수 있는 것이지요.

반면 자연이란 인간에 비해 한없이 크며 이 세상 자체라고 할 수 있습니다. 도道 또한 그런 것입니다. 인간이 말할 수 있는 도는 작아서 도를 다 말할 수 없지만, 진정한 도는 대자연의 이치이기에 한없이 커서 인간의 말을 비껴가는 것이지요.

그래서 도道를 사물의 근본을 따져나갈 때 맨 마지막에 남는 것, 또는 우주 만물의 생성 근원으로 천지 만물을 초월해 있으면서도 천지 만물이 벗어날 수 없는 위대한 힘으로 표현하기도 한답니다.

도道란 이렇게 큰 진리이기에 인간의 행위로 거스르려 해서는 안 된다는 것이 바로 노자의 주장입니다. 그는 인간의 인위적 행위가 만드는 부자연스러움을 다음과 같이 설명합니다.

"대도가 없어지면 인의가 강조되고, 지혜가 발달하면 크나큰 거짓

청소년을 위한 지금 시작하는 인문학

이 판을 치고, 육친이 화목하지 못하면 효도와 사랑이 생겨나고, 나라가 혼란하면 충신이 배출된다."

　이는 유가를 비롯한 당시 활동하기 시작한 학자들과 대치되는 것이었지요. 예禮를 세우거나 조직을 정비하는 등 다양한 노력을 전개한 당시 학자들이 각 제후 세력과 결탁하면서, 춘추 시대라는 혼란이 거듭되고 있었지요. 노자의 사상은 이러한 혼란의 시대를 극복하는 방법으로도 해석될 수 있는데요, 그 대표적인 예가 소국과민일 것입니다. '소국과민小國寡民'이란 '나라도 작고 백성도 적다'는 뜻으로, 문명의 발달이 없지만 갑옷과 무기도 쓸데가 없는 이상적 사회이자 이상적 국가를 말합니다. 또한 노자는 통치자의 통치에 있어서도 무위를 내세웠는데요, "가장 뛰어난 통치자는 일을 도모하지 않아서 백성들은 그가 있다는 사실만 안다"고 했지요.

　노자가 이렇게 무위자연을 추구하고 있지만, 그렇다고 그것이 꼭 문명 이전의 원시사회로의 복귀만을 이야기하는 것은 아니랍니다. 오히려 그것은 인간 문화의 다양한 선입견으로부터 벗어난 것을 의미하는 것이며, 인간 중심의 사고에서 벗어나는 것을 의미하는 것이라고 할 수 있답니다. 그가 어린이를 이상적 인간상으로 보는 것도 지배욕이나 계급의식 같은 인간 문화가 만들어놓은 다양한 욕망에 아직 오염되지 않은 순수한 자연 그대로의 모습이기 때문이랍니다. 또한 인간의 논리가 아닌

노자의 『도덕경』 노자는 주나라의 쇠퇴를 한탄하며 서방(西方)으로 떠났는데, 그 도중에 관문지기의 요청으로 약 5,000자, 상하 2편의 책을 써주었다고 한다. 도(道)와 도의 작용인 덕(德)을 설파하는 데서 『도덕경』이라 불렸으며, 그 저자 이름을 따 『노자』라고도 불렸다. 이 책은 진위 여부나 분량 및 편집 내용을 둘러싸고 수많은 논쟁이 있다. 하지만 그 많은 논란에도 불구하고 『도덕경』은 다양한 문화권의 수많은 사람들에게 큰 영감을 주고 있는데, 전 세계적으로 『성경』을 제외하고는 가장 많은 번역본을 가진 책 가운데 하나라고 한다.

자연의 논리로 돌아가려 하는 사고방식은 오늘날 환경문제 같은 것에서 우리에게 좋은 경종이 되고 있기도 합니다. 환경문제야말로 자연의 자연스러운 생태와 복구 능력을 무시한 인간만의 개발 논리에 의해 봉착된 문제이기 때문이지요.

언어를 뛰어넘어 진정한 나를 찾는다, 장자

장자는 노자가 주장한 도道와 무위자연의 사상을 더욱 확장시키며 도가를 정리해냈는데요, 이에 '노장 사상'이라 부르기도 한답니다. 둘은 하나의 유파로 불리지만 여러 면에서 차이점을 나타내고 있습니다. 먼저 노자가 무위자연에 어울리는 새로운 세상에 관심을 보였다면, 장자는 인간의 인위적 생각들이 배제된 한 개인이 갖는 진정한 자유에 초점을 맞추고 있지요. 이러한 개인적 자유에 대한 관심은 각각의 주관적이고 상대적인 관점을 부각시키는 모습으로 나타나기도 합니다. 또한 노자가 인간의 행위보다 자연의 이치가 더 위대하다는 사실을 드러내려 한 반면, 장자는 인간과 자연이 하등의 차이도 없이 대등하다는 것을 드러내려 했답니다. 그들은 글을 구성하고 표현하는 것조차 달랐습니다. 노자는 잠언식의 추상적 논리를 전개했고, 장자는 은유와 비유로 가득한 구체적인 우화들을 통해 자신의 생각을 전하려 했지요. 그래서 장자의 철학은 철학이면서 동시에 문학으로도 널리 사랑받을 수 있었답니다.

애초에 모든 생각과 기준은 인간이 만든 인위적인 것에 불과하다는 도가의 입장은 장자에게서 절대적인 기준이 없는, 상대적인 것들에 불과하다는 주장으로 나타납니다. 그 쉬운 예로 '쓸모 있음'과 '쓸모없음'의 상대성일 것입니다. 장자는 배나 귤나무는 열매가 있어 매우 쓸모 있으나 그 쓸모 있음으로 인해 매번 괴롭힘을 당한다고 말합니다. 심지어 좋은 목재가 되는 나무는 그 쓸모로 인해 오래 살 수 없게 되고요. 그러므로 쓸모 있음이 꼭 좋다고 말할 수는 없는 것이지요.

또한 장자는 기준이라는 것이 입장에 따라서도 얼마든지 다르다고도 지적하고 있는데요, 그 대표적인 예가 '학의 다리'랍니다. 그는 학의 다리가 길다고 하여 그 다리를 잘라 닭에게 붙여주는 것은 어리석다고

혜시 중국 전국 시대의 정치가이
자 사상가로, 송에서 태어나 위
의 재상이 되었다. 혜시는 명칭
과 실재와의 관계를 추적하는 명
가(名家)의 대표적인 인물이었으
며, 장자의 친한 친구였다. 장자
는 혜시가 죽자 토론할 사람이
없다며 탄식했다고 한다.

말합니다. 학은 다리가 긴 대로, 닭은 다리가 짧은 대로 자연스럽기 때문이라는 것이지요. 이는 획일적인 좋고 나쁨이 존재하는 것이 아니라 각자에게 알맞은 기준과 입장이 있을 뿐이라는 것을 말해줍니다.

장자는 이 각자에게 다른 입장이 갖는 상대성을 삶과 죽음의 문제로까지 끌고 나갑니다. 삶이라는 것과 죽음이라는 것도 보는 관점에 따라 달라진다는 것이지요.

그는 그 예로써 들에 버려진 해골과 산 사람의 예를 비교합니다. 산 사람의 입장에서 보면 삶은 소중히 지켜야 하는 것이고 죽음은 피해야 할 것처럼 느껴지지요. 하지만 자연의 입장에서 보면 살아 있는 사람이나 들에 내버려진 해골이나, 자연의 변화작용의 한순간들에 불과해 전혀 다를 게 없다는 것이지요. 이에 그는 삶이란 기氣가 모여 있는 상태이고, 죽음이란 기가 흩어져 있는 상태일 뿐 큰 차이가 없으며, 그 또한 단지 모여졌다 흩어지기를 반복하는 순간들에 있을 뿐이라고 말합니다. 그래서일까요? 장자는 아내가 죽었을 때조차 대야를 두들기며 노래를 불렀다고 합니다. 친구 혜시惠施가 이를 보고 그 이유를 묻자, "지금 아내는 천지天地라는 커다란 방에 편안히 누워 있는데, 내가 왜 울고불고하느냐"고 말하면서 말이지요.

이렇게 본다면 결국 우리가 죽음을 슬퍼하는 것은 사람의 입장, 즉 인간의 인위적인 입장만을 알고 더 큰 자연의 입장을 모르는 것일 뿐이지요. 이렇게 작은 인간의 입장과 거대한 자연의 입장 차이를 멋지게 비유하고 있는 것이 그 유명한 붕새와 매미의 이야기입니다.

북극 바다에 한 마리 물고기가 있는데 곤鯤이라 부른다. 그 몸이
하도 커서 몇 천 리나 될지 알 수 없었다. 어느 날 그것이 한 마리
새로 탈바꿈하여 붕鵬이라 이름하니, 붕새는 더욱 커서 그의 등
만 해도 몇 천 리에 달하여 잴 길이 없었다. 푸르른 하늘을 날면,
그 날개는 하늘에 드리운 구름장과도 같았다. 붕새는 바다가 들끓
게 모진 바람이 일 때마다 남극 바다로 옮겨갔고, 무한히 넓은 남
극 바다는 하늘의 연못天池이라고도 불렸다. 때문에 『제해齊諧』라
는 책에는 "붕새가 남극 바다로 옮길 때엔 날개가 너무 커서 처음
엔 삼천 리나 멀리 수면을 치면서 날다가, 거기서 일어나는 바람
을 타고 구만리 상공에 오른다. 붕새는 거기 남극 바다에서 반년
쯤 쉬게 되니라" 했다.

(…)

이 말에 매미와 어린 비둘기가 붕새를 보고 비웃으며 다음과 같이
말했다.

"나는 때로 재빨리 날아 느릅나무나 박달나무 있는 곳으로 갈 수
있었지만, 반드시 바람이 있을 필요가 없다. 때로는 높은 나무에
이르지 못한 채 땅에 떨어지는 수도 있지만, 반드시 바다를 건너
구만리 상공에 이르렀다가 남극에 갈 거야 없지 않은가?"

가까운 곳에 갈 사람은 아침밥을 먹고 저녁에 돌아올 때도 배고픈
일은 없고, 백 리 밖 먼 길을 가야 할 사람은 밤샘할 양식을 준비해

야 하고, 천 리 길 떠날 때엔 석 달 양식을 준비해야 하거늘, 매미
나 새끼 비둘기가 되어 어찌 붕새의 이치를 알겠는가?

붕새는 너무 커서 비행을 하려면 그만큼 높게 솟구쳐야 하지요. 하
지만 매미나 비둘기는 작기 때문에 그럴 필요가 없습니다. 그러므로
매미와 비둘기는 높게 떠서 멀리 나는 붕새의 이치를 알 수 없는 것입
니다. 이는 인간이 자연의 큰 이치를 모르는 것과도 같은 것이지요.

그렇다면 큰 이치, 자연의 입장은 무엇일까요? 그것은 바로 제물의
경지입니다. '제물^{齊物}'이란 만물을 동등한 무차별의 경지에서 바라보
는 것을 말하지요. 즉 모든 것은 상대적이며 우열을 가릴 수 없다는 입
장을 취하는 것입니다. 예컨대 큰 것은 작은 것에 비해 큰 것에 불과하
지 실제 큰 것이 아니며, 긴 것은 짧은 것에 비해 긴 것이지 실제 긴 것
이 아닙니다.

또한 남녀가 있을 때 남이 우월한 듯하여도 둘은 우월의 차이가 없
고, 앞뒤가 있을 때 앞이 우월해 보여도 앞뒤는 차이가 없는 것이지요.
심지어 해골과 산 사람이 차이가 없는 것도 이런 자연의 무차별의 경지
를 나타내는 것입니다. 앞에 붕새 이야기에도 이런 무차별의 경지가 은
유적으로 스며들어 있답니다. 즉 곤이라는 것은 사실 아주 작은 물고기
알을 지칭하는 것으로 정말 미세하게 작은 것이지만, 몇 천 리에 이르
는 큰 새인 붕새와 같은 것으로 여겨지고 있는 것이지요.

이렇게 무차별의 경지야말로 도^道의 경지인데요, 왜 우리는 그와 반
대로 차별을 일삼는 것일까요? 장자는 그 이유를 오감^{五感}에서 찾습니

다. 우리는 오감을 통해 보고 만지고 느낍니다. 그래서 예쁘고 편안한 것 등의 좋고 나쁨의 차별이 생기는 것이지요. 그렇다고 우리가 오감을 없앨 수 있을까요? 물론 아닙니다. 단지 우리는 스스로 오감이 절대적이지 않다는 것을 인식하고, 그 상대성을 깨달아 오감의 한계를 극복해야 하는 것이지요.

이렇게 오감의 한계를 극복하는 것을 장자는 '상아喪我'라고 합니다. 상갓집의 상喪처럼 자신을 떠나보내는 것이지요. 이는 곧 나와 내가 아닌 것과의 차별을 극복하는 것이며, 나와 너의 대립을 뛰어넘는 것을 의미합니다. 또한 그것은 좋고 싫음이 없어지고 그에 따르는 집착도 없어지는 것이기도 하지요. 그는 수양을 통해 이 경지에 오른 이를 '진인眞人'이라고 부르고 있답니다. 우리는 이렇게 자신과 자신이 아닌 것을 구별하지 않고, 상아喪我하는 기쁨을 누리는 진인眞人의 모습을 유명한 '호접몽胡蝶夢'을 통해 확인할 수 있답니다.

"언젠가 내가 꿈에 나비가 되었다. 훨훨 나는 나비였다. 내 스스로 아주 기분이 좋아 내가 사람이었다는 것을 모르고 있었다. 이윽고 잠을 깨니 틀림없는 인간 나였다. 도대체 인간인 내가 꿈에 나비가 된 것일까. 아니면 나비가 꿈에 인간인 나로 변해 있는 것일까."

이제 우리는 나비이며 동시에 인간입니다. 인간에게 나비는 하찮은 존재였을지 모르지만, 이제 인간이 고작해야 나비의 꿈에 나타나는 존재일 수도 있습니다. 우열은 없어지고, 무차별의 경지 속에서 인간은 자유롭게 훨훨 날아다니고 있는 것이지요.

한편 이런 무차별의 경지는 마치 현대 철학의 니체^{Friedrich Wilhelm} Nietzsche나 데리다^{Jacques Derrida}를 보는 듯합니다. 니체는 기존에 세워진 모든 가치를 의심했으며, 데리다는 언어의 서열을 전복시킬 것을 주문하였지요. 심지어 이런 무차별의 경지는 불교의 열반^{涅槃}을 닮아 있기도 하답니다. 앞에서 언급한 노자 철학 또한 인간 중심주의를 비판하는 오늘날의 구조주의^{Structuralism}와 닮아 있으며, 환경문제를 바라보는 시각과도 관련을 맺고 있습니다. 바로 이런 것들이 노장 사상을 현대 철학과 함께 논하는 이유랍니다.

변형된 노장 사상과 죽림칠현

상대적 입장의 가치관을 가지고, 장자의 신랄한 비유까지 곁들인 노장 사상은 기존 체제를 점유하고 있는 지배층을 비웃고 공격하기에 더없이 좋은 장점을 가지고 있었지요. 지배층은 자신들의 잣대로 세상을 규격화하려 하지만, 저항하는 층은 그것을 흔들려 하기 때문이지요. 이에 노장 사상은 유교를 비롯한 기존 체제를 비판하는 사상으로 꾸준히 그 영향력을 유지해왔으며, 종종 변화무쌍하고 모순적으로 보이는 논리로 인해 처세술^{處世術}로도 사랑받아 왔답니다.

그러다가 진나라가 망하고 한나라가 막 세워질 무렵에는, 가혹했던 시황제의 폭정에 대한 반발심과 맞물리며 변형된 노장 사상으로 황로학파^{黃老學派}가 등장하기도 합니다. 이는 신비에 싸인 사상가 노자가 3황

5제 중 하나인 황제헌원黃帝軒轅과 같이 훌륭한 통치술을 가진 사람이라는 믿음에서 나온 것으로, 그의 가르침에 따라 세상을 무위로 통치해야 한다는 사상이었지요. 이에 당시 많은 정치가들이 무위에 의한 통치를 시도하려 노력하곤 했답니다.

또 혼란이 가중되는 후한 시대로 접어들자 도가 사상에 종교적 색채가 강해지며 오두미교五斗米教가 등장하기도 했답니다. 쌀 다섯 되를 바쳐야 가입이 된다 해서 오두미교로 불리는 이 종교는, 선행을 하면 질병도 고치고 죽어서도 신선이 될 수 있다는 내용을 담고 있답니다. 다분히 불교의 영향을 받은 것으로 보이는 이 종교는 선행을 통한 구원이라는 희망을 주장하며 백성들의 마음을 사로잡았지요.

그리고 마침내 후한이 조조, 유비, 손권에 의해 분할되자 '삼국 시대三國時代'가 열립니다. 조조와 조조의 후손은 하극상을 통해 한 왕조의 권력을 이양받아 위나라를 세웠는데요, 그

죽림칠현 산양(山陽)의 대나무 숲에 모여 세상사를 잊고 술을 즐기면서 호탕하게 살았던 7인의 학자를 이르는 말이다. 혜강(嵇康), 완적(阮籍), 산도(山濤), 향수(向秀), 유령(劉伶), 완함(阮咸), 왕융(王戎)이 그들이다. 이 중 산도와 같이 끝까지 관직을 유지하는 이들도 있었다. 이들로 노장 사상의 대유행을 불러왔으며, 이후 속세를 등지는 은둔 사상의 상징이 되었다.

후손들조차 끝내 군사軍師였던 사마의司馬懿의 후손에 의해 물러나게 되었지요. 그리고 이렇게 세워진 통일 왕조 진 또한 이후 끝없이 계속된 환란으로 점철되며 '남북조南北朝 시대'로 이어집니다. 죽림칠현竹林七賢

은 하극상으로 세워진 진나라에 반발하며 세상을 등지고 은거한 7명의 학자들을 말합니다. 이들은 특히 상대주의적 사상과 비유 및 우화로 가득한 장자에 매료되어, 기존 체제를 비웃고 인간사를 초월한 논쟁을 즐겼습니다. 또한 그들은 세상을 풍자하듯 기행을 일삼기도 했는데요, 일례로 유령劉伶은 술만 먹으러 다니며 주로 발가벗고 살았다고 합니다.

이들 죽림칠현에 의해 급부상한 노장 사상은 이후 선비들의 주류 사상으로 자리 잡아갔으며, 중국사 전체에서 유가와 양대 산맥을 이루는 철학으로 자리매김하게 된답니다. 노장 사상이 가진 현실의 기준에 대한 비판과 신랄한 비유들은 그렇게 부조리한 현실을 비판하거나 기존 체제의 일탈을 꿈꾸는 절망한 지식인들의 위안으로, 때로는 변화무쌍한 권모술수를 꿈꾸는 자들이 가진 모략의 심오한 원리로, 시대를 막론하고 사랑을 받게 되는 것이지요. 이에 노장 사상은 도가들만의 전유물이 아닌, 유학자들의 소중한 지침서이자 문학으로서도 아낌없는 사랑을 받을 수 있었답니다.

불교의 수입과
중국의 선종

죽림칠현 이후 노장 사상은 매우 빠르게 사람들 마음속으로 파고들었습니다. 그런데 사물과 세상에 대한 상대적인 관점을 가지고 무차별적 깨달음을 얻고자 한 도가와 매우 닮은 종교가 있었으니, 바로 불교였답니다. 유교가 쇠락하고 있는 동안 노장 사상과 함께 불교 또한 사람들 속으로 빠르게 퍼져 나갔지요. 특히 불교는 수나라와 당나라 때에 이르면 최대의 사상이자 종교가 될 만큼 널리 유행하게 된답니다. 그리고 그 선봉장에는 혜능^{慧能}으로부터 시작된 남종^{南宗}이 있었습니다. 수많은 경전 공부나 오랜 참선이 아닌, 한순간의 깨달음을 강조한 남종은 그렇게 큰 부담 없이 사람들 사이로 퍼져 나가게 되었답니다.

석가모니의 고집멸도와 윤회 사상

　불교는 누구나 알다시피 인도 석가국의 왕자 고타마 싯다르타^{Gotama} ^{Siddhrtha}가 출가하여 만든 종교지요. 보통 석가모니^{Śākyamuni}로 불리는 그는 왕자로서 평온한 나날을 보내던 어느 날, 성 밖에서 노쇠한 노인, 병든 환자, 힘겹게 농사를 짓고 있는 천민 등을 목격하게 됩니다. 이후 인생의 무상과 고뇌를 느끼며 끊임없이 사색을 거듭하다, 마침내 출가 하여 고행의 수행 길에 오릅니다. 6년 동안의 온갖 고행에도 깨달음을 얻지 못한 그는 마침내 보리수나무에서 명상을 시작하는데요, 결국 7 일째 되는 날 깨달음을 얻었다고 합니다.

　석가모니의 깨달음은 '고집멸도^{苦集滅道}'와 '윤회 사상'으로 요약될 수 있습니다. 고집멸도는 변하지 않는 확실한 4가지 진리로 '사성제^{四聖諦}' 라고도 불리는데요, 석가모니의 가르침의 핵심을 정리해놓은 것이라 할 수 있지요.

　먼저 고^苦는 인생의 고통과 고해를 말합니다. 태어나 늙고 병들어 죽는 것이 다 고통인 것이지요. '고성제^{苦聖諦}'라고도 합니다.

　집^集은 집착을 말합니다. 인간이 고통받는 이유는 욕망에 대한 집착 때문이라는 것이지요. 석가모니는 이 집착이 보고 만지고 느끼는 오감 뿐 아니라, 생각하고 판단하는 것에서도 온다고 합니다. 우리는 보고 만지고 느끼며 생각하는 과정에서 욕심을 내거나 화를 내고, 또는 어 리석은 판단을 함으로써 집착에 이르게 된다는 것이지요. 이것이 '집 성제^{集聖諦}'입니다.

색즉시공공즉시색

이에 석가모니는 멸^滅, 즉 '멸성제^{滅聖諦}'를 이야기합니다. 멸은 없앤다는 것이지요. 이는 내가 보고 느끼는 오감이 절대적인 것이 아닌 상대적인 것에 불과하다는 것을 깨달아, 그 욕망에 대한 집착을 없애는 것입니다. 이에 '색불이공공불이색^{色不異空空不異色} 색즉시공공즉시색^{色即是空空即是色}'이란 말이 있지요. '색이 공과 다르지 않고 공이 색과 다르지 않으며, 색이 곧 공이요 공이 곧 색이다'라는 이 말은 뭔가 대단해 보이는 것이 실상은 아무것도 없다는 것을 의미합니다. 또한 동시에 '무언가 있다가 없을 수 있고, 무언가 없다가 있을 수 있다는 것'은 영원히 존재할 수 없는 순간적인 현상들뿐이라는 것을 의미하지요. 그러므로 우리가 실재한다고 믿었던 모든 보고 느끼고 생각하는 것이 공^空임을

석가모니 석가모니는 석가국에서 태어난 존귀한 사람이라는 뜻이다. 본명은 고타마 싯다르타이며 깨달음을 얻은 후 '깨달음을 얻은 자'라는 뜻의 '붓다(Buddha, 佛陀)' 또는 '부처'라 불리게 되었다. 한편 깨달은 자를 모두 부처라 할 수 있는데, 이에 고타마 싯다르타를 지칭하기 위해 '석가모니불(釋迦牟尼佛)' 또는 '본존(本尊)'이라는 말을 사용하기도 한다.

깨달음으로써, 자연스럽게 집착에서 벗어날 수 있다는 것입니다. 이 멸은 나와 타인의 구별을 없애는 것이기도 합니다. 나도 너도 실제 있는 것 같지만 허상일 뿐, 이것을 벗어나면 다툼과 소유의 집착에서 벗어나며 상대방을 아끼는 자비심도 생길 수 있는 것이지요. 그리고 이렇게 모든 있고 없음, 나와 너의 구별 없음을 통해 집착에서 벗어나는 것이 바로 '해탈解脫'입니다. 이 해탈을 통해 마음의 모든 번뇌가 꺼진 상태가 '열반涅槃'이고요. 멸성제란 이렇게 집착을 버리고 해탈과 열반에 이른 이상적인 상태를 말합니다.

부처란 해탈과 열반에 이른 자를 말하는데요, 결국 우리 같은 사람도 부처가 될 수 있다는 것을 말합니다. 그렇다면 이 멸성제가 거저 얻어지는 것일까요? 당연히 도를 갈고닦아야겠지요. 그래서 석가모니가 멸성제의 이르는 방법으로 말하는 것이 도道, 즉 '도성제道聖諦'입니다.

도성제에는 8가지가 있어 '8정도'라고도 합니다. 올바로 보는 정견正見, 올바로 생각하는 정사正思, 올바로 말하는 정어正語, 올바로 행동하는 정업正業, 올바로 목숨을 유지하는 정명正命, 올바로 부지런히 노력하는 정근正勤, 올바로 기억하고 생각하는 정념正念, 올바로 마음을 안정시키는 정정正定 등이 그것입니다.

이렇게 불교를 설명하고 나니 불교는 도가하고도 매우 닮아 있습니다. 불교의 멸성제는 장자의 무차별의 재물과 닮아 있고, 불교의 부처의 모습은 장자의 진아를 닮아 있지요. 하지만 불교는 윤회 사상과 연기설緣起說을 가지고 있어 큰 차이가 날 뿐 아니라, 더욱 종교적 색채가 강하게 나는 것이라 할 수 있답니다.

　윤회 사상과 연기설은 원래 고타마 싯다르타가 살던 시대의 주요 종교였던 브라만교에서 기인한 것입니다. 당시 널리 퍼진 생각인 만큼 그 위에 싯다르타 자신의 생각을 세워야 했던 것이지요. 윤회란 모든 생명이 살고 죽음을 반복하면서 다른 세상 또는 다른 생명체로 태어나고 죽는 것이 반복되는 것인데요, 그는 여기에 6개의 세계가 있다고 말했습니다. 가장 고통이 심한 '지옥도', 굶주리는 '아귀도', 짐승으로 태어나는 '축생도', 노여움이 가득한 '아수라도', 우리가 사는 세상인 '인간도', 가장 좋은 하늘 세계인 '천도'가 그것이지요. 중요한 것은 이 윤회 사상이 연기설로 엮여 있다는 것입니다. 즉 윤회는 전생의 인연과 그 결과로 다음 생이 결정된다는 것이지요. 그리고 마침내 깨달음을 얻으면 이 윤회에서 벗어나는 것이 해탈이랍니다. 이는 브라만교와 불교의 공통점이기도 한데요, 반면 도가에는 전생에 대한 개념만이 있습니다. 즉 죽고 다른 생물로 다시 태어나지만 그것이 전생의 인연이나 결과에 의해 다음 생이 결정되는 것이 아니라는 것이지요. 또한 짐승으로 태어난다 해도 그것은 더 좋은 것도 더 나쁜 것도 아니라는 것입니다. 도가에서의 전생이란 그저 기가 모였다 흩어짐을 반복하는 것일 뿐이니까요.

참고로 브라만교와 불교는 어떤 차이가 있을까요?

먼저 브라만교는 고질적인 차별 제도인 카스트제도에 기반하고 있습니다. 그들에게는 해탈조차도 소수의 귀족층에게만 부여된 혜택인 것이지요. 반면 불교는 모든 이들이 깨달음을 얻을 수 있는 평등한 종교랍니다. 또한 브라만교는 극단적 고통을 통한 깨달음을 선호하지만, 불교는 참선과 수행 등을 통한 온건한 방법을 권장하지요. 그리고 무엇보다 중요한 차이는 해탈에 대한 생각입니다. 브라만교의 해탈은 죽은 후에 이루어지지만, 불교에서의 해탈은 살아서 가능하다는 것입니다. 싯다르타도 그랬고, 깨달음을 얻어 번뇌가 없이 살아가는 사람이라면 모두 부처이기 때문입니다.

중국 불교를 주름잡는 선종

전한의 무제武帝에 의해 서역과의 교역길이 처음 개척되었는데요, 불교는 바로 이 서역을 통해 처음 전해진 것으로 알려져 있습니다. 초기에는 서역의 승려들 중심으로 전파되었으나, 남북조 시대에 서역인 구마라습鳩摩羅什이 번역에 따르는 문제들을 해결하면서 본격적인 교리 연구가 이루어졌고, 중국 종교의 기초가 다져졌지요.

이후 『서유기西遊記』에 나오는 삼장법사三藏法師로 잘 알려진 당나라의 현장玄奘이 더욱 생생한 번역을 내놓으며 불교 대중화에 박차를 가할 수 있었답니다.

불교에는 이처럼 경전과 교리를 중심으로 배우고 익히며 깨달음을 얻는 것을 '교종敎宗'이라고 하는데, 대표적인 중국의 교종으로는 '천태종天台宗'과 '화엄종華嚴宗'이 있답니다. 수나라 때 중국에 등장한 천태종은 석가모니의 가장 완성된 깨달음을 담은 『법화경法華經』을 중심으로 하는 종파고, 화엄종은 석가모니가 보리수나무 밑에서 깨달음을 얻고 난 직후의 가르침을 담은 『화엄경華嚴經』을 중심으로 한 종파랍니다.

달마 남북조 시대에 중국 선종을 창시한 인물이다. 흔히 중국 승려로 생각하기 쉽지만 인도 한 왕국의 왕자였다고 한다. 달마는 "내가 죽으면 동쪽으로 가라. 거기에는 반드시 네가 오기를 기다리는 사람이 있을 것이다"라는 스승의 유언을 받들어 중국으로 왔다고 한다.

교종은 불교의 수입에서부터 그 확장에 이르기까지 많은 역할을 하였지요. 하지만 중국 불교를 실제로 주름잡게 되는 것은 '선종禪宗'이랍니다. 선종은 기원전 6세기를 전후하여 서역인 달마達磨 대사로부터 직접 전해진 것으로, 경전을 공부하기보다는 '참선參禪'과 '수행修行'을 통해 직접적인 깨달음을 추구하는 종파랍니다.

중국에 도착한 달마는 신광神光에게 자신의 가르침을 전했는데, 그 과정의 이야기가 아주 유명합니다.

신광은 달마를 찾아가 가르침을 구하지만, 달마는 듣는 체도 안 하고 벽만 보고 있었답니다. 그러기를 수차례, 신광은 눈이 소복이 쌓인 어느 날 달마를 찾아가 자신의 팔을 잘라 보여줍니다. 깨달음에 대한 자신의 결심을 보여주려 한 것이었고, 마침내 둘이 대면하게 되었지요.

달마 　"들어오너라. 그런데 무슨 일이냐?"

신광 　"불법의 지극한 도를 말씀해주십시오."

달마 　"다른 사람에게서는 불법佛法을 구할 수 없다."

신광 　"제 마음이 편치 않습니다. 마음을 편안케 해주십시오."

달마 　"편치 않은 마음을 가져오너라. 그럼 내가 너의 마음을
　　　편안케 해주겠다."

이에 신광은 오랫동안 생각하다가 사실대로 말했다고 합니다.

신광 　"아무리 찾아보아도 불안한 마음이 어디에 있는지 찾을
　　　수가 없습니다."

달마 　"내가 너의 마음을 이미 편안케 해주었다."

달마의 그 말에 신광은 번개 같은 깨달음을 얻고 활짝 웃었다고 합니다. 불편한 마음을 가져오라는 말에, 아무리 생각해도 "이것이 내 마음이다"라고 할 만한 것이 없다는 것을 안 것이지요. 결국 불편한 마음의 실체란 없던 것입니다. 이후 달마는 신광에게 혜가慧可라는 법명과 의발衣鉢*을 주어 선종을 전수케 했습니다. 이후 5대 홍인弘忍에 이르면 선종은 중국에서 많은 호응을 얻으며 크게 퍼져 나가기 시작합니다. 그리고 6대에 이르러 신수神秀와 혜능慧能에 의해서 두 갈래로 갈라지

의발 승려의 옷과 식기를 나타내는 것으로, 스승이 제자에게 깨달음을 얻었다는 물증으로 전수했다. 이를 받음으로써 불법의 전통 전수자가 된다.

게 되는데요, 이에 대한 이야기도 유명합니다.

홍인은 어느 날 제자들에게 글을 적어 올리라고 했습니다. 이에 수
제자인 신수가 나와 다음과 같은 글을 올렸지요.

"몸은 이 보리의 나무요, 마음은 거울과 같다. 때때로 부지런히 털고
닦아서, 티끌을 일으키지 말게 해야 한다(身是菩提樹 心如明鏡臺 時時勤
拂拭 勿使惹塵埃)."

이제 막 승려가 된 초짜 혜능도 글을 올렸지요.

"보리는 본래 나무가 없고, 거울도 실체가 아니다. 본래에 한 물건도
없거늘, 어느 곳에서 티끌이 끼겠는가(菩提本無樹 明鏡亦非臺 本來無一物
何處惹塵埃)."

이에 홍인은 혜능을 몰래 불러 의발을 내리고, 남쪽으로 멀리 떠나
게 했답니다. 초짜인 그가 의발을 받았으니 신수를 따르는 기존 학생
들의 반발이 염려스러웠기 때문입니다. 이후 홍인의 제자 신수가 북방
에서 홍인을 이어 선종을 설파하며 '북종北宗'을 이루었고, 남쪽으로 간
혜능이 '남종南宗'을 이끌게 되었지요.

그렇다면 북종과 남종의 차이는 무엇일까요? 그 차이는 이미 그들
의 글에서 나타났다고 할 수 있지요.

먼저 신수의 글은 부지런히 털고 닦아야 함을 보여주고 있지요. 그
에게 부처가 된다는 것은 그와 같은 것인데요, 먼저 한번 깨닫고 나면
지속적인 수양을 해야 부처가 될 수 있다는 것이지요. 이를 '돈오점수

頓悟漸修'라고 합니다. 여기서 돈頓은 '갑자기'를 의미하며, 점漸은 '천천히' '점점'을 의미하지요.

그런가 하면 티끌조차 생기지 않는다고 한 혜능은 갑자기 깨달음을 얻은 후, 더 이상 할 것이 없습니다. 이를 '돈오돈수頓悟頓修'라고 하는데요, 갑자기 깨달음에 도달해 부처가 된 것이나 마찬가지인 것이지요. 이를 '견성성불見性成佛'이라고도 하는데, 내 마음이 이미 부처이니 그것을 깨닫는 순간 부처가 된다는 것이지요.

이렇게 수행보다는 스스로의 생각을 직시함으로써 깨달음을 얻으려 한 남종은 오랜 시간 경전을 익혀야 하는 교종이나 오랜 세월 수양을 해야 하는 북종보다 사람들에게 더 매력적으로 보였던 것 같습니다. 이후 북종은 서서히 쇠퇴하고, 남종이 크게 번성해 중국의 대표적인 선종이 되었답니다. 불교의 번성은 수나라와 당나라 때에 이르러 황금기를 구가하며 당시 최대 종교의 자리를 차지하게 됩니다. 하지만 성리학性理學이 등장해 불교를 공격하고, 명나라 때 강한 통제가 가해지면서 쇠퇴하기 시작합니다.

성리학과
양명학

　수나라와 당나라 시대는 불교의 황금기이자 노장 사상의 건재기라 할 수 있습니다. 그만큼 유학은 관리들의 행정 능력에 필요한 자잘한 지식을 보태는 것뿐, 거의 영향력을 발휘하지 못하고 있었답니다. 중국에서 가장 긴 전통을 가지고 꾸준히 이어져 온 유학이 왜 그런 굴욕을 당해야 했을까요? 물론 여러 가지 이유가 있을 테지만, 무엇보다 눈에 보이는 이유가 있었습니다. 그것은 바로 유학이 이 세상과 인간을 이해하고 설명하는 데에는 크게 도움이 되지 않는다는 것이었지요. 유학은 단순히 현실의 삶 속에서 필요한 목록을 열심히 열변하고 있을 뿐, 체계적이고 합당한 근거들이 부재한 상태였던 것입니다.

반면 당시에 유행하던 불교와 도가는 윤회 사상이나 만물의 도道 등 우주와 인간을 망라하는 체계적 설명들을 잘 갖추고 있었답니다. 이에 불교와 도가의 이론 체계를 적용하여 새로운 유학이 탄생하게 되는데요, 이것이 바로 송나라 이후의 중국을 주름잡게 되는 '성리학'입니다.

체계적으로 이론화된 신유학, 성리학

송나라의 주희朱熹는 당대에 유명한 도가와 불교 학자들에게서 배운 후, 24세가 되어 유학에 심취했다고 합니다. 그는 특히 맹자에 관심을 가지고 기존의 도가와 불교 이론을 접목해서 성리학이라는 새로운 유학을 내놓게 되는데요, 이에 '신유학新儒學'이라 부르기도 한답니다.

주희는 성리학의 시작을 『주역周易』에서 소개한 태극으로부터 끌어냅니다. 그는 "태극이 움직이면 양을 낳고 고요하면 음을 낳는다"고 말합니다. 이는 마치 태극의 움직임을 나타내는 듯하지만, 사실은 활동적인 양기와 정적인 음기가 생기는 원리가 태극이라는 것을 의미합니다. 즉 태극은 살아 움직이는, 양과 음이 동시에 존재하는 이치인 것이지요.

중요한 것은 천지 가운데도 태극이 있고, 만물 가운데도 제각기 태극이 있다는 점입니다. 마치 음양으로 이루어진 자석을 여러 개 잘라 내도, 각각의 자석이 모두 음양을 갖고 있듯이 말이지요. 또한 그것은 '달'과 '물에 비친 달'의 관계와도 같은 것이랍니다. 하늘에 달이 하나 있지만 호수에도 달이 있고, 강에도 달이 있고, 웅덩이에도 달이 있는 것과 같은 것이지요. 그래서 태극은 하나지만, 동시에 여러 개일 수 있는 것이랍니다.

이$理$와 기$氣$의 관계도 그와 같습니다. 여기서 이$理$는 넓은 의미로는 우주의 본체이고, 좁은 의미로는 사물의 원리, 이치, 본성 등을 말합니다. 기$氣$는 살아 움직이는 기운이며 생명력 같은 것이지요. 그래서 이$理$는 보이지 않지만 중요한 원리로 작용하는 것이고, 기$氣$는 구체적으로 존재하게 하는 물질적인 것이라 할 수 있습니다. 『청소년을 위한 지금 시작하는 인문학 - 가로 읽기』의 「철학과 과학」 편에서 설명한 아리스토텔레스의 형상과 질료의 개념과 일정 부분 비슷한 것이지요.

주희 성리학의 집대성자이다. 성리학을 '주자학(朱子學)'이라고도 부르는데, 그만큼 학문적 성취가 높아 '주자'라 칭했기 때문이다. 송나라에서 일어난 대표적인 학문이라서 '송학(宋學)'이라고도 한다. 맹자를 공자의 적통으로 생각한 그는 『대학(大學)』 『논어(論語)』 『중용(中庸)』에 『맹자(孟子)』를 넣어 4서를 완성하고, 『시경(詩經)』 『서경(書經)』 『주역(周易)』과 함께 유학의 기본경전으로 4서 3경(四書三經) 체계를 만들었다. 그는 이 책들에 일일이 자세한 해설을 덧붙였으며, 4서에 대한 그의 주석서는 과거에 합격하려는 사람들의 필독서가 되었다.

예를 들어 컵이라고 할 때, 컵이 컵이게 하는 원리나 본성이 이$理$입니다. 즉 물을 넣어 마실 수 있는 원리가 들어가 있어야 하는 것이지요. 반면 그 컵은 유리컵이나 플라스틱 컵 또는 스테인리스 컵일 수도 있고, 아주 큰 컵이거나 작은 컵일 수도 있습니다. 이렇게 물질적이며 구체적으로 생생하게 나타나게 하는 것이 기$氣$인 것이지요. 그래서 컵의 이$理$는 하나이지만, 컵의 기$氣$는 다양하게 나타날 수 있는 것이랍니다. 여기서 중요한 것은 하나의 사물에 이$理$와 기$氣$가 항상 같이 존재한다는 것입니다. 컵의 원리와 컵의 재료 및 크기 등이 같이 있어야 구체적인 하나의 컵이 된다는 것이지요.

우리는 이^{理}와 기^{氣}의 원리를 인간에게도 적용할 수 있습니다. 천지의 원리이자 사물의 본성이 이^{理}라면, 인간의 본성은 성^{性}이라 부릅니다. 즉 이^{理}가 성^{性}인 것이지요. 성리학이란 바로 인간의 본성을 이^{理}와 같이 취급하는 학문이란 뜻이랍니다. 그렇다면 인간의 이^理, 인간의 본성은 무엇일까요?

먼저 '천지의 마음'을 봅시다. 천지의 마음은 태극이 그러하듯이 세상에 두루 미칩니다. 사람은 천지의 마음을 얻어 사람의 마음을 갖게 되며, 짐승은 천지의 마음을 얻어 짐승의 마음으로 삼는 것이지요. 겉으로 보면 다 다르지만 모두 천지의 마음인 것입니다. 그리고 이런 천지의 마음은 생명과 사물을 낳고 살리는 데 있기 때문에 덕^{德}이요, 선한 것입니다. 이에 사람의 본성도 덕^{德}이요, 선한 것입니다. 심지어 동물도 그러하겠지요.

이렇듯 인간이 가진 본성은 자연스러운 것이며, 선한 것이랍니다. 이렇게 해서 맹자의 성선설이 체계적인 새로운 논리로 재무장되어 탄생하게 되는 것이지요. 그래서 주희는 인간의 이^理, 인간의 성^{性}을 '4단$^四端$'이라고 이야기합니다. 측은해하고, 부끄러워하며, 사양하고, 시비를 가리는, 아주 순수하고 선한 마음이라는 것이지요. 또한 그것은 인의예지$^仁義禮智$라는 '4덕$^四德$'이 될 수 있는 것이고요.

하지만 실제로 존재하는 개개의 인간은 이^{理}만 가지고 또는 본성만 가지고는 존재할 수 없습니다. 즉 아주 구체적인 기^{氣}가 필요하고, 살아 숨 쉬는 감정을 가진 육체가 필요한 것이지요. 그래서 구체적인 개개의 인간은 육체에서 작용하는 감정을 갖게 되는데요, 이를 '7정七情'이라고 합니다. 즉 구체적으로는 성내고, 슬퍼하고, 즐거워하고, 사랑하고, 미워하고, 욕심내는 것이지요.

이제 이를 기반으로 살아 숨 쉬는 한 사람의 마음을 이야기해봅시다. 우리의 본성은 이理이므로 자연스럽고 착한 것입니다. 그런데 이理는 아직 구체화된 것이 아니므로 볼 수 없지요. 그러므로 우리의 본성도 아직 구체화된 것도 아니고 볼 수도 없는 것입니다. 이理가 구체화되려면 기氣가 필요합니다. 이 기氣가 바로 육체의 감정 작용인 7정七情인 것입니다. 즉 우리의 본성은 '희로애락애오욕喜怒哀樂愛惡欲'이라는 7정七情을 통해서 밖으로 표출되는 것이지요. 중요한 점은 본성은 이理이므로 무조건 선한데, 7정七情은 기질이므로 원래는 선하다고도 악하다고도 말할 수 없다는 것입니다. 문제는 이 기질이 이理와 합쳐져 구체적으로 드러날 때는 이미 선으로든 악으로든 구별되어 드러난다는 것이지요. 그래서 우리의 본성은 원래 선한데, 기질이 적당하여 선하게 드러나거나 지나쳐 악으로 드러난다는 것이지요. 일례로 우리가 배고파서 먹는 것은 본성이므로 자연스러운 것이자 선하다고 할 수 있습니다. 하지만 맛있는 것만 먹으려 하거나 지나치게 많이 먹는 것은 악한 것이지요.

이로써 주희는 천지의 이치이자 만물의 이치인 이理와 기氣를 가지고 인간의 본성과 감정을 모두 설명해냅니다. 유학이 튼튼한 이론적 기반을 갖게 된 것이지요.

성리학의 수양법과 경세론

이제 우리는 어떤 마음 자세를 가지고, 어떻게 정진하며 살아야 하는 것일까요?

앞에서 살펴보았듯이 본성은 이미 착하니 문제가 안 됩니다. 육체에서 나온 기질이 문제인 것이지요. 그래서 군자는 본성도 선하고 기질도 선합니다. 하지만 우리같이 평범한 사람은 본성은 착하지만, 기질로 인해 언제든지 타락할 수 있는 것입니다. 이에 주희는 본성은 지키고 인욕은 덜어내야 한다고 주장합니다. 그래야 선한 본성이 빛을 발할 테니 말이지요.

주희는 또한 먼저 알고 뒤에 행하라고 말합니다. 인간의 본성과 사물의 이치를 먼저 잘 알고 난 후에 행하면 어긋남이 없다는 것이지요. 여기서 안다는 것은 꾸준한 학습과 노력으로 이루어집니다. 결국 열심히 학문을 갈고닦을 수 있는 군자나 엘리트들만을 위한 수행의 성격이 강한 것이지요.

주희의 이런 엘리트적인 성향은 그가 사회를 바라보는 입장에서도 드러납니다. 우선 그는 본성인 이理는 선한 것으로 보지만, 기氣는 선악이 혼재할 수 있음으로 비천한 것으로 봅니다. 그래서 군자는 선하지만, 노비는 악한 게 아니라 비천한 것이지요.

그에게서 선비와 농민은 이理이며, 공업과 상업에 종사하는 사람은 기氣로 비천한 사람입니다. 이에 사농공상의 신분제가 생기는 것이지요. 또한 남자는 이理고 여자는 기氣입니다. 그래서 남자가 집안의 가

장이며, 남존여비男尊女卑가 되는 것이지요. 심지어 중국은 이理고 오랑캐는 기氣입니다. 이는 사대주의事大主義의 근거가 되어줍니다.

이렇게 주희의 새로운 학문은 우주 만물뿐 아니라 인간의 마음, 심지어 당시 신분 체제에 대한 근거까지 모두 설명하면서 가장 강력한 학문으로 떠오릅니다. 성리학은 불교를 마음心의 극단으로 치달았다고 비판하고, 도교를 기氣의 극단으로 치달았다고 비판하면서, 두 사상의 기세를 꺾어버리기도 합니다.

성리학은 이제 학자들의 경전이 되어 강한 영향력을 행사하며 군림하기 시작합니다. 주희의 사상은 중국뿐 아니라 동아시아의 주류로 급부상했으며, 특히 조선의 지식인 사회에 절대적인 영향을 미치게 됩니다. 이에 송시열^{宋時烈}은 다음과 같은 칭송을 아끼지 않았답니다.

"세상의 모든 이치는 주자가 이미 완벽하게 밝혀놓았다. 우리에게 남은 일은 다만 그의 이치를 실천하는 것일 뿐이다."

마음이 곧 이치다, 양명학

젊은 시절 성리학에 심취해 있던 왕수인^{王守仁}은 어느 날 대나무를 뚫어져라 쳐다보고 있었습니다. 주희에 의하면 천지의 이치인 이^理가 모든 만물에 들어 있는 것이고, 이에 대나무를 보면서 그 이^理를 깨닫고 싶었던 것이지요. 하지만 7일이 걸려도 알 수 없었고, 결국 병이 나고 말았답니다. 그리고 20년이 흘러 귀양살이를 하던 중, 마침내 자신이 사물의 이^理를 알 수 없었던 이유를 깨닫습니다. 그가 발견한 것은 사물에는 이^理가 없고, 오직 '마음만이 이^理'라는 사실이었습니다. 그러니 대나무에서 더 이상 이^理를 찾을 수 없었던 것이지요. 이를 '마음이 즉 이치'라고 말합니다. 그래서 왕수인은 다음과 같이 말합니다.

"모든 도리는 마음에 있으니, 마음이 곧 이^理다. 이 마음에 사욕의 가림이 없다면 이것이 곧 천지의 이치가 되는 것이다. 그러니 밖에서 조금도 보탤 것이 없다."

또 이런 말도 합니다.

"마음이 곧 이치일 뿐, 천지의 도리가 어찌 마음 밖의 일에 있겠는가."

그가 마음이 곧 이치라고 하자, 누군가가 꽃나무를 가리키며 물었다고 합니다.

"마음 밖의 사물이란 없다고 하는데, 만일 이런 꽃나무가 깊은 산속에 있어서 저 혼자 피었다가 저 혼자 진다면 내 마음과 어떤 상관이 있겠습니까?"

이에 왕수인은 다음과 같이 답합니다.

"그대가 이 꽃을 보고 있지 않을 때, 이 꽃은 그대의 마음과 함께 고요한 곳으로 돌아가 있었다. 그러나 그대가 와서 이 꽃나무를 보았을 때에는 이 꽃의 모양과 향기 등이 일시에 드러나며 분명해진다. 그러니 이 꽃이 그대의 마음 밖에 있지 않음을 알 수 있다."

마치 김춘수의 「꽃」이라는 시를 보는 듯한데요, 이렇듯 사물은 우리 마음에 들어와 있을 때에라야 그 존재감과 가치가 정해진다는 것이지요.

왕수인 명필 왕희지(王羲之) 등을 배출한 명문가에서 태어난 왕수인은 무인이었으면서도 독서와 배우고 익히는 것을 매우 즐겼다고 한다. 그는 결혼 전날에 양생술(養生術)을 듣다가 혼사 당일 나타나지 못한 일이 있으며, 말을 탄 상태에서도 배움을 익히고 나누는 일에 열중했다고 한다. 한편 그의 호가 양명(陽明)이라서 그의 학문을 '양명학(陽明學)'이라고도 하며, 마음이 곧 이치임을 주장하기에 '심학(心學)'이라고도 불린다.

그렇다면 우리는 우리의 본성이자 마음의 이치를 어떻게 알 수 있을까요? 성리학에서는 이치와 본성을 열심히 배우고 익혀 알 수 있다고 했습니다. 하지만 왕수인은 여기서 맹자가 언급했던 "깊은 궁리를 하지 않고서도 알 수 있는 것이 양지다"라는 말을 불러들입니다. 여기서 양지良知란 인간이 선천적으로 갖추고 있는 것으로 배우지 않고도 직관적으로 알 수 있는 것입니다. 그러므로 따로 이치를 따지고 묻고 분석할 필요가 없는 것이지요. 마음 또한 성리학처럼 본성과 7정을 구별하여 말할 수 있는 것이 아닙니다. 그냥 마음이 이치고, 실제로 존재하는 감정이기 때문이지요.

우리는 이치를 이미 양지良知를 통해 알고 있고, 이는 실천을 통해 자연스럽게 드러납니다. 예를 들어 '효'라고 하는 것은 효에 관한 덕목을 배워서 알게 되는 것이 아니라, 어버이를 공경하는 마음, 즉 그 마음이 자연스럽게 드러나고 실현되는 것이지요.

이제 우리가 염두에 둬야 할 것은 2가지입니다. 우선 양지良知가 드러나는 것을 막고 있는 것을 없애야 합니다. 추워서 떨고 있는 아이가 있다고 합시다. 우리는 이 아이를 도와야 한다는 것을 양지良知를 통해 알고 있습니다. 하지만 아이를 돕지 않는 사람도 있지요. 왜 그런 사람이 생길까요? 바로 자기만 편하면 된다는 지나친 욕심에서 나오는 사욕 때문입니다. 그러므로 우리는 사욕을 걷어내 양지良知가 드러나도록 북돋우면 됩니다.

두 번째는 원래 알고 있는 양지良知를 실천을 통해 적극적으로 드러내야 합니다. 오직 실천만이 양지良知가 밖으로 발현될 수 있기 때문이지요. 이는 역으로 오직 구체적인 실천만이 양지良知에 도달할 수 있다는 것을 말해주기도 합니다. 왕수인은 이를 "앎이란 실천의 시작이고, 실천이란 앎의 완성이다"라는 말로 표현합니다. 이에 그는 우리에게 '지행합일知行合一'을 주문합니다. 알면 꼭 실천해야 한다는 것이지요. 이는 성리학이 먼저 알고 후에 행하는 것과 전혀 다른 것입니다. 성리학에서는 알아도 꼭 실천하라는 법은 없었거든요.

양명학은 왕수인이 강조한 '양지良知를 통해서 알 수 있다'는 사실만으로도 성리학이 생각하는 세상과 대치됩니다. 성리학은 이理와 기氣의 구별을 통해 사회 계층과 신분이 나누어졌지요. 하지만 양명학이 주장하는 양지良知는 누구나 알 수 있는 것이고, 이를 실천만 한다면 학문에 매진하는 사람이 아니라 길거리에서 구걸을 하는 사람조차도 군자가 될 수 있기 때문입니다. 왕수인은 그렇게 자신의 학설을 통해 좀 더 새로운, 평등한 사회를 제시하고 있었던 것입니다.

왕수인의 새로운 주장들은 당시의 급변하는 사회상을 반영하고 있는 것이었습니다. 사실 송나라 때에는 농업이 중심이어서 신분 질서가 확고한 상태였고, 성리학은 이를 잘 설명해주고 있었지요.

하지만 명나라 후기에는 상업과 도시가 급속히 발달하면서 급부상한 신흥 계층들의 목소리도 높아졌지요. 신흥 계층의 신분을 이동하고자 하는 열망이 갈수록 커지고 신분 질서가 흔들렸습니다. 바로 이때 평등을 앞세운 양명학은 이들의 논리적 지원자가 되어주었던 것이지요. 이에 중국에서는 양명학이 신흥 계층과 백성들에게 크게 사랑받으며, 성리학과 필적할 만한 양대 학문으로 성장하게 되었답니다.

간단하게 살펴보는
한국 사상의 흐름

　　마지막으로 우리나라의 철학에 대해 정리해보고 마무리하려 합니다. 중국 사상의 반의반도 안 되는 분량으로 우리나라 철학을 다룬다하니 한국인으로서 그럴 수 있나 하는 분도 있을지 모르겠습니다. 그런점에 솔직히 저도 마음이 씁쓸합니다. 하지만 우리나라는 과거 중국이라는 강력한 대국과 한자 문화권에 너무 인접해 있었고, 그만큼 독자적인 사상을 창출할 여력도 많지 않았답니다. 중국을 중심으로 정비된 체계를 가진 사상과 논리 등이 끊임없이 수입되었고, 지배 계급의 필요에 따라 적당히 변형된 사상이 우리나라 사상계를 지배해왔었지요. 물론 시대마다 우리나라의 독자적인 풍토와 성향을 강하게 드러낸 사상도 일부 존재했습니다. 하지만 그것은 체계적으로 정비된 사상이라기보다는 지배 세력에 대한 저항과 비판을 목적으로 어떤 일면을 강조하거나, 중국 사상을 토속신앙에 접목시키는 차원을 넘어서지 못하는 경우가 많았답니다. 이것이 중국 철학에 비중을 두어 소개하는 이유이기도 하고요. 이런 외래 문화권에 기대어 있는 철학적 한계는 오늘날에도 크게 다르지는 않답니다. 단지 그것이 미국이나 유럽으로 그 대상이 바뀌었을 뿐이지요.

우리 고유의 신화, 단군신화

우리나라 고유의 사상을 추적해 들어간다면, 문헌적 기록에 근거할 때 단군신화와 그에 따른 홍익인간弘益人間 사상을 들 수 있을 것입니다. 천신의 아들 환웅桓雄이 이 땅에 내려와 우리 시조인 단군檀君을 낳았다는 것이 단군신화이며, 그 신화에서 나타나는 홍익인간은 '널리 인간 또는 인간세상을 이롭게 한다'는 뜻을 지니고 있지요. 우리는 이 단군신화와 홍익인간 사상을 통해, 인간을 위하는 인본주의적 사상과 내세를 거론하지 않는 현실적인 세계관을 목격할 수 있답니다. 또한 환웅이 홍익인간을 실천하기 위해 곡식·생명·질병·형벌·선악 등 인간 사회의 온갖 일을 주관하였다는 점은 그것이 추상적 표어가 아니라, 경제와 사회, 복지 등 실제 인간 사회의 개선과 향상을 지향하는 실천적인 개념을 담고 있었다고도 볼 수 있지요. 특히 단군신화에서는 다른 나라의 신화들과는 달리 신들 사이의 대립이나 신과 인간 사이의 갈등도 보이지 않는데요, 이 또한 조화와 평화를 중시하는 세계관이 담겨 있다고 말할 수 있을 것입니다. 이렇듯 오늘날까지도 우리의 신화와 고유 사상을 대표하는 단군신화는 원래 한반도 서북 지방의 부족 설화였다고 합니다. 그런 만큼 부족국가 시대에는 일정 부분 많은 영향을 미쳤을 것이라 추측해볼 수 있지요. 하지만 국가 체제가 완비되는 삼국 시대로 접어들면서, 국가 체제를 원활히 유지할 수 있는 사상이 필요해집니다. 부족을 하나로 묶을 뿐 아니라, 국가와 지배받는 개인의 삶까지도 함께 하나로 묶는 좀 더 설득력 있는 사상 체계가 요구되었지요. 이에 삼국은 모두 4세기를 전후한 시기에 유교와 불교, 노장 사상 등의 외래 사상을 본격적으로 수입하고 적용하면서, 문제를 해결해나가게 됩니다.

이로써 우리 고유 사상인 단군신화와 홍익인간은 역사의 전면에서 모습을 감추고, 민간 속에서만 이어져 왔지요. 그러다 몽골의 대대적인 고려 침략을 계기로 민족의식을 고취하려는 움직임으로 일연의『삼국유사三國遺事』와 이승휴의『제왕운기帝王韻記』, 권근의『응제시주應制詩註』 등이 단군신화를 재조명하며 다시 주목받게 됩니다.

신라와 고려, 불교의 시대

새로 터를 잡기 시작한 삼국은 유학을 받아들여 국가 운영 및 관료 체제 정비에 나섰습니다. 그들은 율령을 반포하고 교육기관을 세우거나 사서를 편찬하는 등 유학을 현실 사회에 적용하는 데 많은 노력을 기울였지요. 하지만 그것은 관료들을 중심으로 한 문서 관리 등의 행정력 향상에 주로 편중되어 있었고, 일반 백성들에게는 다소 거리가 있는 것이었습니다. 오히려 일반 백성들에게 친숙하게 다가선 것은 불교였는데요, 이에 불교가 나라를 하나로 묶는 강한 지배 사상으로 등장하게 됩니다. 특히 뒤늦게 국가 체제를 완성한 신라는 불교와 유교를 현실 정치적 차원으로 융합하여, 삼국 통일을 달성하는 동력으로 사용하게 됩니다. 먼저 승려인 원광^{圓光}이 '세속 5계^{世俗五戒*}'를 화랑들에게 전수해 인재를 양성했는데요, 그 내용은 불교라기보다 유교에 가까운 것이었지요. 그리고 신라가 불교와 인연이 깊은 땅이라고 굳게 믿고 있던 자장율사^{慈藏律師}가 나타나 신라가 원래부터 부처의 나라라는 '불국토^{佛國土}' 사상을 주창했는데요, 이것이 신라인의 자부심이 되어 삼국 통일을 이루는 중요한 동력으로 작용하게 되었답니다.

당시 불교 이론을 발전시키며 신라에 정착시킨 승려는 의상^{義湘}입니다. 그는 당나라 유학을 통해 전수받은 화엄 사상을 전개하여 이후 한국 불교 철학의 주춧돌을 놓게 됩니다. 부처가 깨달음을 얻은 직후 설파한 『화엄경^{華嚴經}』에 기반하고 있는 의상의 사상은 〈화엄일승법계도^{華嚴一乘法界圖}〉에 잘 나타나 있는데요, 그는 하나하나의 차별적인 현상들이 모두 다 절대적인 본체라고 하여 현상과 본체를 통일적으로 이해하

세속 5계 **사군이충**(事君以忠, 충성으로써 임금을 섬긴다) · **사친이효**(事親以孝, 효도로써 어버이를 섬긴다) · **교우이신**(交友以信, 믿음으로써 벗을 사귄다) · **임전무퇴**(臨戰無退, 싸움에 임해서는 물러남이 없다) · **살생유택**(殺生有擇, 산 것을 죽임에는 가림이 있다)의 5계이다.

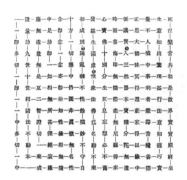

의상의 〈화엄일승법계도〉 210자로 된 시 구
절로 화엄경의 핵심 사상을 함축해놓고 있다.
한가운데 있는 법(法) 자에서 출발하여 도해
를 훑어가면 마지막에 다시 처음 시작된 곳
으로 돌아오게 되어 있다. 의상의 학문적 성
과는 중국에서 법장(法藏)이 화엄종의 교리를
집대성하는 데 영향을 주기도 했다.

려 했지요. 즉 본체와 현상을 서로 불가분한 것
으로 보면서 차별적인 하나하나의 현상들은 결
국 본체이기 때문에 그 사이에는 아무런 차이
도 없고, 서로 방해함이 없다고 한 것이지요.
'각기 다르지만 하나'라는 그의 사상은 당시 신
분제도의 이론적 근거가 되어주었으며, 삼국
이 하나 되어야 한다는 통일의 명분이 되어주
기도 했습니다. 그리고 통일 후 전제왕권을 중
심으로 한 중앙집권체제를 뒷받침하는 이론이
되어 신라의 지배적인 종파로 자리매김하게 되
었답니다.

하지만 교리를 중시하는 화엄 철학은 왕과 지배 귀족들을 위한 불교
였습니다. 오히려 당시 민중들의 마음으로 파고든 것은 원효元曉의 '정
토종淨土宗' 사상이랍니다. 그는 의상과 함께 당나라 유학길에 올랐으
나, 밤에 오래된 무덤에서 잠을 자다가 잠결에 해골에 괸 물을 마셨다
고 하지요. 다음 날 사실을 알고 난 그는 '진리는 밖에서가 아니라 자기
마음속에서 찾아야 한다'는 깨달음을 얻고 되돌아왔습니다. 이후 그는
사람들에게 본래의 마음을 깨달으면 부처가 산다는 정토淨土를 이룰 수
있으며, 입으로 부처의 이름을 외고 귀로 부처의 가르침을 들으면 성불
할 수 있다고 가르쳤지요. 원효로 인해 신라의 백성들은 모두 부처의
이름을 알고 '나무아미타불'의 염불을 외게 되었다고 전해질 정도로 그
의 사상은 많은 사랑을 받았습니다. 그의 대표적인 저서로는 『대승기

청소년을 위한 지금 시작하는 인문학

신론소^{大乘起信論疏}』『금강삼매경론^{金剛三昧經論}』등이 있는데요, 이들은 중국의 고승들에게도 '해동소^{海東疏}'라 불리며 즐겨 인용되었답니다.

9세기 통일신라 후반기가 되면 골품제의 모순으로 말미암아 중앙정부는 통치력을 상실하고 지방 호족이 득세하게 됩니다. 이때 등장한 지방 호족들은 교리를 중시하는 기존의 화엄종 등의 교종보다는 선^禪 등을 통해 깨달음을 얻는 선종을 선호하게 되지요. 신라 말에 들어온 선종은 중앙정부와 함께 타락하고 있는 교종을 비판하며, 새로운 불교 세력으로 등장해 각 지역에 9개의 문파를 형성하게 됩니다. 한편 도교도 삼국 시대에 수입되어 민간의 사랑을 받았지만, 크게 융성하기보다는 민간신앙에 흡수되었습니다. 특히 통일신라 시대에는 김유신 등의 위인들을 신격화하는 데 사용하거나, 정신 수양 등의 수련법에 활용된 것으로 보입니다.

고려는 지방 호족인 왕건이 들고일어나 세운 나라이지요. 그래서 고려 시대 초기에는 지방 호족을 기반으로 하고 있는 선종이 주류를 형성하고 있었습니다. 하지만 왕조를 세운 이상, 중앙집권을 강화해나가야 했지요. 이에 갈수록 유교적 지식이 강화되었고, 새로 힘을 얻는 문벌 귀족들에 의해 문치 또한 강화되었답니다. 이런 분위기는 다시 교리를 중시하는 화엄종을 불러들였는데요, 균여^{均如}의 화엄 철학이 그 대표적인 예라 할 수 있습니다. 하지만 이런 과정에서 고려의 불교는 교종과 선종의 대립을 피할 수 없게 되는데요, 이에 이 종파들의 통합이 고려 불교의 중요한 과제로 등장하게 되었지요.

당시 교종을 중심으로 선종을 통합하려 한 것이 '천태종天台宗'을 들고 나온 의천義天입니다. 석가모니의 가장 완성된 깨달음을 담은『법화경法華經』을 중심으로 하고 있는 것이 '천태종'인데요, 이 종파에서 선禪과 지혜를 동시에 강조하고 있기에 통합의 가능성을 본 것이지요.

한편 무신 정변으로 무신들이 권력을 잡자 다시 선종이 힘을 얻게 되는데요, 이에 지눌知訥이 등장해 선종을 중심으로 다시 교종을 통합하려는 시도를 하게 됩니다. 그는 '마음이 곧 부처心卽是佛'라는 선종의 교의와 모든 존재와 현상들이 바로 불성佛性의 드러남이라는 화엄華嚴 사상이 궁극적으로 일치한다고 보고, 선禪과 교敎가 궁극적으로 다르지 않음을 강조하였지요. 그에 의해 화엄 철학과 선이 결합된 한국의 독자적인 불교 사상이 성립되었으며, 이후 한국 불교의 주류를 이루게 된답니다. 지눌은 참 수행을 내세우며 불교 개혁 운동에 앞장섰으며, '조계종曹溪宗'의 부흥을 이끌기도 했습니다. 조계종은 의천의 천태종에 대항하며 선종이 하나로 뭉쳐 만들어진 종파인데요, 오늘날 한국 불교의 주류인 조계종의 기틀이 되는 것입니다.

당시 다양한 불교 개혁이 시도되었지만 번번이 실패를 거듭했고, 이들 또한 지배층과 승려들의 불교에 불과했답니다. 그렇다면 고려 시대 민중의 불교는 어떤 모습이었을까요?

백성들의 불교는 윤회설을 기반으로 도교의 풍수지리 사상과 결합되어, 여전히 기복 신앙으로 자리 잡았습니다. 특히 태조 왕건이 왕이 될 것을 예언한 도선道詵의 영향으로 앞날의 길흉에 대해 예언하는 '도참圖讖' 사상이 성행하였는데, 이 또한 불교에 더욱 기복적·도교적 색채를 가미하는 역할을 하였지요. 그런가 하면 거란과 몽고 등의 외침은 민중의 불교에 호국 불교의 색채를 강하게 띠게 했답니다.

조선, 성리학의 시대와 실학 사상

삼국 시대부터 고려까지 이어져 오던 불교 중심의 흐름은, 고려 말 신진 사대부들이 들고 온 성리학에 의해 사라지고 맙니다. 고려 말 무신정변과 민란, 몽고의 침입 등으로 고려가 붕괴 위기에 놓이자, 철학적으로 재무장된 유교인 성리학을 전면에 내세우며 신진 사대부가 등장하여 다시 문치의 시대를 열기 위해 노력하게 된 것이지요. 이때 정도전鄭道傳이 성리학의 입장에서 불교를 체계적으로 비판한『불씨잡변佛氏雜辨』을 들고나와 불교를 배척하고, 성리학을 촉구하게 됩니다. 특히 그는 이성계를 중심으로 한 개혁 세력의 주축이 되어 조선 왕조를 세우고, 성리학을 그들의 통치 철학으로 채택함으로써 본격적인 성리학의 시대를 열었지요. 조선의 통치 규범을 종합적으로 제시한 그의『조선경국전朝鮮經國典』은 민본과 덕치를 중시하는 유교 이념과 의례가 중심을 이루고 있지요. 성리학을 전면에 내세우며 새로운 왕조의 골격을 만들어간 정도전이었지만, 그렇다고 완강하게 성리학적인 것만을 고집하지는 않았답니다. 당시 널리 퍼져 있는 불교·도교·도참 등을 부분적으로 수용해 개혁에 따르는 저항을 최소화하려 했기 때문이지요.

정도전이 치국과 관련된 성리학에 집중하였다면, 조선 초기에 순수

우리 사상의 뿌리, 동양과 한국의 철학 ·

학문으로서 성리학에 많은 저술을 남긴 사람은 권근權近이랍니다. 그는 유교에 입문하는 사람들을 위해 성리학에 대한 기본 개념을 그림과 해설로 정리한『입학도설入學圖說』을 쓰고,『양촌집陽村集』등 40여 권에 달하는 방대한 양의 저서를 집필하였답니다. 하지만 정도전은 제1차 왕자의 난으로 죽임을 당하고, 태종과 세조의 왕위 찬탈 등으로 도덕적 명분이 없는 훈구 세력들이 조선의 권력을 장악하게 됩니다. 이에 성리학적 명분론은 쇠퇴하고 철학적인 연구도 침체기에 접어들게 됩니다.

한편 조선이 건국되는 과정에는 고려의 충신인 정몽주鄭夢周의 죽음이 있었지요. 이 정몽주에 이어 성리학의 체계화에 힘쓴 사람이 길재吉再인데요, 그는 조선이 건국되자 두 임금을 섬길 수 없다며 벼슬길에 나아가지 않았지요. 벼슬 대신 성리학 연구에 정진한 그는 김숙자金叔滋 · 김종직金宗直 · 김굉필金宏弼 · 조광조趙光祖 등으로 이어지는 학맥을 만들어냈는데요, 지방에서 세력을 확보해나간 이들 성리학 세력을 '사림士林'이라고 하지요. 이들은 연산군이 퇴위되고 왕위에 오른 중종에 의해 정치의 전면으로 급부상하게 됩니다. 반정을 통해 왕이 된 중종은 힘이 없었고, 왕권 강화를 위해 새로운 개혁 세력이 필요했지요. 이에 중종은 당시 사림들로부터 절대적 지지를 받고 있던 조광조를 중용합니다. 조광조는 국왕을 교육하고, 사림을 적극 등용하는 등 적극적인 개혁 작업에 착수했지요. 하지만 훈구 세력의 반발과 '주초위왕走肖爲王'*이라

주초위왕 주(走)와 초(肖)를 합하면 조(趙)가 되어, '조씨가 왕에 오른다'는 뜻이 된다. 조광조의 개혁으로 위기에 몰린 훈구파는 나뭇잎에 꿀로 '주초위왕(走肖爲王)'이라는 글씨를 써 벌레가 글자 모양대로 갉아먹게 했다. 이 사건으로 조광조와 사림 세력은 위기에 몰렸고, 조광조는 끝내 사약을 받고 죽었다.

는 음모에 휘말리면서, 끝내 죽임을 당합니다. 왕이 마음을 바로잡아 왕도 정치를 실현할 것을 내세운 그는 길재로부터 이어져 내려오는 사림 유학파의 정통 적자였으며, 목숨을 걸고 이상 정치를 실현하려 한 유학자의 표상이었지요. 그는 이후 조선 유학자들의 정신적 지주요, 사림 정신의 새로운 전통으로 자리매김하게 되었답니다.

우리에게 알려진 동시대의 철학자로는 기생 황진이黃眞伊와의 사랑으로 유명한 서경덕徐敬德을 들 수 있습니다. 그는 당시 이理를 중요한 실체로 생각하는 성리학의 논리에 반기를 들고, 기氣만이 실체라고 주장합니다. 그는 능동적으로 움직이는 것은 기氣뿐이고, 그 기氣가 조리 있게 운용되는 원리로 이理가 존재할 뿐이라는 독자적인 '기일원론氣一元論'을 내세웠지요. 그의 유물론적 세계관에 가까운 철학은 이후 이이李珥 등으로 이어지는 주기론主氣論의 선구적 역할을 하게 됩니다.

한편 조광조를 정통으로 이어진 사림의 학맥은 조식曺植, 이황李滉, 이이李珥라는 걸출한 학자들을 배출하며, 조선 성리학의 황금기를 구가합니다.

먼저 조식은 학문 연구보다 실천을 더 가치 있게 여겨, 마음을 곧게 수양하는 동시에 일상생활과 사회 속에서 이를 실천하기를 주문했지요. 이에 그와 그의 후학들은 불의와 타협하지 않는 모습을 보였으며, 당시의 사회 현실과 정치적 모순에 대해서는 적극적인 비판을 아끼지 않았습니다. 이는 이론과 수양을 중시하고, 정치적인 것을 많이 언급하지 않는 이황의 학풍과 대조를 이루는 것이었답니다.

조식과 동년배인 이황李滉은 실천보다는 학문적 바탕 위에서 수양의

남명 조식 조식과 그의 제자들은 이황과 함께 한때 영남을 대표하는 양대 학파를 형성했으며, 서경덕의 제자들과 함께 성리학에 비교적 자유로운 북인 세력이 되었다. 하지만 이후 후학인 북인 세력의 영수인 정인홍이 역적으로 몰리자 그 학맥이 단절되고 말았다.

기초가 되는 심성을 탐구한 학자입니다. 그는 서경덕의 '기일원론'과 마음을 중시하는 양명학에 맞서 이理를 중시하는 성리학을 다시 확립함으로써, '동방의 주자'라고 일컬어지는 대학자가 되었지요. 주희는 이理를 사물이 존재하는 이유이자 마땅히 그리되어야 할 원리라고 했고, 기氣의 작용으로 만물이 구체화된다고 하였지요. 따라서 이理가 기氣를 제어하고 명령하는 것으로 표현됩니다. 여기서 이理는 실재하는 본체요 시간과 공간의 제약을 받지 않으며 변화하지 않는 원리로, 오직 기氣만이 운동하고 변화하는 것으로 보았지요. 하지만 이황은 이理가 운동하지 못한다면 죽은 것에 지나지 않아 기氣를 제어할 수 없다고 보았습니다. 따라서 그는 "이理가 움직이면 기氣가 따라서 생긴다"고 주장하며 이理의 능동성을 강조하였지요. 이렇게 이理가 강조된 그의 철학은 당시 이理를 강조하는 성리학의 정수로 인정받으며, 당시 조선 성리학의 주류 학파로 자리매김하게 되었답니다. 또한 임진왜란 이후 그의 문집이 일본에 유입되어 일본 내 성리학의 주류가 되었지요.

조선 최고의 학자인 이황이 이理의 역동성을 주장했다면, 이황과 함께 역시 조선 최고의 학자로 불리는 이이는 기氣의 역동성을 주장했다고 할 수 있답니다. 그는 "이理는 형체도 없고 작위도 없는 원리로, 행위와 작용의 원인이 될 수 있지만, 행위자는 될 수 없다"라고 말하며, 이理의 역동성을 강조한 이황에 반대합니다. 하지만 그가 서경덕처럼 기氣를 전면에 내세우며 기氣가 전부인 것처럼 말한 것은 아닙니다. 그는 여전히 이理가 기氣의 중요한 원인이요, 세상의 보편적인 원리임을 인정하고 있었지요. 다만 실제로 보이는 것과 구체적인 사건들 속에서는 기氣의 역동적 역할이 중요하다는 것을 말하고 있는 것입니다.

중요한 것은 이 두 사람의 철학적 차이가 당시 정치사회의 변화와 함께하고 있었다는 점이지요. 이황이 활동하던 시대에는 훈구파가 완강하게 자리 잡고 있었고, 사림의 도전은 수시로 죽음과 멸족만을 불러오는 상황이었지요. 사림들이 볼 때 도덕적으로 옳지 못한 세력이 득세하고 있는 것이었는데, 이러한 현실의 원인을 이황은 도덕이 바로 서지 않았기 때문이라고 본 것입니다. 이에 세상의 원리인 이理를 바로 세우고, 순수한 인간의 본성인 4단四端을 강조하고 싶었던 것이지요.

반면 이이가 활동하던 시대는 사림이 속속 정계에 진출하던 시기였고, 유학자들이 앞장서서 사회 변화를 이끌려는 분위기가 커져가던 시기지요. 이에 현실로 드러나는 힘인 기氣를 도외시하지 않고, 인간이 갖는 현실 속의 실제 감정인 7정七情을 중히 여겼던 것입니다. 이후 이황의 제자들은 이理를 중시하는 '영남학파嶺南學派'를 형성하고, 이이의 제자들은 경기도와 충청도를 중심으로 기氣를 중시하는 '기호학파畿湖學派'를 형성하게 됩니다.

이이의 기호학파는 인조반정 이후 주도권을 잡게 되었고, 이후 송시열宋時烈을 중심으로 한 예학禮學의 시대를 이끌게 됩니다. 임진왜란 이후의 혼란한 사회를 예禮를 통해 다시 확립하고자 했던 당시의 분위기가 자연스럽게 예학을 강조하게 만들었던 것이지요. 이때 송시열 등에 의해 주희의 예론과 성리학이 재차 강조되었는데요, 그러면서 성리학 이외의 학문은 더욱 철저히 배격당하는 상황이 전개되었지요. 그들은 주희를 따르지 않고 유교 경전을 독자적으로 해석한 윤휴나 노장 사상에 입각해 유교 경전을 해석한 박세당朴世堂 등을 사이비라고 비난했지요. 특히 유학의 한 분파이며 당시 중국 사회에 힘을 얻고 있던 양명학은 이미 이황 때부터 철저히 배척 대상이 되었답니다. 무엇보다 예법에 대한 견해 차이를 중심으로 당시 치열한 논쟁들이 오고 갔는데요, 이로

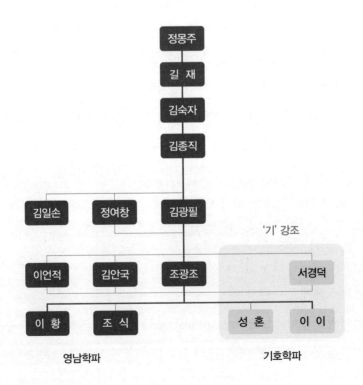

인해 당파 싸움이 끊이질 않았답니다.

　이렇게 실생활과는 아무런 상관이 없는 논쟁만을 불러오는 예학의 병폐를 극복하고자 본격화된 것이 실학實學이랍니다. 임진왜란 이후 사회 모순은 더욱 첨예화되고, 정부는 통치 능력을 상실해가고 있었지요. 예학을 앞세운 성리학은 사회를 개혁하는 데는 아무런 역할도 하지 못하고 있는 상황에서, 중국을 통해 서양 문물과 천주교 등이 속속 소개되고 있었답니다. 영조와 정조는 왕권 안정과 강력한 사회 개혁을 꿈꾸게 되고, 이에 실학 사상이 크게 융성하게 됩니다.

　사실을 기초로 해서 옳음을 구한다는 '실사구시實事求是'를 앞세워, 현실 문제의 해결을 모색한 실학자들은 크게 두 부류로 나누어볼 수 있답니다. 첫째는 농업 중심의 개혁을 내세운 18세기 전반의 '중농학파'이지요. 그들은 토지가 천하의 근본이므로, 그 근본이 확립되면 온갖 법도가 따라서 잘될 것이라고 믿었습니다. 이에 유형원柳馨遠은 『반계수록磻溪隨錄』이라는 책에서 토지제도의 문제점을 지적하고, 실제로 농사짓는 사람에게만 토지를 나누어주자고 주장했지요. 또한 이익李瀷은 『성호사설星湖僿說』에서 "백성들을 잘살게 하려면 농사지을 땅을 주고, 아무도 그 땅을 함부로 팔거나 사지 못하게 해야 한다"고 단언했습니다.

두 번째는 18세기 후반에 등장하는 '중상학파'입니다. 당시 상업과 공업이 발전을 거듭하고 있었고, 청나라의 선진 문물에 대한 경험도 늘어나고 있었지요. 이에 그들은 상공업을 발전시키고 청의 앞선 문물을 적극적으로 받아들여 활용할 것을 주장합니다. 당시 청의 학문을 북학北學이라 했기에, 이들을 '북학파北學派'라고도 부르지요.

먼저 유수원柳壽垣은 『우서迂書』에서 모든 직업을 평등하게 대할 것을 주장하며, 상공업을 발전시키고 기술 혁신을 해야 한다고 강조했지요. 박지원朴趾源은 양반이면서도 「양반전兩班傳」, 「허생전許生傳」, 「호질虎叱」 등의 소설을 써서 당시 양반제도를 비판하고, 『열하일기熱河日記』를 통해 청나라의 다양한 제도를 소개했습니다. 물론 청나라의 문물과 제도를 수용할 것을 주장했으며, 상공업의 발전을 위해 화폐가 널리 쓰여야 한다고 강조했지요. 그의 제자 박제가朴齊家는 여러 차례 청나라에 다녀온 경험을 바탕으로 『북학의北學議』를 저술했습니다. 박제가는 『북학의』에서 청나라의 문물을 더욱 적극적으로 받아들이고, 무역을 더 많이 하여 상공업을 발달시켜야 한다고 주장했습니다. 또한 양반과 농민, 수공업자, 상인 모두가 잘살기 위해서는 소비를 많이 해 물자가 계속 순환해야 한다는 현대 경제학적인 모습까지 보여주고 있답니다.

한편 중농학파를 이으면서도 북학파의 견해까지 섭렵하여 실학을 집대성한 사람이 있는데, 바로 정약용丁若鏞이지요. 그는 '오랜 우리나라를 새롭게 한다'는 기치 아래, 자기 수양에서 정치에 이르기까지 5백여 권에 이르는 방대한 저술을 남겼습니다. 정약용은 특히 백성을 다스리는 목민관과 왕의 수신을 중시하였는데요, 이에『목민심서牧民心書』에서 왕의 정치를 분담받은 목민관 또한 왕처럼 수양을 통해 백성을 보살펴야 한다고 말합니다. 심지어 그는 왕의 명령이 백성의 이익에 맞지 않는다면 목민관은 그 명령을 거부할 수도 있다는, 당시에는 놀라운 주장을 하고 있기도 하지요. 한때 정약용은 농사짓는 땅을 농민들이 공동으로 소유하고, 수확물도 똑같이 나누자는 혁신적인 내용을 주장하기도 했는데요, 유배지에서 농민과 함께 생활하고 나서 정전제井田制*로 방향을 바꾸었다고 합니다. 그는 화성華城을 설계하고 거중기를 만든 것으로도 잘 알려져 있습니다.

정전제 토지의 한 구역을 '정(井)' 자로 9등분하여 8호의 농가가 각각 한 구역씩 경작하고, 가운데 있는 한 구역은 모두가 공동으로 경작하여 그 수확물을 국가에 조세로 바치는 토지제도다. 중국 한나라 이후 토지개혁 방법으로 시대마다 거론되어온 제도다.

'이'와 '기'에 대한 치열한 논쟁, 이황과 이이

이황에서 기대승, 이이로 이어지는 조선 시대 성리학에서의 이理와 기氣 논쟁은 가장 유명한 성리학 논쟁입니다. 이 논쟁은 당시 정치 세력과 관련된 논쟁이었으며, 동시에 중국에서는 첨예화되지 않은 한국 성리학만의 발전된 성과물이기도 했지요. 여기서 그 대략을 소개해보기로 하겠습니다.

▶ 이황, 역동적인 이理로 4단7정을 논하다

앞에서도 언급했다시피 이황은 이理의 역동성을 강조하며, 이理가 생겨나면 기氣가 따라 발생한다고 말했지요. 그는 자신의 논리로 4단7정四端七情에 도입하여 설명합니다. 주자는 인간의 이理, 즉 본성은 '인의예지仁義禮智'의 '4단四端'이며, 선한 것이라고 하였지요. 반면 이理는 홀로 존재할 수 없으므로 기氣라는 감정을 가진 육체가 필요한데, 이것이 '7정七情'을 이룬다고 하였습니다. 그리고 7정은 선할 수도, 악할 수도 있다고 했지요.

이황은 여기서 4단은 이理에서 생겨나고, 7정은 기氣에서 생겨난다고 정리합니다. 순수하고 선한 4단은 본연의 원리인 이理에서 생겨나고, 희로애락의 7정은 감정과 육체가 있는 기氣에서 생겨난다고 정리한 것이지요. 그리고 이理가 생겨나고 기氣가 따라 발생했듯이, 4단이 생겨난 후 7정이 생겨났다고 설명하고 있습니다.

▶ 기대승, 이理는 드러나는 것이 아니다

이황의 제자였던 기대승은 오랫동안 서신 교환을 통해 스승과 많은 얘기를 주고받았는데요, 8년 동안 계속된 이 4단7정 논쟁이 가장 유명하답니다. 기대승은 이황의 주장에 다음과 같이 되묻습니다.

"인간의 본성은 이理이므로 아직 밖으로 드러난 것이 아닌데, 어찌 4단이 되겠습니까?"

그는 주자가 이理는 원리로서 기氣를 통해 그 모습을 드러낸다고 한 기본 전제를 확인한 것이지요. 이에 이理만이 홀로 모습을 드러낼 수 없는 것이므로, 4단 또한 드러나는 것이 아니라고 말하고 있는 것입니다. 결국 그는 겉으로 드러날 수 있는 것은 7정이고, 7정 중에 정도에 맞는 것이 4단이라고 주장하게 되었지요.

▶ 이황의 수정과 기대승의 재반박

이에 이황은 이理와 기氣가 함께 작용하는 것임을 인정합니다. 그것이 성리학의 기본 전제이기 때문이지요. 하지만 그는 여전히 4단과 7정은 다른 것이라고 생각했지요. 그래서 4단은 이理가 발생한 후에 기氣가 따르는 것이며, 7정은 기氣가 발생한 후에 이理가 올라타는 것이라고 주장하게 됩니다.

이런 이황의 대답에 기대승은 반만 수긍합니다. 그는 7정이 기氣가 발생한 후에 이理가 올라탄 것이 맞다고 맞장구를 쳤지요. 하지만 그는 순수하고 선한 마음인 4단 또한 기氣가 발생한 후 이理가 올라탄 것이라고 주장했답니다.

▶ 이이, 이황도 기대승도 반만 맞다

훗날 이이가 친구 성혼과 함께 위 두 사람의 논쟁을 재검토했는데요, 그 과정에서 이이는 기대승과 비슷하면서도 다른 의견을 펍니다. 그는 이理가 스스로 활동하는 것이 아니라 기氣가 활동하는 원인이 될 뿐이라고 말합니다. 그러므로 스스로 활동하는 것은 기氣이고, 기氣가 활동하면 이理가 올라타는 것이 옳다고 말합니다. 하지만 이이는 기대승이나 이전의 서경덕도 옳은 것은 아니라고 말합니다. 그는 두 사람이 겉으로 드러나는 기氣를 강조한 나머지, 마치 기氣밖에 없거나 이理보다 우월한 것으로 파악하고 있다고 지적합니다. 하지만 이理는 모든 것에 통하는 이치요 원인으로, 구체적이고 개별적인 상황에만 적용되는 기氣보다 결코 뒤지는 것이 아님을 분명히 한 것이지요. 그는 나아가 이理와 기氣는 결코 분리해서 볼 수 없는 것인데, 이황이 이理와 기氣를 마치 별개의 것으로 설명하려 하면서 문제가 커졌다고 지적하고 있습니다.

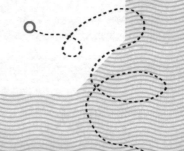

제5장

우리의 믿음을
해부한다,
현대 철학과 과학

오늘을 읽는다, **현대 철학과 과학**

한때 인간이 가진 놀라운 이성과 과학으로 인해, 인류와 사회가 영원히 발전하고 번영할 것이라고 강하게 믿었던 때가 있지요. 과학기술의 발전과 산업혁명은 이제까지 경험하지 못한 풍요를 만끽할 수 있게 해주었으며, 곳곳에서 일어난 혁명은 인간의 의지로 사회마저도 원하는 세상으로 바꿀 수 있다는 믿음을 주기에 충분했습니다.

하지만 그 믿음은 역사상 최대의 살상을 경험케 한 두 차례의 세계대전으로 산산이 부숴졌고, 자본주의와 공산주의라는 새로운 사회도 그렇게 완벽해 보이지는 않았지요.

현대 철학은 이러한 환경과 분위기 위에서 전개되고 있답니다. 그토록 믿었던 인간 이성에 대해 의심하기 시작했고, 과학이 가진 확실한 지식에 대해서도 의심의 눈초리가 쏟아지기 시작했습니다. 이성과 과학의 자랑이었던 발전과 진보라는 개념도 환경 파괴와 다양한 비판 앞에서 꼬리를 내리기 시작했으며, 자연의 개척자로 믿었던 인간의 오만도 풀이 죽어갔지요.

대신 더욱 다양한 의견에 귀를 기울이기 시작했으며, 여성이나 이민 계층 등 차별받는 사람들에게도 더 많은 관심을 가지기 시작했습니다.

또한 이성과 발전을 믿었던 과거의 완고한 가치 체계가 공격받으면서, 다양한 가치를 인정하는 동양 사상과 닮아가고 있기도 합니다.

물론 그렇다고 이성과 과학에 대한 믿음이 완전 붕괴된 것은 아니랍니다. 오히려 굳건히 믿는 입장과 의심하는 입장이 팽팽히 맞서고 있다고 해야 할 것입니다.

여기서는 이런 변화의 흐름을 살펴보고, 우리 생각이 가진 위치를 확인해보는 기회를 갖고자 합니다. 그리고 이를 토대로 오늘날의 문제와 미래에 대해 여러분의 생각을 다듬어보는 시간이 되기를 바랍니다.

새로운 철학을 준비하는
헤겔의 적들

헤겔은 그동안 계속되어오던 모든 논쟁을 아우르는 체계를 제시함으로써 근대 철학을 완성해냈습니다. 그가 집대성한 철학은 정신의 사유를 우선시하는 관념론이었고, 보편적이고 합리적인 이성에 기반한 것이었지요. 하지만 그의 제자 격인 마르크스는 관념론을 거부하고 물질과 실천을 중요시하는 유물론 철학으로 나아갔습니다. 한편 애초부터 헤겔에 반대하던 이들은 소크라테스 때부터 굳게 믿어오던 합리적 이성에 대한 신념을 그 뿌리부터 흔들어대기 시작했지요. 마르크스는 다음 장에서 다루도록 하고, 여기서는 합리적 이성에 반기를 듦으로써 현대 철학의 선구자라고 불리는 이들을 소개하도록 하지요.

의지의 철학자, 쇼펜하우어

헤겔과 동시대에 살았던 쇼펜하우어 Arthur Schopenhauer 는 자신만이 칸트의 정통 후계자라고 자처했습니다. 그는 칸트가 파악 불가능하다고 한 물자체에 대해 분명한 예외가 있음을 선언하며 자신의 철학을 전개해나갔습니다.

쇼펜하우어는 우리가 스스로를 인식하려고 하는 경우를 살펴보라고 제안합니다. 그런 경우 우리는 인식의 주체이기도 하지만, 동시에 인식해야 할 대상이 되어버리지요. 그리고 그 '나'라는 대상을 가만히 보고 있으면, 그것은 하나의 '의지'임을 분명히 알 수 있다고 합니다. 사람들은 누구나 의지를 가지고 있고, 인간의 모든 행동이 그 의지에서 나온다는 것은 자명한 것이지요. 그런 이유로 또 하나의 물자체인 나 자신의 본질은 '의지'라고 말할 수 있는 것입니다. 이로써 칸트가 알 수 없다고 한 물자체, 그중 하나인 나의 본질이 분명히 밝혀집니다. 쇼펜하우어는 이 사실을 근거로 칸트가 알 수 없다고 한 물자체의 중요한 본질이 의지라고 주장하며, 모든 만물에 '의지'를 적용해나갑니다.

이제 그에게서 세계는 곧 의지가 되는 것이지요. 그런데 쇼펜하우어가 말하는 의지는 '신'이나 '절대정신'같이 이성적인 것이 아니라 충동에 불과한 것입니다. 이것은 인간과 만물에 똬리를 틀고 있는 '살고자하는 의지'이며 '존재를 지속시키고자 하는 의지'일 뿐입니다. 그 의지가 발현하여 존재하고 먹고 마시는 것이지요. 그는 이렇게 이성보다는 충동과 의지를 강조함으로써 인간 이성에 비판을 가하는 현대 철학의 전초를 제공해줍니다.

또한 쇼펜하우어는 이 삶의 의지들이 끊임없이 갈등과 살육, 파괴를 만들어낼 뿐 충족될 수 없다고 생각했습니다. 행여 만족되더라도 우리는 곧 권태에 빠지고 만다고 말합니다. 결국 그에게 인생은 충족되지 않는 욕구와 권태로 이루어진 불행한 것인데요, 바로 이 때문에 그는 염세주의 Pessimism 의 대명사가 되었답니다.

쇼펜하우어 쇼펜하우어는 자신이 진정한 칸트의 후예라고 생각하며, 헤겔과 경쟁하려 했다. 이에 헤겔과 같은 시간대에 강의를 열어 참패하기도 했으며, 자신의 개를 헤겔이라고 불렀다.

한 개인의 실존이 더 중요하다, 키에르케고르

키에르케고르 Søren Kierkegaard 는 헤겔이 철학을 통해 모든 것을 설명하려고 했지만, 정작 가장 중요한 문제인 '한 개인으로서의 인간'의 문제는 도외시했다고 말합니다. 그는 헤겔을 추상적인 관념에 집착하는 사람에 불과하다고 생각했지요. 하지만 그런 추상적인 사람조차도 결국에는 언제나 하나의 구체적인 개인일 수밖에 없는 것이지요. 그리고 그 개인은 이 세상 무엇과도 바꿀 수 없는 자신만의 유일한 존재이며, 자신의 절대적인 관심의 대상입니다. 그리고 무엇보다 그 개인은 결코 외면할 수 없는 자기 자신의 현실인 것이지요. 이에 키에르케고르는 인간이 추상적 사유와 본질로만 이야기되는 것을 거부하고, 실제로 존재하는 실존적 존재로서 다루어져야 한다고 역설합니다.

　여기서 실존이란 본질과는 대조되는 개념이지요. 이는 구체적으로 존재하는 것을 의미하는데요, 그래서 보통 본질과 반대되는 일시적이고 부분적인 의미의 '현상'으로 취급되기도 합니다. 이 실존은 본질을 중시하던 철학사에서 언제나 무시되어오던 개념이었습니다.

　키에르케고르는 바로 무시되어오던 실존을 전면에 내세웁니다. 그 결과 실존은 그때까지 철학이 가지고 있던 커다란 빈틈을 메우면서 중요한 철학적 대상으로 부상하게 되었지요.

　그렇다고 키에르케고르의 실존이 단순히 존재하고만 있는^{being} 개인적 인간을 뜻하는 것은 아닙니다. 그는 실존이란 항상 어떤 상황 속에 놓인 '나'일 수밖에 없고, 그런 이유로 언제나 '이것이냐 저것이냐'

를 결정해야 하는 동적인 인간이라고 말합니다. 그는 이런 양자택일적 상황을 '실존적 상황'이라고 말하며, 실존이란 항상 이런 결단의 상황에 처한 사람을 의미하는 것이라고도 합니다.

키에르케고르는 또한 실존적 인간에게 보편과 본질을 추구하는 객관적인 진리는 중요한 것이 못 된다고 주장합니다. 실존은 철저히 개별적이고 주관적인 것이기 때문에, 그 진리 또한 실존이 기준이 되어야 하며 주관적일 수밖에 없다는 것이지요. 그런 이유로 그는 진리를 자신의 실존에 깊이 침잠하여 어떻게 살아갈 것인가를 계속 고민하는 주체적인 삶 속에서 찾아야 한다고 말합니다.

망치를 든 철학자, 니체

쇼펜하우어의 철학에 깊은 감명을 받으며 자신의 새로운 철학을 전개한 니체Friedrich Wilhelm Nietzsche. 그는 헤겔의 거대한 체계에 반기를 들었다기보다, 서유럽의 모든 지적 전통에 반기를 들었다고 말할 수 있습니다.

그는 그리스 사회의 미적 가치를 설명하면서 제법 조화로운 것이었다고 말합니다. 그리고 이를 그리스 신화에 나오는 신들의 이름을 빌어 '아폴론적인 것'과 '디오니소스적인 것'으로 설명하지요.

여기서 아폴론은 태양신으로 질서와 이성, 냉철함을 상징하며, 그리스 조각과 조형예술에서 볼 수 있듯이 형식적 질서 속에서 미를 창

디오니소스 축제 풍요와 술의 신, 디오니소스를 기리기 위해 고대 아테네에서 3월 말에 약 일주일간 열린 축제다. 한편 디오니소스를 숭배하는 이들은 집단적 흥분 속에서 황홀경에 빠져드는 제사 의식을 펼치곤 했다.

조해내는 것을 나타냅니다.

반면 디오니소스는 술과 축제의 신으로 광기와 정열, 감성을 상징하며, 삶의 무한한 생명력과 혼돈 속에서 미를 창조하는 것을 의미합니다. 우리는 그 예를 음악에서 쉽게 찾아볼 수 있습니다. 이둘은 조화를 이루는데요, 니체는그 좋은 예를 그리스의 비극에서 찾을 수 있다고 말했지요.

하지만 니체는 유감스럽게도 이 위대한 조화가 이성을 중시하는 소크라테스의 등장으로 무너져버렸다고 주장합니다. 창조를 부르는 정열의 힘은 사라지고, 질서만을 강조하는 경직된 이성만이 만연한 사회가 된 것이지요. 그리고 여기에 기독교 시대가 도래하면서 이 불균형은 더욱 악화되고 고착화되어 갔다고 그는 역설합니다.

이어 니체는 서구 유럽 사회를 지배하는 기독교와 그 도덕 체계를 신랄하게 비판하고 나섭니다. 그는 모든 사람이 따라야 할 절대적인 도덕 체계는 존재하지 않으며, 각기 다른 사람들에게 보편적인 도덕 기준을 들이댈 수는 없다고 주장합니다. 특히 기독교야말로 신의 이름으로 보편적인 도덕을 앞세워 인간의 생명력을 말살하고 변변치 못한 삶으로 추락시켰으며, 심지어 노예의 도덕을 갖게 했다고 말했지요. 본디 강한 사람의 도덕은 주인의 도덕으로 선악에 지배받지 않으며, 삶을 긍정하는 힘을 갖는 것이라고 말합니다. 반대로 노예의 도덕은 주인의 도덕을 시기하고 스스로에 대한 자신감이 결여된 도덕입니다. 이 힘없는 약자들의 도덕은 주로 고통받는 사람들을 위로하는 동정, 박애, 자비와 같은 덕목을 선善이라고 주장하지만, 그 진실은 용감하게 행동할 용기가 없는 두려움에 불과한 것이라고 니체는 말합니다.

이제 그는 비겁자의 도덕이요, 노예의 도덕인 기독교의 도덕을 부숴야 한다고 역설합니다. 현재 유럽 사회에서 통용되는 선악의 구별은 거짓이며, 인간성을 특징짓는 것이 될 수 없다고 강하게 주장하고 있는 것이지요.

우리는 이 시점에서 "신은 죽었다"라는 니체의 유명한 말의 의미를 알 수 있습니다. 그는 단순히 신의 죽음만을 의미한 것이 아니라, 신을 지탱하던 선이, 그 위에 세워진 서구 유럽의 모든 가치가, 근대를 지탱하던 인간 이성에 대한 확신이 모두 무너져 내리고 있음을 외치고 있는 것입니다. 그리고 이렇게 근대까지 쌓아놓은 모든 것을, 이성에 대한 믿음을 모두 부숴버림으로써 그는 전혀 새로운 철학의 시대를 열게 됩니다. 바로 이것이 니체를 망치를 든 철학자요, 예언자, 현대 철학의 아버지라고 부르는 이유랍니다.

다양하게 전개되는
현대의 철학들

　뉴턴이 과학을 반석 위에 올려놓았고, 헤겔은 철학의 오랜 숙원을 풀었지요. 사회는 산업화를 통해 지금까지 경험하지 못한 풍요를 맛보기 시작했으며, 계몽된 시민들은 마침내 혁명을 통해 자유까지 만끽하게 되었습니다. 세상을 바꾼 과학과 인간의 이성에 대한 신뢰는 하늘을 찌르고 있었지요. 이런 분위기는 과학을 절대적으로 신뢰하는 논리실증주의Logical Positivism와 프래그머티즘Pragmatism 철학을 낳게 됩니다.

　하지만 이 엄청난 발전과 풍요는 우리 모두의 것이 아니었으며, 영원히 계속되는 것도 아니었지요. 자본주의가 확대되어갈수록 노동자들은 착취와 불평등 및 인간소외에 신음해야 했으며, 식민지들은 말할 수 없는 희생과 고통을 감내해야 했지요. 그리고 마침내 두 차례의 세계대전까지 발발하게 됩니다. 세계대전은 인류에게 지금까지 존재하지 않았던 막대한 폐허와 살육을 선사하고 말았지요.

이 역경의 과정 속에서 과학을 앞세우며 사회주의 혁명을 꿈꾼 마르크스주의Marxism가 세상을 뒤덮기 시작했으며, 전쟁에 대한 좌절과 지식인의 죄의식은 실존주의를 불러냅니다.

행동의 결과를 내세운 프래그머티즘

이른 산업화와 지리적 위치 등으로 혁명과 전쟁으로부터 비교적 자유로웠던 영국과 미국. 여기에 면도날처럼 냉철한 오컴의 철학과 근대 과학의 완성을 이룬 뉴턴의 과학적 업적까지 직접 세례를 받은 그들은 과학이야말로 더없이 정확한 지식이었으며, 진리를 탐색할 유일한 도구였지요. 이에 영국에서는 과학으로 철학 문제를 해결하겠다는 분석철학Analytic Philosophy이, 미국에서는 서로 상충하는 종교와 과학을 함께 병행하기 위한 프래그머티즘이 널리 유행하게 됩니다.

먼저 영국의 청교도들이 박해를 피해 이주하면서 형성된 미국 사회에서는 종교가 매우 중요한 신념이었습니다. 반면 과학적 성과에 힘입은 공업화와 산업화의 급속한 발전은 신학과는 전혀 다른 과학의 현실적 힘을 증명하고 있었지요. 게다가 다윈이 들고나온 과학적 진화론은 종교적 신념을 정면으로 반박하고 있었답니다. 그러한 신념의 갈등은

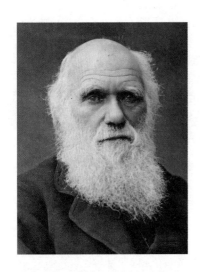

적자생존의 원리를 주장한 다윈 화석 등 다양한 증거들이 늘어나면서 라마르크(Jean Baptiste Pierre Antoine de Monet, Chevalier de Lamarck) 등이 다양한 진화론을 전개해나갔다. 하지만 이들 진화론을 관통하는 설득력 있는 원리가 존재하지 않았다. 이때 찰스 다윈(Charles Robert Darwin)이 『종의 기원(On the Origin of Species)』을 들고나와, 적자생존의 원리를 내세운 자연선택설을 주장하게 된다. 이는 생존 경쟁에서 유리한 형질을 가진 종만이 살아남고, 그들의 생존에 유리한 형질이 후대에 계속 전달되면서 새로운 종으로 진화한다는 주장이다. 그는 방대한 자료를 통해 이를 증명해나갔으며, 이후 그의 진화론이 정설이 되어 과학뿐 아니라 사회 각 분야에 막대한 영향을 미쳤다.

미국인들에게 철학이 진리라기보다 삶에 유용한 것이라는 생각을 갖게 했습니다. 바로 '실용주의', 프래그머티즘이 탄생한 것이지요.

프래그머티즘의 창시자인 퍼스^{Charles Sanders Peirce}는 '나는 생각한다. 고로 존재한다'라는 이성에 기초한 사유가 직관에 의해 파악되는 것으로, 개인의 머릿속에서 이루어지는 것이라고 지적합니다. 그러므로 그런 사유는 개인의 주관일 뿐 사회적으로 공유될 수 없는 것이라고 생각했지요. 그는 모두가 공유할 수 있는 진정한 사유는 항상 상황 속에서 행동이 이루어짐으로써 명료하게 드러날 수 있다고 주장합니다. 예를 들어 '단단한'이라는 단어가 머릿속에 확고한 의미로 자리 잡기 위해서는 두 물체를 긁어보고 그 결과를 살펴봄으로써, 긁히지 않는 쪽을 '단단하다'고 분명히 인식할 수 있다는 것이지요. 그는 이렇게 경험과 실험을 거침으로써 사회적으로 확정되고 공유될 수 있는 지식을 진정한 지식으로 보았습니다.

퍼스와 그의 동료들은 당시 신뢰를 쌓아가고 있던 진화론적 입장도 적극 수용해 철학을 전개해나갔지요. 특히 윌리엄 제임스^{William James}는 진화론의 핵심인 적자생존의 원리를 적용해 생존을 위해 필요한 것이 중요한 지식임을 강조하고, 이에 진실한 지식이란 우리의 삶을 가장 잘 인도해주는 것이라고 주장했습니다. 그의 이런 주장은 미국 사회에 널리 퍼져 나가며 오늘날 흔히 접하는 실용주의의 개념으로 정착하게 되었답니다.

제임스는 어떠한 개념이나 생각, 심지어 학문도 우리가 살아남는 데 또는 실생활에서 어떤 식으로 유용하게 사용될 수 있는지를 입증할 수 있어야 한다고 역설했지요. 그런 이유로 그는 서로 전혀 다른 주장을 하고 있는 종교도, 철학도 껴안을 수 있게 되었습니다. 우리가 종교적 신앙을 과학적으로 설명할 수는 없더라도, 종교적 신앙을 가진 사람이 신앙을 갖지 않은 사람의 삶에 비해 유용한 차이를 낸다면, 그 신앙은 정당할 뿐만 아니라 그 자체로 진리가 될 수 있다고 할 수 있기 때문이지요. 그는 서로 의견을 달리하는 철학들조차 진리를 파악하는 경쟁적 수단으로서 비슷한 역할을 수행한다고 보았으며, 현실 속에서 결과가 동일한 것이라면 모두 진리를 똑같이 이해하고 있다고 보았습니다.

그리고 듀이John Dewey가 나타났습니다. 그는 행동과 실험 관찰이 지식을 확인하는 과정이며, 동시에 그 결과가 틀린 것이었다면 그것을 수정하는 기회라고 생각했습니다. 그러므로 우리는 끊임없는 행동과 실험 관찰을 통해 진리를 알고 또 수정해나가는 것이지요. 듀이는 이렇게 프래그머티즘을 변화 가능한 아주 역동적인 철학으로 만들어냄으로써, 고전적 프래그머티즘의 완성자로 평가받게 되었답니다.

듀이는 단순한 지식 또는 심리적 상황의 수정을 넘어 이를 사회 현실적 상황을 수정하는 것으로까지 확대해나갔는데요, 이렇게 사회적

개조를 이루는 것을 철학적 탐구의 끝이라고 생각했습니다. 그의 이런 생각은 당연히 사회적 참여로 이어졌으며, 많은 사람들이 그의 사상에 관심을 갖게 했지요.

특히 듀이가 보여준 진리의 수정 가능성은 진리가 끊임없이 변화하는 것임을 말해주는데요, 그는 이런 진리를 '보증된 주장 가능성'이라고 표현했습니다. 그는 진리가 직면한 문제가 시대와 상황에 따라 달라지며, 심지어 해결 방법 또한 시대와 상황에 따라 달라질 수 있기 때문에, 우리가 확인한 진리는 '지금으로서는 최선의 진리'라는 의미를 담고 있을 뿐이라고 말합니다.

과학을 내세운 영미 철학의 대표주자, 논리실증주의

과학과 수학에 익숙해 있던 무어 George Edward Moore 는 동료 러셀 Bertrand Arthur William Russell 에게서 헤겔 철학 등을 접하면서 충격을 받게 됩니다. 무어가 생각했을 때 변증법이니 절대정신이니 하는 철학이라는 것은 추상적이고 모호한 것이었으며, 부정확한 언어 사용과 논리적 착각에 기인한 것에 불과해 보였기 때문이지요. 이에 무어와 러셀은 좀 더 엄밀한 언어 사용과 논리분석을 통해 철학을 전개하고자 하면서 분석철학이 시작되었습니다.

이 중 러셀은 원자들이 모여 사물과 세상을 이루듯이, 각각의 명확한 과학적 · 논리적 명제들을 하나둘 모으다 보면 결국 세상의 진리가

밝혀질 수 있다고 생각했지요. 이를 보통 논
리원자주의 Logical Atomism 라고 하는데요, 그의
제자이자 천재 철학자로 유명한 비트겐슈타
인 Ludwig Wittgenstein 이 이를 끝까지 추적하여 명
성을 얻기도 합니다. 그리고 이들과 같은 맥
락에 있는 부류로서 독일에서 시작된 논리실
증주의가 있는데요, 이들은 과학에 대한 가
장 강한 신념을 가지고 영미 지역에 큰 영향
력을 행사해나가기 시작하였지요.

비트겐슈타인 비트겐슈타인은 경제학자 케인스
가 "신이 돌아왔다"라고 말할 만큼 비상한 천재
였다고 한다. 이에 러셀은 자신의 연구를 비트
겐슈타인에게 일임해버렸고, 그 결과물이 『논리
철학논고(Logisch-philosophische Abhandlung)』
이다.

　카르납 Rudolf Carnap 등이 주도한 논리실증
주의는 과학처럼 관찰 가능하며 실험을 통해
검증 가능한 명제만을 철학에 사용해야 한다고 주장했습니다. 그러므
로 윤리학이나 미학 같은 실험하고 검증할 수 없는 명제들은 철학이
탐구해야 할 대상이 아니라고 단언했지요.

　그런 만큼 그들은 될 수 있는 한 많은 명제들을 검증 가능한 과학적
명제로 만들려고 했으며, 이에 '이상언어학파'라고도 불렸습니다. 이
상언어 Ideal Language 란 과학적으로 이상화된 언어를 말하는 것으로, 일
상생활의 언어가 아닌 과학적 실험 검증이 가능한 언어로 바꾸는 것을
의미합니다. 예를 들어 '존이 아프다'는 '존의 신체는 S상태에 있다'는
식으로 바꾸는 것이지요.

　이렇게 모든 진리는 검증해야 한다는 검증 원리를 내세우며 과학적
언어를 전면에 내세운 그들은, 과학이 끊임없이 힘을 얻어가던 시대에

엄청난 호응을 얻으며 영국과 미국을 중심으로 퍼져 나갔습니다. 특히 그들의 활동은 미국의 주류를 형성하고 있던 가장 미국다운 철학인 프래그머티즘까지 완전히 잠식해버렸지요.

세상을 바꾸는 마르크스 철학

마르크스는 관념론 철학을 완성한 헤겔에게서 변증법을 계승하고, 포이어바흐Ludwig Andreas Feuerbach에게서 물질을 우선시하는 유물론Materialism을 이어받았지요. 그는 이 사상들을 이용해 당시 자본주의의 병폐로 유행하기 시작한 공상적인 사회주의를 과학적으로 다듬어서, 사회를 변화시키는 철학을 만들어냅니다.

마르크스는 먼저 유물론자답게 먹고사는 현실적 물질 문제를 그 핵심 요소로 확정하고, 경제학을 집중 분석해 들어갔습니다. 그는 경제적 관계를 분석해 생산수단을 누가 가졌느냐에 따라 '착취계급Exploiting Class'과 '피착취계급Eexploited Class'으로 나누었지요. 즉 토지 및 기계설비, 운송수단 등 생산수단을 가진 자가 착취계급이 되어 이를 갖지 못한 자들에게 노동을 시키고, 그 생산품을 착취한다는 것입니다. 이는 원시공동체 사회를 제외하고는 그 이후의 노예제 사회, 봉건제 사회, 자본주의 사회 모두에 존재해왔으며, 이 두 계급의 갈등관계를 통해 역사가 발전한다고 주장했지요.

마르크스는 이렇듯 경제적 토대가 사회의 변화를 일으키는 원동력

우리가 싸워야 역사가 발전해!

이라고 보았으며, 심지어 이것이 사회를 이루는 모든 요소들, 즉 문화와 정치, 법, 이데올로기 같은 상부구조Superstructure들까지 결정한다고 역설했지요.

마르크스는 특히 이데올로기를 생산수단을 가진 지배계급이 만들어낸 아주 교묘한 정신적 지배 장치라고 주장합니다. '이데올로기 Ideologie'란 특정 계급의 지배적 정신을 의미하는데요, 지배계급은 역사 속에서 이 정신을 자연스럽게 주입시킴으로써 물질적 지배를 넘어 정신적 지배까지 가능하게 되는 것입니다. 너무나 자연스럽게 정당화되어버린 이 의식은 끊임없이 재생산되므로 피지배계급의 자각 없이는 쉽게 드러나지 않는다고 합니다.

마르크스는 더 나아가 『자본론 Das Kapital, Kritik der Politischen Oeconomie』 등을 통해 자본주의의 사회에서는 자본가가 지배계급이고 이에 착취당하는 계급이 노동자계급임을 분명히 하고, '잉여가치설 Theories of Surplus Value'을 근거로 착취의 실체를 보여주려 했지요.

잉여가치설은 간단히 말하면 자본가가 항상 임금 이상의 노동을 강요해, 임금 이상으로 생산된 가치를 자본가의 이윤으로 착취해간다는 것입니다. 문제는 임금이 노동자의 생존을 유지하는 데 필요한 비용의 수준에서 결정된다는 데 있습니다. 노동자는 끊임없이 노동을 해도 항상 생존에 필요한 만큼만 소비할 수 있는 데 반해, 자본가는 자신의 이익을 극대화하기 위해 남아도는 돈을 생산에 재투자함으로써 상품들을 계속해서 늘려나가게 되지요. 그 결과 상품을 소비할 노동자의 돈은 늘어나지 않고, 더 이상 상품을 팔 수 없게 되니 자본가의 이익 확대는 그 한계에 부딪히게 된다는 것이지요. 그는 이러한 한계가 대공황과 같은 혼란을 촉발하면서, 새로운 사회주의 사회로의 이행을 준비하게 된다고 주장합니다.

마르크스가 역사의 최종 단계로 내세운 사회주의 또는 공산주의 사회는 노동자들이 이러한 현실을 충분히 인식하고 만든 것이기 때문에, 지배계급과 피지배계급이 없는 노동자들의, 노동자들을 위한 사회가 될 것이라고 주장했지요. 그의 이런 혁명적인 주장들은 한때 지구의 절반을 뒤덮으며 민중에게 많은 희망을 안겨주기도 했답니다. 물론 현재의 시점에서 보면 그 실험은 실패에 가까운 것이었지요.

하지만 마르크스의 철학은 자본주의 진영을 위협하며 좀 더 발전된 수정자본주의가 만들어지도록 자극했으며, 사회민주주의를 내세운 복지국가들이 등장하게 했답니다. 그리고 공산주의의 상징이었던 소련이 사라진 오늘날에도, 그 경제적 분석 틀이나 진보적 관점들은 사회학과 철학 등 곳곳에 그 영향력을 남기고 있습니다.

실존을 앞세운 슈퍼스타, 사르트르

한편 제2차 세계대전이 끝난 후 사르트르^{Jean Paul Sartre}가 나타나 실존주의를 크게 유행시키며 가장 대중적인 슈퍼스타 철학자로 군림하게 됩니다. 키에르케고르가 본질보다 실존을 더 중시해야 한다고 주장한 것처럼, 그는 "실존은 본질에 앞선다"라는 말을 전면에 내세웠지요.

사르트르는 칼이 존재하는 이유는 무엇인가를 자르기 위해서이며, 그런 이유로 앞부분이 단단하고 예리한 쇠로 만들어져 있다고 말합니다. 컵이 물을 마시기 위해 존재하고, 그래서 움푹 파여 있는 것처럼 말이지요. 그것의 본질은 물건을 자르고, 물을 담는 것이지요. 그것은 인간이 만들었기 때문에 인간이 만든 취지에 의해 이미 본질이 정해져 있는 것입니다.

그렇다면 인간은 어떨까요? 이 대답을 하는 데 있어 사르트르는 무신론자였지요. 그에게서 신이란 존재하지 않으므로, 인간은 신이 만들지 않은 것이지요. 그래서 사르트르는 인간은 누군가가 만든 것도 아니며, 무엇을 위해서 만들어졌다고도 할 수 없다고 말합니다. 인간

사르트르와 보부아르 사르트르는 전후 세계를 대표하는 최고의 지성이었으며, 그의 연인 보부아르 (Simone de Beauvoir) 또한 최고의 여성 작가이자 철학자였다. 이 두 사람은 계약 결혼으로도 유명했다.

은 그저 이 세상에 던져졌을 뿐이지요. 결국 우리가 던져진 인간이라는 사실, 즉 실존만이 먼저 있다고 그는 말합니다. 이런 이유로 "실존은 본질에 앞선다"고 말할 수 있는 것이지요. 그리고 이는 곧 우리에게 지켜야 할 원천적인 본질, 즉 목적이나 당위 또는 신의 명령 같은 것은 존재하지 않는 것이며, 사르트르의 말처럼 "우리 인간은 자유로 선고되었다"고 말할 수 있는 것입니다.

이제 우리는 무한한 자유를 갖게 되었습니다. 하지만 아이러니하게도 이 무한한 자유는 우리를 힘들게 하는 자유입니다. 우리는 존재하는 이상 무엇인가를 향해 나아가야 하는 존재이기 때문이지요. 이제 우리는 무엇을 해야 할지, 무엇을 추구해야 할지 그 방향조차도 정해지지 않은 채 그저 존재하고 있으며, 그렇다고 가만히 있을 수도 없는 존재가 되고 맙니다. 그래서 자유는 하나의 형벌처럼 선고된 것이 되어버립니다. 카뮈 Albert Camus 는 이런 인간의 실존적 모습을 끊임없이 바위를 들어 올려야 하는 시시포스 Sisyphos 의 신화에 비유하고 있지요.

이제 사르트르는 우리에게 계속해서 무엇인가를 선택하고, 무엇인가를 행해야 한다고 말합니다. 심지어 가만히 있거나 선택하지 않는다 해도, 바로 그것이 선택이니까요. 결국 우리는 이렇게 끊임없는 선택을 통해 오히려 '우리가 무엇인가?'에 대한 답을 만들어가야 하는 것입니다. 그렇게 우리는 스스로 우리의 본질을 만들어가야 하는 것이지요.

바로 이 시점에서 사르트르는 개인의 삶을 중시하는 대부분의 실존주의자들과는 다르게 아주 적극적인 방법으로 사회참여를 주장합니다. 인간은 스스로 자기 행동을 기획하고 선택해야 하는데, 그것이 인류의 선택과 함께해야 한다는 것이지요.

사르트르의 이 사회참여에 대한 의지는 그를 사회참여적인 지성의 상징으로 부각시켜주었으며 대중을 선도하게 만들었습니다. 그리고 그것은 전쟁의 폐허 속에서 굳건히 다시 일어나려는 전후 세대의 의지와도 일맥상통하는 것이었지요. 하지만 무엇보다도 그가 본질이나 기존의 윤리보다 앞세운 인간의 실존적 상황은, 당시 나치 침공과 제국주의의 전횡 앞에서 무기력한 저항과 협력 또는 방관 등으로 얼룩진 지식인들의 현실을 변명해주는 것이었답니다.

뉴턴을 뛰어넘은 과학과
축소된 신뢰

　　뉴턴의 과학은 더욱 많은 분야로 퍼져 나가며 생물학, 화학, 전기 자기학 등 다양한 분야의 과학을 만들어냈습니다. 참으로 많은 것들이 뉴턴 과학을 전제로 해명될 수 있었답니다. 하지만 20세기에 들어서면서 뉴턴 과학만으로는 해석되지 않는 영역들이 있다는 것을 알게 되었지요. 먼저 상대성이론Theory of Relativity이 등장해 절대적 시간과 절대적 공간을 기반으로 한 뉴턴 과학을 무너뜨리며 우주를 해석할 수 있는 가능성을 키웠지요. 이어 원자와 전자 등 눈에 보이지 않는 미시적 세계를 연구하던 양자역학은, 우리의 상식으로는 도저히 이해할 수 없는 세계에 봉착하고 말았습니다.

뉴턴의 전제를 뒤엎은 상대성이론

뉴턴은 이 세상은 신이 자로 재듯이 절대적으로 측정되는 공간이 있고, 시계가 '똑딱' 하면 딱 그만큼 '똑딱' 시간이 흐르는 절대 시간이 있다고 생각했습니다. 바로 이런 절대 공간과 절대 시간 위에서 만유인력의 법칙이 작동하며, 빛 또한 그 절대 공간을 가로질러 매초에 약 30만 킬로미터의 속도로 움직인다고 생각했던 것이지요.

바로 그러한 전제 위에서 우리는 빛이 속도를 가지고 있다는 사실을 알고 있습니다. 그렇다면 빛을 등진 방향으로 향하여 움직이며 측정하면 느리게 보이고, 빛을 마주해서 측정하면 더 빠르게 측정되어야 하지 않을까요? 그런데 아무리 많은 실험을 해보아도 빛의 속도는 언제나 같게 나타났습니다.

이렇게 빛의 속도가 불변해 보이는 것은 빛이 자연계 최고 속도이기 때문이지요. 사실 우리가 살아가며 관찰하는 대부분의 세계는 이 빛의 속도에 비교해보면 비교도 되지 않을 만큼 느리게 움직이고 있습니다. 우리는 바로 그런 느린 세계에서 달리고, 관찰하며, 일정한 시간과 무게를 가지고 살아가고 있는 것이지요.

그런데 아인슈타인은 이 느린 세계에서 물체의 시간과 질량, 길이 등이 하나의 세트라고 생각했습니다. 그리고 만약에 빛만큼이나 빠르게 움직이는 물체가 있다면, 그 속도만큼 시간과 길이가 줄고 질량이 늘어난다고 주장합니다. 결국 우리가 알고 있는 시간과 공간이 절대적인 것이 아니라, 저 빠르게 움직이는 세계에 비해 상대적이라는 것이지요. 이를 '서로 다른 좌표계에서는 서로 다른 관찰과 서로 다른 물리량을 가진다'고 말합니다.

마치 판타지 같은 이 이론이 당시 알려졌을 때 대부분은 믿으려 하지 않았지요. 하지만 우주에서 떨어지는 광선인 뮤온^{Muon} 등을 통해 그 이론이 사실임이 입증되었습니다. 뮤온은 대기권에 도착했을 때 그 수명이 짧아 금방 사라지지만, 광속으로 움직이기 때문에 수명이 유지되어 지상에까지 닿을 수 있었던 것입니다. 또한 초음속 전투기 속에서도 실제로 시계가 조금 느리게 간다고 합니다.

그렇다면 광속에 가까운 속도로 움직이는 물체에 계속 에너지를 가하면 어떻게 될까요? 이때 아인슈타인은 이 에너지가 질량으로 변한다고 말하는데, 이러한 전제를 통해 나온 것이 우리가 잘 알고 있는 공식 '$E=mc^2$'입니다. 이는 핵폭탄과 핵 발전에서 실제로 활용되고 있는 공식이지요.

아인슈타인은 상대성이론을 더욱 확장시키면서 중력의 작용 원리까지 해석해냈습니다. 원래 뉴턴은 중력이 물체 사이에 원격으로 작용하는 힘이라고는 했지만, 그것이 어떻게 원격 작용을 할 수 있는지는 밝히지 못했지요. 이에 아인슈타인은 시공간을 기존의 3차원 세계에 시간을 더한 4차원으로 상정하고, 이 시공간을 휘어질 수 있는 입체적 공간으로 생각함으로써 중력의 원인을 설명해냅니다.

쉬운 예를 한번 들어보겠습니다. 누군가 매트리스 위에 앉아 있습니다. 그러면 앉아 있는 그 공간이 움푹 파이겠죠. 이 주변에 공들을 놓아볼까요? 아마도 그 공들은 모두 움푹 팬 곳으로 끌려 들어갈 것입니다. 이것이 바로 아인슈타인이 말하는 중력의 원리입니다. 태양처럼 질량이 큰 물체일수록 주변의 공간은 더 많이 휘고, 중력도 더 크게 작용하는 것이지요. 아인슈타인은 이를 근거로 태양이 갖고 있는 막대한 질량의 영향으로 태양 부근에서는 별빛이 휘어져 보인다고 주장했습니다. 문제는 태양 근처의 별들은 태양 빛에 가리어 쉽게 관찰을 할 수가 없지요. 하지만

「타임」지를 장식하는 아인슈타인 「타임」지는 아인슈타인의 상대성이론을 '과학의 혁명, 새로운 우주론, 뉴턴주의 무너지다'라는 타이틀로 대서특필했다. 그는 과학계의 슈퍼스타가 되었으며, 이후에도 여러 번 「타임」지를 장식했다.

1919년 일식이 일어났을 때, 에딩턴 Arthur Stanley Eddington이 그 휘어짐을 관측함으로써 그 이론이 증명됩니다. 이 사건으로 아인슈타인은 뉴턴의 역학을 뒤엎었다는 평가와 함께 스타 과학자가 되었답니다.

양자역학과 불확실한 세계

오늘날 아인슈타인의 상대성이론은 우주를 이해하는 데 있어 없어서는 안 될 중요한 전제가 되어버렸습니다. 물론 뉴턴역학이 사라져버린 건 아닙니다. 우리의 일상적인 차원을 해석하는 데는 뉴턴역학이 여전히 유효한 것이지요. 그렇지만 저 드넓은 우주나 초고속의 세계에서는 상대성이론을 사용하지 않고는 해석이 불가능하다는 말입니다. 그런데 이렇게 새로운 차원을 보여준 상대성이론조차도 해석할 수 없

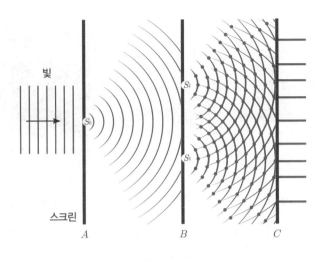

빛

스크린

A B C

이중 슬릿 실험

는 영역이 발견되고 맙니다. 원자 이하의 초 미시세계를 지배하는 양
자역학이 바로 그 주인공입니다.

먼저 질문 하나 해보겠습니다. 빛은 파동일까요, 입자일까요?

토마스 영 Thomas Young 은 이를 확인하기 위하여 위 그림처럼 하나의
홈이 파인 슬릿*을 만들고, 다음엔 2개의 홈이 파인 또 하나의 슬릿을
만들어 세워놓았습니다. 그리고 슬릿에 광원을 발사했지요. 그 결과
슬릿을 통과한 빛은 마지막 벽에 부딪혔을 때 간섭무늬가 생겼습니
다. 즉 여러 개의 빛의 선이 나타난다는 얘기인데, 이는 빛이 파동임
을 증명해주는 좋은 증거입니다. 만약 빛이 직선이거나 입자라면 2개
의 슬릿을 통과한 빛은 마지막 벽에 아무리 많아도 2개의 빛의 선만을

 슬릿 빛을 제한하여 통과시킬 목적으로 판에 만든 틈새. 슬릿의 개수에 따라서 단일
슬릿, 이중 슬릿, 삼중 슬릿 등으로 구분한다.

나타내주어야 하기 때문이지요. 결국 빛의 간섭무늬가 생긴다는 것은 빛이 파동이고, 2개의 슬릿을 통과하면서 서로 상쇄된 부분은 빛이 나타나지 않고 상쇄되지 않은 부분만 빛이 나타나므로 간섭무늬가 생기는 것이지요. 이로써 대부분의 과학자들은 빛이 파동이라고 굳게 믿고 있었습니다.

그런데 빛이 파동이라는 전제에서 도저히 이해할 수 없는 것이 있었지요. 바로 광전효과The Photoelectric Effect인데요, 광전효과는 금속박 검전기에 빛을 쪼여서 전자가 튀어나오게 하는 실험입니다. 이 실험에서는 파장이 짧은 빛을 비추면 전자가 튀어나오는 광전효과를 내고, 파장이 긴 빛을 비추면 전자가 튀어나오지 않았습니다. 문제는 짧은 파장은 아주 어둡게 비추어도 전자가 튀어나오고, 긴 파장은 아무리 밝게 해도 전자가 튀어나오지 않는다는 것이었죠. 만약에 빛이 파동이라면 이는 설명할 수가 없는 현상이었습니다. 단순히 파동이라면 빛의 밝기가 곧 에너지량이기 때문에, 무조건 밝으면 전자가 튀어나와야 했던 것이지요. 이에 아인슈타인은 빛 또한 입자의 덩어리, 즉 양자라는 결론에 도달하게 됩니다. 쉽게 말해 짧은 파장은 큰 에너지를 가진 광자Photon*의 덩어리고, 긴 파장은 약한 에너지를 가진 광자의 덩어리이기 때문에 이런 일이 발생한다는 것입니다. 아인슈타인은 상대성이론이 아니라, 이 광전효과를 통해 노벨상을 받았습니다.

이 외에도 다양한 실험 속에서 서서히 에너지가, 그리고 빛이 양자

 광자 빛과 물질은 파동의 성질과 입자의 성질을 갖는데, 특히 빛을 입자의 성질로 볼 때 '광자'라고 일컫는다.

라는 양자역학이 형성되기 시작합니다. 하지만 결코 오해하지 말아야할 것은, 그렇다고 빛이 파동이 아니라는 말은 아닙니다. 양자론에서 말하는 빛이나 입자들은 양자이면서 동시에 파동입니다. 이것이 양자역학이 상식적으로 받아들이기 힘든, 어렵고 난해한 부분이랍니다.

이제 왜 그것을 난해하다고 하는지 보여드리겠습니다.

일단 빛은 말하나 마나 양자이면서 파동입니다. 광전효과를 통해 하나의 덩어리, 즉 입자라는 것이 밝혀졌고, 앞에서 토마스 영의 실험을 통해 파동이라는 것이 밝혀졌기 때문이지요.

그렇다면 전자와 같은 다른 입자들은 어떨까요? 참고로 빛도 전자기파의 일종이랍니다. 그러므로 이번에는 앞에서 토마스 영이 실험했던 이중 슬릿에 전자를 쏘아보도록 하겠습니다. 전자총을 한 번 쏘았습니다. 그러자 전자는 슬릿을 뚫고 나가 마지막 벽에 하나의 점으로 찍힙니다. 좀 당황스럽습니다. 파장이라고 했는데, 하나의 점으로 찍히니 말이죠. 아무튼 이로써 전자는 입자라는 것이 확실해졌습니다. 왜냐하면 파장이었다면 앞의 그림에서도 보면 알 수 있듯이 횡으로 퍼져 오기 때문이지요.

그렇다면 진짜 입자인 걸까요? 내친김에 계속해서 전자총을 쏘아봅니다. 그런데 그 결과는 더욱 당혹스럽습니다. 벽에 만들어지는 최종적인 점의 모양은 파동이 만들어내는 간섭무늬이기 때문이지요. 이로써 전자는 입자이면서 파동이 되는 셈입니다. 이를 곰곰이 한번 생각해보세요. 마지막 벽에 간섭무늬가 만들어지려면 파장이 상쇄되는 것과 상쇄되지 않는 것이 있어야 합니다. 결국 이 전자가 두 번째 슬릿의

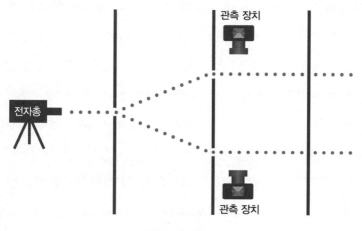

이중 슬릿 실험

2개의 구멍을 동시에 통과해야 한다는 말이 됩니다. 그런데 결과는 어떠한가요? 마지막 벽에 찍히는 전자는 언제나 하나이지요. 바로 이 점이 양자역학이 난해하다는 첫 번째 이유입니다.

그렇다면 전자는 파동이었다가 최종적으로 벽에서 입자로 변하는 것일까요?

이를 좀 더 자세히 알아보기 위해 이번에는 두 번째 슬릿을 통과한 바로 앞에 관측 장치를 달아보기로 했습니다. 그랬더니 놀라운 사실에 봉착하고 맙니다. 실험 결과 관측 장치에 관찰되는 전자는 언제나하나의 입자였습니다. 언제나 두 구멍 중 오직 하나의 구멍만을 통과하며, 그것도 어느 구멍인지 불규칙하게 통과하지요. 그런데 더 놀라운 것은 그 관찰된 전자가 만들어낸 마지막 벽의 모습입니다. 이번에마지막 벽에 만들어진 것은 간섭무늬가 아닌 입자가 만들어내는 2개의 선이었던 것입니다. 이는 정말 당황스러운 것입니다. 앞의 실험에서는 분명 그것이 입자더라도 최종적으로 벽에 그려내는 모습은 파동이 만들어내는 간섭무늬였습니다. 하지만 이번에는 똑같이 쏘았는데도 벽에는 입자가 만들어내는 2개의 선이 나타났기 때문이지요. 그렇다면 관찰을 당한 전자는 이미 파동의 성격이 사라지고 온전히 입자가 되어버린다는 얘기가 됩니다.

바로 이것이 기존의 상식과 과학으로는 결코 설명할 수 없는 양자역학의 가장 난해한 점입니다. 왜냐하면 이것은 전자가 관찰자의 영향을 받는다는 것이기 때문입니다. 우리가 생각하는 물질세계는 관찰되는 것과는 상관없이 존재하는 것이지, 물리적 충격이 아닌 단순한 관찰로 영향을 받지는 않기 때문입니다.

심지어 이것은 상태의 공존 문제까지 야기하고 맙니다. 이 말은 어느 곳에 있든지 그 위치가 확정되어 있지 않다가 관찰되는 순간 그 위치가 확정된다는 것을 말합니다. 양자역학자들은 파동을 수학적으로 계산하면 이 현상을 이해할 수 있다고 합니다. 즉 파동을 수학적으로 계산해보면 상쇄되는 부분과 상쇄되지 않는 부분이 대략 파악되고, 그 확률에 따라 마지막 벽의 입자 자국이 남게 된다는 것이지요. 이렇게 볼 때 최종 입자는 언제나 어느 위치에나 공존하다가 관찰 장치든 최종 실험 결과든 상관없이 관찰되는 순간, 하나로 확정된다는 것을 의미합니다.

이러한 상식적으로 이해하기 어려운 결과를 가지고 과학자들은 다양한 해석을 시도했고, 지금도 머리를 싸매고 씨름 중이랍니다.

  먼저 코펜하겐의 과학자들은 전자가 파동으로 존재하다가 관찰되는 순간 하나의 입자로 수축된다는 의견을 내놓았습니다. 이것이 가장 많은 지지를 받고 있는 '코펜하겐 해석 Copenhagen Interpretation of Quantum Mechanics'이지요. 반면 '다중세계 해석 Many World Interpretation'도 그 힘을 더해가고 있습니다. 이는 전자가 다양한 세계에 공존하는 것이며, 관찰되는 순간 다른 세계들과 갈라지면서 하나의 세계만이 남게 된다는 이론입니다.

  아직까지 해석에 정답은 없습니다. 어떤 면에서 최고로 발전된 역학인 양자역학은 오리무중 상황과 비슷한 상태이지요. 양자역학이 보여주는 세계는 마치 마법의 세계에나 있을 법한 이야기로, 우리의 과학적 상식을 힘겹게 만들어버리니까요.

하지만 분명한 것은 이 말도 안 되는 양자역학의 현상이 실제로 존재한다는 것입니다. 우리가 사용하는 대부분의 전기와 전자제품은 양자역학의 도움 없이는 지탱될 수 없으며, 심지어 우리의 일상생활에서도 그 현상이 목격되곤 합니다. 한여름, 낮에 해변을 나갔다 와보세요. 짧은 시간만 있어도 우리의 피부가 금세 까맣게 타버리지요. 하지만 더 뜨거운 난로 앞에는 아무리 오래 있어도 피부가 그을리지 않습니다. 이는 우리가 피부로 느끼는 온도 이외에 빛의 에너지량이 따로 존재한다는 것이고, 이것이 양자역학적 현상입니다.

게다가 우리는 양자역학을 통해 그동안 실험 결과들이 축적되어야만 만들어졌던 주기율표가 왜 그렇게 만들어졌는지, 원자가 어떻게 구성되어 있는지도 파악해낼 수 있었습니다. 이는 양자역학이 과학에서 어떤 역할을 하고 있는지를 말해주는 것인 동시에, 미시 세계의 실제 법칙임을 보여주는 것이지요.

흔들리는 과학의 유용성

모든 것을 해석해줄 줄만 알았던 뉴턴 과학이 보여준 고정된 시간과 공간은 상대적인 세계의 일부분에 불과했고, 정확한 관찰을 통해 확실한 해석을 꿈꾸던 과학은 양자역학으로 넘어가면서 관찰의 역할 자체에 의문이 생겼으며, 결과의 해석 또한 자신감을 잃었지요. 물질세계가 자신의 모든 모습을 보여주긴 할 것인지 의심하지 않을 수 없으며, 심지어 '관찰과는 별개로 사물은 독립적으로 실재한다'는 우리의 오래된 믿음 자체가 흔들려버렸습니다. 이는 철학과 세계관에도 커다란 파장을 불러일으킬 수밖에 없었지요.

한편 양자역학이 만들어낸 성과 중에는 인류를 파멸로 몰고 갈 만한 것도 있었습니다. 핵 문제가 바로 그것인데요, 다행히 많은 의식 있는 과학자들이 핵을 통제해야 한다는 운동에 앞장섰고, 그 노력들이 여기저기서 실현되고 있습니다. 하지만 핵 문제가 아니더라도, 그동안 과학이 이루어낸 성과만큼이나 과학이 품고 있는 위험 또한 만만치 않은 것이 사실입니다. 과학기술이 만들어놓은 엄청난 산업 개발은 인류 자원 자체를 고갈시키고 있으며, 오존층 파괴 등으로 대표되는 환경문제 또한 회복 불가능 수준은 아닌지 걱정을 하기에 이르렀습니다. 나날이 발전을 거듭하는 유전공학 또한 위험을 품고 있는 것은 마찬가지입니다. 특히 줄기세포 등 복제 문제와 유전자 변이를 통한 식량문제는 인간의 윤리적 문제와 잘못된 유전자 변형이 몰고 올 예측 불가능한 결과들에 불안함을 감출 수 없는 상황이지요.

과학은 과거에는 상상하지 못했던 많은 것을 우리에게 보여준 아주 유용한 것이지만, 그만큼 조심스럽게 다루어야 할 대상인 것입니다. 그런 면에서 과학은 인간의 중요한 가치 또는 철학과도 연관되어 있다고 할 수 있습니다.

구조주의와
후기구조주의

우리가 생각을 할 때 가장 많이 사용하며 인간만이 가지고 있는 것은 무엇일까요? 아마도 그것은 언어일 것입니다. 그래서일까요? 프랑스 등 유럽과 영미 지역이 서로 다른 기반 위에서 현대 철학을 전개해 나가는데요, 유독 이 언어에 대해서만큼은 둘 다 본격적인 관심을 갖기 시작했답니다. 그리고 그 시작점에는 언어를 선명한 법칙으로 보여준 18세의 어린 천재 소쉬르^{Ferdinand de Saussure}가 있었지요. 그가 언어의 구조를 과학적 차원으로 끌어올림으로써 유럽은 구조주의에 열광하게 됩니다. 이후 구조주의는 후기구조주의로 변모하기도 하면서 한 시대를 풍미합니다.

언어 과학의 혁명, 소쉬르

　오래전부터 사람들은 언어가 사물의 이름이라고 너무나 당연하게 생각해왔지요. 그런데 소쉬르는 언어가 사물의 이름이 아니라고 주장합니다.

　만약에 언어가 사물의 이름이라면 우선 언어가 사물의 어떤 면을 반영한다고 봐야 합니다. 그러나 '양'이라는 단어나 'sheep'이라는 단어에는 양과 관련된 이미지가 전혀 없지요. 게다가 우리나라에서는 '양', 미국에서는 'sheep', 프랑스에서는 'mouton'이라고도 불리는데, 이들 사이에도 아무런 공통점이 없답니다. 언어 기호는 글과 음성 등 기호를 표현하는 '기표(시니피앙 Signifiant)'와 그 기호가 나타내는 뜻을 의미하는 '기의(시니피에 Signifié)'로 나타낼 수 있는데요, 소쉬르는 이 기표와 기의 사이에 아무런 필연성이 없다고 주장합니다. 즉 이 둘은 우리가 실제로 나타내려는 사물과는 전혀 관계없는 것이 자의적으로 결합된 것이라는 이야기입니다. 소쉬르는 이렇듯 기표와 기의의 관계가 자의적이라는 점을 분명히 하고, 이를 언어기호의 본질이라고 말하였지요.

　그렇다면 언어가 사물의 속성을 반영하지 않는다고 해도, 각 사물에 대해 사회마다 누군가 처음 이름을 지어줌으로써 만들어졌다고 할 수 있지는 않을까요? 즉 사물에 이름을 지어줌으로써 언어는 사물의 이름이 되는 것인데, 이를 좀 더 명확히 표현하자면 모든 사물은 처음부터 구분되어 있고, 그것을 나타내는 것이 언어라 말할 수 있는 것이지요. 이 또한 우리들의 아주 오래된 믿음 중 하나이지요.

이런 문제에 대해 소쉬르는 다음과 같이 말합니다.

만약에 언어가 미리 분류된 사물의 이름이라면 사물 하나에 이름 하나가 정확히 대응해야 한다고 말입니다. 고양이에게는 '고양이'라는 이름이나 'cat'이라는 이름이, 개에게는 '개'라는 이름이나 'dog'라는 이름이 대응하게 되는 것이지요. 그러나 양의 의미를 뜻하는 프랑스어 'mouton'은 영어의 'sheep'과 정확히 대응하지 않습니다. 영어에서는 살아 움직이는 양은 'sheep'이지만 죽어 식탁에 올라간 양고기는 'mutton'이기 때문이지요. 또한 영어에는 'devilfish'라는 말이 있는데요, 이 단어는 우리나라 말의 가오리와 문어를 함께 지칭하는 말로 혐오스러운 생물을 표현할 때 쓰기도 합니다. 하지만 우리나라에서는 이 두 생물을 한꺼번에 지칭하는 말을 찾을 수 없답니다.

이상에서 알 수 있듯이 하나의 사물에 하나의 이름이 정확히 대응한다는 것은 사실이 아닙니다. 오히려 그것은 각 사회마다 다른 분류에 의해 사물이 분류되고 이름 붙여져 있다고 봐야 하지요. 즉 사물이 처음부터 구분되어 있어 그것에 언어를 붙인 것이 아니고, 사회마다 갖고 있는 고유의 언어 체계에 의해 이름을 붙이면서부터 사물이 분류되어버린 것이지요.

그리고 바로 이러한 지적들로 인해 소쉬르의 언어학은 하나의 혁명

이 되어버립니다. 그것은 이후 현대 철학의 주요 방법으로 자리 잡으며, 칸트의 혁명만큼이나 강한 파급력을 가지고 지식사회에 전파되었지요. 이제 언어는 사물과 관계하여 의미를 갖는 것도, 사물에 따라 이름 붙여진 것도 아닙니다. 그리고 그것은 언어의 의미를 사물이 아니라, 언어와 언어들 사이의 차이와 관계, 즉 각 사회마다 가지고 있는 언어의 체계 속에서 찾아야 한다는 것을 의미합니다. 이는 장기판에서 차車와 포包가 나무로 만들어졌든 플라스틱으로 만들어졌든 상관없이 장기라는 놀이의 규칙 체계에 따라 움직이며, 차와 포의 기능도 그 규칙에 의해 할당받는 것과 같은 이치이지요. 참고로 소쉬르는 언어 속에는 오직 차이밖에 없다고 말하기도 합니다. 이는 개가 '개'라는 언어로 불리는 이유는 언어가 개처럼 생겨서도 아니고, 그것이 '게'도 '강'도 아니며, 심지어 '강아지'도 아니기 때문이라는 것이지요.

중요한 사실은 우리가 그런 언어를 배우고 익히며, 그것으로 사고하고 철학한다는 점입니다. 무엇보다 생각한다는 것은 언어를 사용하는 것이고, 마음속에 어떤 생각은 사실 언어로 표현함과 동시에 생겨난다고 할 수 있지요. 그것은 독백의 경우도 마찬가지입니다. 그런데 문제는 그 언어라는 것이 소쉬르의 말대로라면, 실물에 기반을 둔 것이 아닌 사회 공동체의 합의와 그에 따른 규칙에 의해 이루어진 것에 불과한 것입니다. 결국 내가 말하고 있을 때 말하고 있는 것은 내가 습득한 언어 규칙이며, 내가 몸에 익힌 어휘인 것이죠. 우리는 여기서 벗어나 말하거나 생각할 수 없으며, 심지어 내가 많이 들어서 익숙해진 표현이나 어떤 책에서인가 인상 깊게 읽은 내용까지 이미 우리 생각의 일부가 되어버린 것이지요. 일례로 택시 운전기사들 중에는 사회문제에 대해 단호한 자기 의견을 말하는 사람이 많은데요, 그것은 그들이 라디오를 오랫동안 듣는 것과 관계가 있다는 지적도 있습니다.

구조주의와 후기구조주의

문제는 소쉬르의 논리를 따라가다 보면 그동안의 철학이 전복되어버린다는 점입니다. 우리는 데카르트의 "나는 생각한다, 고로 존재한다"라는 말의 의미를 알고 있습니다. 이것은 아무리 의심을 하고 의심을 해도 의심할 수 없는 인간 의식이 생각의 주체이며, 이 순수한 주체가 경험하고 정보를 수집하면서 세계를 이해해나가는 것입니다. 하지만 우리의 생각이 언어라고 한다면, 그리고 그것이 소쉬르가 말하듯이 단순히 사회의 합의에 의해 만들어진 언어에 불과하다면, 우리의 생각은 단순히 언어의 규칙에 얽매여 사유하는 것에 불과합니다. 즉 우리는 아주 순수한 자아를 가지고 생각하는 것이 아니라, 사회가 이미 만들어낸 언어 체계 안에서 사유한다는 것을 의미합니다. 쉬운 예로 우리의 사회가 가부장적 사회라면, 우리는 순수한 이성을 가지고 사유하는 것이 아니라, 가부장적 사회가 만들어낸 언어 체계와 규칙 속에서 말하고 사고한다고 할 수 있는 것이지요. 그러다 보니 우리는 무의식적으로 남성을 여성보다 우월하게 생각하고, 남자가 가장이 되어야 한다는 논리 위에서 생각하는 것이 아닐까요.

소쉬르는 그렇게 언어의 논리들을 통해 생각하는 주체인 인간을 지워버리고, 그 자리에 언어라는 구조를 세워버렸습니다. 바로 인간의 이성이 아닌 구조가 우선한다는 구조주의Structuralism가 설파되는 순간입니다. 참고로 마르크스 철학 또한 인간의 이성보다 경제적 구조 등이 우선한다는 점에서 구조주의 철학이라고 할 수 있습니다.

과학적 언어학을 전면에 내세운 구조주의는 이후 20세기 중·후반 이래 경제 구조, 친족 구조, 권력 구조 등 다양한 변주를 통해 언어학뿐만이 아니라 문학 연구, 신화학, 인류학, 사회학, 역사학, 정치학 등 인문·사회·과학의 모든 분야에 강력한 성채를 구축해나가게 됩니다.

데리다 후기구조주의의 대표적인 철학자다. 언어의 의미가 고정되어 있지 않을 뿐 아니라, 그 속에 막연한 위계 서열이 숨어 있다고 주장하였다. 이에 데리다는 텍스트를 접할 때 그 위계질서를 찾아내 해체하거나 전복시켜야 한다고 역설했다. 이렇게 현대 철학에 해체 개념을 처음 도입한 그는 해체주의(De-constructivism)와 포스트모더니즘(Postmodernism)의 선봉장으로 인식되고 있다.

그 결과 데카르트와 같이 순수한 이성을 전제로 했던 사르트르의 실존주의 철학은 몰락하고, 구조주의의 전성시대가 도래하게 되었답니다.

이 구조주의는 1960년대 이후 또 한 번의 변화를 겪게 되는데요, 우리는 이를 후기구조주의 Post-Structuralism라고 부릅니다. 그들은 무엇보다 기표와 기의가 고정되지 않는다는 점을 강조합니다. 즉 구조주의에서는 사회마다 언어의 분류 체계와 규칙이 다르지만, 그 안에서만큼은 하나의 단어가 하나의 사물을 표현할 수 있었던 것이지요. 하지만 후기구조주의자들은 그것조차 불가능하다고 말합니다. 예를 들어 '착한 사람'이라는 말은 정말로 착한 사람을 가리킬 때 사용할 수도 있지만, 비꼬려는 의도 속에서는 '멍청한 사람'이란 의미가 될 수도 있는 것이지요. 이렇듯 하나의 단어라도 문장이나 상황마다 모두 다를 수 있다는 것으로, 그 의미가 정착하지 못하고 떠다니는 것을 의미합니다. 대표적인 철학자 데리다 Jacques Derrida는 '차이 Difference'에 의해 의미를 가진다는 구조주의자들의 생각을 더욱 급진적으로 밀고나가, '차연 Differance'이라는 말을 사용합니다. 이는 언어가 차이를 확정 짓지 못하고 계속 연기되어서 의미가 유동적이라는 것을 이야기합니다. 또한 그는 언어의 서열을 지적하면서 그 의미가 전복되기를 바라기도 했습니다. 즉 언어에는 '여'보다 '남'이, '뒤'보다 '앞'이 더 우월하다는 막연한 선입관이 스며들어 있다고 주장하며, 이를 해체해야 한다고 주장한 것입니다.

이렇듯 후기구조주의자들의 논리를 따라가다 보면, 구조에 함몰되어버린 이성은 물론, 우리가 믿었던 선악의 기준 또한 경우에 따라 변하는 것에 불과한 것이 되어버립니다. 바로 절대적 진리나 이성, 또는 보편적인 선을 거부한 니체의 철학이 환영받는 시대가 온 것이지요.

의심받는 과학과
네오프래그머티즘

한때 완벽하게만 보였던 과학은 양자역학같이 그 연구의 끝을 모르는 상황에 봉착했으며, 환경문제와 같은 위기에 직면하게 되었지요. 하지만 이것이 우리가 살펴야 할 과학에 대한 이야기의 전부는 아니랍니다. 오늘날 과학은 그 이론적 근거 자체에서부터 공격받고 있는 실정이니까요. 아이러니하게도 그 논쟁의 시작은 과학을 철저하게 옹호하며, 과학을 철학과 현실 세계에 적용하려던 논리실증주의에서부터 이미 시작되고 있었답니다. 게다가 유럽에서는 이미 과학의 기반이라 할 만한 이성에 대해 불신이 번져가고 있었지요. 이에 과학을 철저히 옹호하던 영미 철학도 새로운 모색을 시작하게 됩니다.

추락하는 논리실증주의와 포퍼의 반증주의

과학의 언어로 이 세상을 해석해내겠다는 논리실증주의는 과학을 신뢰하는 분위기와 함께 급속도로 번져 나갔지요. 하지만 논리실증주의는 그 전제부터가 이미 한계를 내포하고 있었습니다.

왜냐하면 자신들이 그토록 목청을 높였던 관찰과 실험을 통한 검증이 참값으로 인정되는 과정에 문제가 있었기 때문입니다. 애당초 그들은 검증만 하면 그 명제가 참값으로 인정된다고 했지만, 그것은 매우 불완전한 것에 불과한 것이었답니다.

예를 들어 '모든 백조는 희다'고 검증해 인정받았다고 합시다. 그런데 어느 날 검은 백조가 나타나버렸습니다. 즉 오늘날 모든 백조가 희다고 하더라도 미래의 백조까지 희다고 확증할 수 없다는 것이지요. 이것은 『청소년을 위한 지금 시작하는 인문학 – 가로 읽기』에서 언급했던 러셀의 칠면조 이야기로도 쉽게 이해될 수 있습니다. 언제나 먹이만 갖다 줄 줄 알았던 정다운 주인이 어느 날 칼을 들고 오는 것처럼 말이지요. 이에 논리실증주의자들은 '검증 Verification'을 '확률적 검증 Confirmation'으로 바꾸어 설명합니다. 이제 그들은 충분한 수의 확인 사례가 있을 경우라면 그 명제를 참값으로 인정하겠다는 것이지요.

그렇다면 이로써 그들은 안정적인 검증을 확보한 것일까요? 불행하게도 그 역시 일일이 확인하고 판결하는 '귀납'의 함정에서 벗어날 수 없답니다. 생각해보세요. 검증의 개별 사례가 아무리 늘어난다고 해도, '모든'이라는 무한한 수로 나누면 그 검증의 확률은 0으로 소급되기 때문이지요. 이런 사태를 흄 David Hume은 이미 '귀납의 문제'라고 지적해두고 있었지요. 흄은 관찰된 몇몇 사례로부터 경험적 일반화로 나아가는 것은 그 수가 아무리 많다 해도 논리적 오류라고 분명히 하고 있습니다. 끝내 논리실증주의는 이 귀납의 문제를 풀지 못하고 추락하기 시작했지요.

그렇다면 과학은 이제 귀납의 문제에 걸려 좌초하고 마는 것일까요? 이때 포퍼 Karl Raimund Popper가 나타나 귀납의 문제는 해결될 수 있는 성질의 것이 아니라고 단언합니다. 그러므로 그는 귀납적 추론이 개입되지 않는 '반증주의 Falsificationism'를 내세우지요.

우선 앞에서와 같이 '백조는 희다'라고 가설을 세웁니다. 이제 하나하나 백조들을 눈으로 확인하고 실험·검증합니다. 포퍼는 여기서 검증이 귀납주의의 검증과 혼돈될 수 있으므로, '확인한다'고 표현했지요. 그랬더니 지금까지 본 모든 백조는 흰색입니다. 결국 반증이 없었던 것이지요. 포퍼는 이를 '반증을 이겨냈다'고 말합니다. 반면 백조를 확인하던 중 검은 백조가 나왔다면요? 그렇죠. 반증이 나온 것이지요. 이 경우 포퍼는 '이 가설이 반증을 이겨내지 못하고 폐기됐다'고 말합니다.

이제 더 이상 귀납적으로 과학이 성립되는 게 아니라, 반증이 나오기 전까지 연역적으로 이미 과학 이론이 성립할 수 있는 것이지요. 이제 과학철학자들은 더 이상 그 괴물 같은 귀납에 얽매이지 않고 과학 이론을 얻어낼 수 있게 된 것이지요.

이를 통해 포퍼는 과학적 진술 또는 과학적 명제가 무엇인지를 분명히 보여줍니다. 즉 경험을 통해 확인 가능한 것, 그래서 언젠간 반증이 가능할 수 있는 것, 그것만이 과학적 진술이 될 수 있다는 것이지요. 그러므로 '신은 존재한다'와 같이 검증할 수도, 반증할 수도 없는 진술은 과학이 아니랍니다.

반면 '지구는 평평하다'와 같은 진술은 과학적 진술이랍니다. 왜냐하면 그것은 그것이 틀렸다는 것을 반증할 수 있었기 때문이지요. 단지 이렇게 반증되어버린 진술을 부여잡고 여전히 믿고 있는 사람들이 문제인 것이지요. 포퍼는 이들을 '사이비 과학자'라고 말합니다. 포퍼

칼 포퍼 과학철학자로서 객관적인 지식을 탐구하며 그것이 가능한 방법을 찾으려 했다. 이에 반증주의와 비판을 수용하면서 발전하는 '비판적 합리주의(Critical Rationalism)'를 내세웠다. 포퍼의 비판적 합리주의는 사회철학까지도 확대되어, 전체주의를 비판하는 명저 『열린사회와 그 적들(Open Society and Its Enemies)』을 내놓았다.

는 이런 사이비 과학자들은 반증을 회피하고, 비판에 정면으로 대응하지 않는다고 꼬집습니다. 그래서 그는 정신분석학자들과 마르크스주의자들도 사이비라고 주장하지요. 둘 다 검증도 반증도 할 수 없는 주장을 내세울 뿐 아니라, 다양한 핑곗거리들을 늘어놓으며 비판을 회피하거나 자신들만의 이론 속으로 숨어버린다는 것이지요.

이렇게 해서 포퍼는 과학을 가장 합리적이고 정당한 이론으로 다시 세울 수 있었고, 과학자들은 비판에 스스로를 열어놓고 당당히 진리에 대면하려는 위대한 합리론자가 되었습니다.

토마스 쿤의 과학혁명

　논리실증주의의 귀납적 한계를 멋지게 날려버린 포퍼. 하지만 과학을 반석 위에 세운, 과학자 중의 과학자라 할 수 있는 뉴턴의 이야기를 포퍼의 이론에 적용해보면 또다시 문제가 터져버립니다.

　사실 뉴턴은 『프린키피아 Principia』가 나오기 전인 20년 전에 이미 만유인력의 법칙을 깨달았다고 합니다. 그렇다면 왜 뉴턴은 20년 동안이나 그것을 발표하지 않고 방치했을까? 그 이유는 당시 뉴턴이 자신의 법칙에 의해 계산한 달의 공전주기가 관측치와 너무 달랐고, 공기 속

에서 음파의 속도를 계산한 경우에도 그 값이 20퍼센트나 차이가 났기 때문이라고 합니다. 그런데 그는 끝까지 이것을 해결하지 못한 상태에서 『프린키피아』 초판을 내놓게 된 것이지요.

바로 이 사실을 포퍼의 반증주의에 대입해보면, 뉴턴은 바로 사이비 과학자가 되어버립니다. 왜냐하면 뉴턴은 이미 자신의 법칙에 대해 분명한 반증 사례를 확인했기 때문이지요. 포퍼는 분명 반증이 나타난 가설은 폐기되어야 한다고 했으며, 반증된 것을 부여잡고 있는 과학자는 사이비라고 단정했기 때문입니다. 우리가 과학자의 전형으로 믿고 있는 뉴턴이 사이비 과학자라니!

다행히 뉴턴은 달의 공전을 계산할 때 생략했던 부분을 찾아 수정함으로써 정확한 달의 공전주기를 구했으며, 음파의 속도 문제도 뉴턴 사후 라플라스 Pierre Simon Marquis de Laplace 에 의해 해결되었지요.

그럼 이제 포퍼의 반증주의에는 아무런 문제가 없는 것일까요? 오히려 여기서 그의 반증주의의 맹점이 더 잘 드러나버립니다. 실제로 포퍼의 말처럼 반증이 나왔을 때 바로 폐기해버렸다면, 오늘날의 뉴턴 과학은 존재할 수 없기 때문이지요. 이렇게 본다면 어떤 면에서 과학은 반증에 순종하지 않으면서 만들어지기도 하는 것이지요.

이와 같이 반증을 포기하지 않아 해왕성이 발견되기도 했답니다. 한때 천왕성의 궤도는 뉴턴역학으로 아무리 계산을 해도 관측치와 일치하지 않았지요. 하지만 뉴턴역학을 포기하는 대신 천왕성 바깥에 또 다른 행성이 있다고 가정했고, 그러자 천왕성의 궤도가 일치했으며, 이후 해왕성이 발견된 것이지요. 이로써 더 이상 반증이 과학을 과학이게 하는 확실한 기준이 될 거라고 기대하기는 힘들어진 것 같습니다.

이런 상황에서 쿤^{Thomas Samuel Kuhn}이 『과학혁명의 구조^{The Structure of Scientific Revolution}』를 들고 나타납니다. 포퍼나 논리실증주의자들은 검증이든 반증이든 간에, 적어도 그것들이 옳고 그른지를 판단하는 객관성이 분명 존재하는 것이었지요. 과학자들은 바로 그 객관적 판단을 근거로 그 진술이 옳은지 그른지를 누구나 합의하고 판가름낼 수 있다고 확신하고 있었습니다. 하지만 과학사를 가르치며 과거에서 현재에 이르는 방대한 양의 과학사 자료들을 모은 쿤은 그 객관적 판단이란 존재하지 않는다고 주장하고 나옵니다. 그는 실제 과학자들이 활동하고 판단했던 아주 구체적인 사례들을 들어가며, 과학이 명료한 객관적 판단의 결과로 이루어지는 것이 아니라, 당시에 주도되고 있는 지적 체계 속에서 결정되는 것뿐이라고 역설합니다.

쿤은 먼저 '정상과학의 시기'와 '과학혁명의 시기'라는 두 분위기가 과학의 역사 속에 존재한다고 전제합니다. 그는 정상과학의 시기에는 절대적인 권위를 갖는 명제나 진리가 떡하니 버티고 서서 전체 분위기를 주도한다고 하지요. 그리고 반증 사례가 나타나면, 그 어떤 과학자도 이 명제나 진리를 폐기하려 들지 않는다고 합니다. 오히려 그들은 자신의 사례에서 무엇이 잘못됐는지를 되묻고, 어떻게든 자신의 사례를 그것에 맞추려고 노력하지요. 쿤은 이렇게 특정한 명제나 진리가 자리 잡고 있는 지적 체제를 '패러다임^{Paradigm}'이라고 불렀습니다. 실제로 과학자들은 이 패러다임을 명료화하고 적용 범위를 넓히는 데 인생을 바친다고 합니다. 대부분의 과학자들이 이 정상과학의 시기에 훈련을 받는데요, 그것은 우리가 흔히 알고 있듯이 교과서나 실험 교본을 익히고 열심히 연습 문제를 푸는 것이랍니다. 물론 여기서 연습문제란 아주 인상적인 모범 사례들을 말하지요.

이렇게 패러다임은 성숙해가고, 과학자들은 끊임없이 패러다임의 적용 범위를 넓혀나가지요. 하지만 적용 범위를 더 이상 넓히지 못하고, 여기저기서 반증 사례가 늘어나게 됩니다. 쿤은 이를 변칙 사례가 늘어난다고 표현하는데요, 서서히 위기 상황에 접어들게 되는 것이지요. 갈수록 패러다임에서 만들어지는 예측들이 빗나가기 시작하고, 심지어 패러다임의 매우 중요한 부분까지 문제가 발생하게 됩니다. 급기야 그 분야의 대가급에 해당하는 과학자들조차도 그 문제를 해결하지 못할 때 패러다임은 위기에 봉착합니다. 하지만 이런 위기감이 곧바로 혁명으로 이어지지는 않는다고 쿤은 말합니다. 중요한 것은 대안이 등장해야 하는 것입니다.

이때 누군가 새로운 접근법을 제시하고, 그것이 그동안의 변칙 사례들을 하나씩 해결해내는 모습을 보여주어야 하는 것이지요. 그리고 그 대안이 그동안의 변칙 사례들을 훌륭하게 처리해내는 모습을 목격했을 때, 과학자들은 새로운 접근법을 향해 모여들기 시작합니다. 이것이 과학혁명인 것이지요. 이제 새로운 패러다임이 형성되고, 과학자들은 그것을 따르기 시작하지요. 하지만 이런 상황에서도 옛 패러다임의 주역들은 끈질기게 옛 패러다임을 고수합니다. 이럴 때 보면 과학자란 반증을 기꺼이 수용하는 사람이라는 포퍼의 말이 무색해집니다. 결국 옛 주역들이 사망하고 나야만 과학혁명이 완수되고, 새로운 패러

다임의 시대에 들어서는 것이랍니다.

　우리는 여기서 고집불통의 옛 패러다임의 추종자들을 이해해야 합니다. 왜냐하면 새로운 패러다임이 모든 면에서 옛 패러다임을 능가하기 때문에 패러다임의 교체가 일어난 것이 아니기 때문이지요. 쿤은 새 패러다임이 변칙 사례들을 매우 인상적으로 해결했다는 점 외에는 크게 내세울 게 없다고 지적합니다. 사실 미래가 불투명한 이론인데도 과학자들은 새로운 패러다임으로 옮겨 타고 있는 것이지요. 쿤은 코페르니쿠스의 새로운 우주 체계를 일례로 듭니다. 그는 코페르니쿠스 체계가 가져온 변화라고는 단지 주전원의 개수가 80개에서 30개 정도로 줄어든 것뿐이라고 말합니다. 오히려 프톨레마이오스 체계가 더 정확하고, 천구의 움직임 등 더 많은 것을 일관성 있게 설명할 수 있었다고 쿤은 말합니다.

쿤의 이런 주장이 전적으로 옳다면, 이제 옛 패러다임과 새 패러다임 사이의 우열 관계를 논하기는 애매해집니다. 코페르니쿠스의 경우만 보아도 단순성은 진보했지만, 정확성과 일관성 있는 설명은 퇴보한 것이니까요.

그는 여기서 우열을 가릴 수 없는 더 중요한 이유로 '공약불가능성'을 제시합니다. 공약불가능성 Incommensurability 이란 '과학혁명기에 대두되는 두 패러다임은 동일한 표준으로 비교하기가 불가능하다'는 의미지요. 이를 쉽게 말해보면, 세계관이 다르면 그 사용 용어도 다르다는 것입니다. 유사한 예로 제사를 들어보면, 유교를 믿는 사람에게는 조상을 모시는 당연한 것이지만, 기독교 신자에게는 우상을 숭배하는 것으로 피해야 할 것이 되고 마는 것이지요. 이는 뉴턴 과학에서 질량은 물리계가 고정되면 변화하지 않는 값이지만, 아이슈타인 과학에서는 질량이란 속도 등에 따라 언제든 변화할 수 있는 값이 되어버리는 것에서도 알 수 있답니다.

또한 하나의 패러다임에서 굉장히 중요했던 문제가 다른 패러다임에서는 관심의 대상조차 되지 않는 경우도 있어 우열을 가리기가 힘들어지기도 합니다.

실제로 프톨레마이오스 체계는 엄청나게 큰 수정 천구가 어떻게 하루에 한 번씩 돌 수 있는가와 같은 역학적 문제나 천구 바깥에 무엇이 있는가와 같은 우주론적 질문에 대답할 수 있었답니다. 하지만 코페르니쿠스 체계를 발전시킨 뉴턴의 우주론에서 그것들은 관심에서 제외되었으며 더 이상 의미 없는 것이 되었지요.

　쿤의 이러한 주장들은 결국 과학사 자체를 바꿔놓고 맙니다. 사실 그동안의 과학은 현안이 되는 문제들을 해결하면서 점진적으로 발전한다는 역사관을 가지고 있었지요. 하지만 옛 패러다임에서 새 패러다임으로 넘어가는 데 더 우월해진 것이 아니라면, 그것은 발전이 아니라 단지 교체되는 것뿐이지요.

　또 하나, 이제 과학의 역사는 단절적인 것이 되어버립니다. 이미 혁명이라는 것을 통해 아주 차곡차곡 축적되며 순차적으로 발전한다는 개념이 사라졌으며, 과학의 역사는 단지 정상과학이 생성하고 소멸하며 전혀 다른 것으로 대체되는 것뿐이니까요. 쿤은 이것을 '인식론적 단절 Epistemological Break'이라 불렀습니다.

　이렇게 해서 쿤은 과학이 객관적 진리를 찾는 것이 아니라 각 시대마다 나름대로 짜인 체계적 문제의식에 따라 그에 답하는 과정에 불과하다는 것을 보여주었으며, 과학사가 과거의 지식을 축적하며 발전해왔다는 발전적 과정을 부정했습니다. 그동안 생각했던 과학에 대한 우리의 막연한 확신에 금이 가버리는 순간이지요.

　이렇게 해서 논리실증주의의 붕괴로부터 과학을 지켜내고 그 객관성을 확보하려는 포퍼와 과학의 객관성과 발전을 비웃는 쿤에 대해 살펴보았습니다. 오늘날 과학철학은 이 두 사람이 양대 산맥을 이루며 다양하게 변주하고 있답니다.

논리실증주의의 수제자, 콰인의 배신

　과학을 맹신하던 논리실증주의는 그렇게 포퍼와 쿤의 맹공을 받으며 쓰러져갔습니다. 하지만 논리실증주의를 정말로 붕괴시킨 사람은 그들의 사상을 이어받은 수제자, 콰인 Willard Van Orman Quine 이었습니다.

　콰인은 애당초 논리실증주의가 논리원자주의와 같은 환상에서 비롯되었다고 주장합니다. 하나의 감각 재료가 하나의 언어에 대응하고, 하나의 감각 사실이 하나의 원자명제에 대응한다는 단순한 생각이 비현실적인 것이라는 말이지요. 오히려 현실에서는 하나의 명제에 복수의 명제가 존재할 수 있다고 그는 지적합니다. 예를 한번 들어보지요.

　A. 태양의 중심부에는 핵융합이 진행되고 있다.

　이 A명제에는 다음의 명제들이 함축되어 있다고 볼 수 있습니다.

　a. 태양은 태양계의 중심인 항성이다.
　b. 태양은 3층 구조로 되어 있다.
　c. 핵융합은 원자핵끼리의 충돌이다.

　콰인은 이런 이유로 하나의 사실과 하나의 명제가 대응하는 논리를 거부하고, 경험 전체와 명제 전체를 검증하는 '홀리즘 Holism'을 주장하게 됩니다. 기존의 개별적 대응은 그 명제가 틀리더라도 다른 명제가 그것의 진위를 유지할 수 있게 도와줄 수 있기 때문이며, 어떤 명제가 실제로 틀렸는지도 판별하기 어려웠습니다. 심지어 검은 백조가 나타나면 그것은 백조가 아니라고 다시 분류 체계를 만들어버림으로써 명제 자체의 의미를 무의미하게 만들 수도 있는 것이 개별 명제적 접근이라는 것이지요. 콰인은 여기서 멈추지 않고, 철학과 과학에 대해 기존의 철학들과는 전혀 다른 관점을 보여줍니다. 이제 과학이 완전히 독립되어 증명력을 갖는 것이 아닌 이상, 그는 과학도 하나의 신념 체계라고 생각했습니다. 과거에 신화나 종교가 하나의 신념 체계였고, 형이상학이 하나의 신념 체계였듯이, 과학도 신념 체계이자 신화인 것이지요. 그렇다고 그가 과학을 완전히 불신한 것은 아닙니다. 그는 과학이 다른 신화들보다 경험의 흐름 속에서 다루기 쉬운 구조를 만들어내는 데 더 효율적인 도구라고 말합니다. 그래서 과학은 여러 신화 중에 효율성과 유용성을 택하는 것이지요. 그래서 사람들은 그가 실용성을 중시하는 프래그머티즘으로 전향했다고 말하곤 합니다. 또한 그것은 프래그머티즘이 부활할 수 있는 근거를 마련해주는 것이기도 했지요.

한편 분석철학의 천재 비트겐슈타인도 논리원자주의가 성립될 수 없다는 사실을 알게 됩니다. 이에 그는 진정으로 언어를 이해하려면 논리로 언어를 세계에 묶어놓으려 하지 말고, 현실 속의 사람들이 어떻게 단어를 사용하는지 그 방식을 이해해야 한다고 주장합니다. 이로써 과학적인 이상 언어를 추구하던 경향은 일상생활의 언어를 분석하는 일상언어학파Ordinary Language School로 나아갑니다. 오늘날 이 일상언어학파가 분석철학의 주류를 이루고 있답니다.

프래그머티즘을 부활시킨 로티

프래그머티즘을 대표하는 듀이의 사상은 미국의 교육·정치·사회 전반에 커다란 영향을 미치며 확산되었고, 심지어 일본과 중국 등에서도 커다란 호응을 얻었습니다. 하지만 미국의 프래그머티즘은 나치를 피해 미국으로 이민 온 카르납 등의 논리실증주의자들에 의해 비주류로 전락해버리고 맙니다. 어느 곳보다 과학에 대한 신뢰가 강했던 미국인들에게 모든 것을 검증 가능한 것으로 바꾸며 과학적 언어를 내세웠던 논리실증주의는 더없이 매력적인 철학으로 보였던 것 같습니다. 그 결과 논리실증주의와 분석철학은 미국 학계에 빠르게 퍼져 나갔고, 순식간에 주류가 되어버렸지요. 하지만 논리실증주의는 이론적 내부 모순과 포퍼의 공격으로 후퇴하고, 결국 쿤의 패러다임 이론과 수제자 콰인의 배신으로 무너져내리고 말았지요.

이런 상황 속에서 로티 Richard Rorty가 나타납니다. 한때 분석철학의 총아로 떠올랐던 그는 데리다와 비트겐슈타인 등의 철학을 접하면서 충격을 받고, 전향을 시도합니다. 그는 과거의 철학들이 '인간의 사고가 자연을 거울과 같이 투명하게 표상한다'는 근거 없는 믿음에 기대고 있다고 비판했습니다. 그는 거울과 같은 명료한 표상은 불가능할 뿐 아니라, 오히려 언어가 개입되어 있기에 필연적으로 간접적인 표상에 불과하다고 주장합니다. 그런 만큼 플라톤, 데카르트, 칸트, 심지어 분석철학자들에게까지 이어져 온 투명한 표상에 대한 환상을 거부하고, 투명한 표상 위에 보편적인 기초를 세우고자 했던 모든 철학적 모험들 또

리처드 로티 영미 철학 일색인 미국에 유럽의 후기구조주의 철학을 끌어들이며 '미국의 데리다'로 불렸다. 진리 탐구로서의 철학은 명을 다했다고 선언한 로티는, 철학은 무엇이 옳고 그른가가 아니라 얼마나 참신한가가 중요하다고 역설했다.

한 부정해버리지요.

로티는 이제 의미와 심지어 그것들의 진위마저도 고정된 기초에서가 아니라, 관습이나 제도 또는 언어를 사용하는 맥락 속에서 나온다고 주장합니다. 그는 진리가 과거와 같이 발견하는 것이 아니라, 오직 실천 속에서 움직이며 실천을 통해 만들어지는 것이라고 말합니다. 그에게서 더 이상 절대적 진리란 존재하지 않으며, 실천을 통해 만들어지는 진리와 대화를 통해 형성되는 사회만이 존재하게 되는 것이지요. 그래서 로티는 사회적 실천과 대화의 광장인 민주주의를 매우 중시합니다. 그에게 있어 민주주의는 이론적으로 정당화해야 할 과제가 아니라 실천적으로 더 나은 결과를 만들어내야 하는 과제일 뿐이지요.

이렇게 고정된 진리보다는 유용한 진리를 다시 내세우면서 로티는 침체되어 있던 프래그머티즘을 다시 부활시킵니다. 하지만 그가 보여주는 프래그머티즘은 과거와 사뭇 다르지요. 로티는 오히려 데리다와 같은 후기구조주의자들을 많이 닮아 있습니다. 먼저 선명한 표상을 거부함으로써 절대적 진리 또는 절대적 이성을 거부한 니체의 뒤를 따르고 있으며, 언어를 사회적인 생성물로 보면서도 그 고정된 의미를 거부함으로써 후기구조주의를 닮아 있기 때문입니다.

로티의 이러한 사상을 가장 잘 표현해주는 것이 '아이러니스트 Ironist'일 것입니다. 아이러니스트에게 있어 모든 사람이 합의할 수 있는 진리란 없지요. 그에게는 다른 이들이 진리라고 말하고 있느냐보다 자신만의 독창적인 관점이 더 중요합니다. 그러나 로티는 자신의 생각이 언제든 틀릴 수도 있다고 생각하고 끊임없이 새로움을 추구합니다. 자신의 생각을 믿지만 자신의 생각의 오류 가능성을 열어두는 사람, 그래서 그는 아이러니스트인 것이지요. 독창적인 단어로 자신을 표현하는 아이러니스트는 마치 시인 같은 분위기를 자아내지요. 로티는 이렇게 아이러니스트적인 개인적 탐구를 통해 담론을 풍성하게 이끌고 있습니다. 하지만 그것이 사회정의를 실천하는 공적인 영역이 되었을 때는, 그것은 꼭 대화와 타협을 통해 이루어져야 한다고 단언합니다.

마지막으로 로티는 "영미의 분석적 철학과 유럽의 대화적 철학의 전통이 서로 교류하고 대화를 나누지 못할 이유가 없다"고 말하고 있는데요, 이는 영미 철학과 유럽 철학이 하나의 목소리를 내기 시작했다는 것을 의미합니다. 물론 그 목소리는 니체적인 것이지요. 이들은 모두 절대 진리를 거부하고 이성에 대한 신뢰를 갖지 못하지요. 이렇게 절대적 진리나 사상의 중심을 거부하는 경향을 우리는 보통 '포스트모더니즘Postmodernism'이라고 부르지요. 이성을 중시했던 모더니즘 시대의 변형 또는 반발이란 의미랍니다. 이들은 철학적·정치적 권위로부터의 탈피를 역설하고, 삶의 다양성과 생활 속 민주주의를 갈망하며 오늘에 이르고 있습니다.

모더니즘과
포스트모더니즘

오늘날 사회·문화를 이야기할 때 모더니즘이니 포스트모더니즘이니 하는 말을 많이 합니다. 얼핏 '현대'라는 의미를 지닌 이 단어들이 오늘날의 문화와 사회현상을 표현하는 것 같기는 한데, 좀처럼 쉽게 이해하기는 어렵지요. 이에 두 개념을 간단히 정리해보도록 하겠습니다. 이 둘의 의미를 이해하는 것은, 현대사상과 문화가 어떠한 특징을 드러내는지를 한눈에 알 수 있는 힌트이기도 하답니다.

▶ 모더니즘 Modernism

'현대적인' 또는 '근대적인'의 의미를 품고 있는 이 개념은 넓게 보면 르네상스 시대로까지 거슬러 올라갑니다. 그때부터 신을 위한 중세 시대, 봉건제 사회에 종지부를 찍으며, 인간의 시대, 이성의 시대, 새로운 근대가 열렸기 때문이지요. 이렇게 인간의 이성과 과학을 중시하는 경향은 현대 문명을 이끌어왔으며, 오늘날까지도 그 영향하에 있다고 할 수 있지요. 이는 사상적 의미의 모더니즘으로도 자주 사용됩니다.

반면 좁은 의미의 모더니즘은 제1차 세계대전을 전후하여 유럽에서 발생한 예술 사조를 의미합니다. 세계대전으로 인한 불안과 혼돈은 기존 질서에 대한 회의와 반발을 야기했는데요, 모더니즘은 바로 기존의 체제와 양식에 대한 비판을 핵심 내용으로 하고 있지요.

과거 사실주의가 자연 또는 삶의 실재를 '있는 그대로' 재현하는 것을 예술의 목표라고 생각했다면, 모더니즘은 삶의 실재를 주관적이고 상대인 것이라고 생각하지요. 이에 객체보다 주체를, 집단보다는 개인의 의식을 중시합니다. 또한 과거 사실주의가 도덕적이고 윤리적인 태도를 취하며 그 사회적 기능을 강조했다면, 모더니즘은 '예술을 위한 예술'의 입장을 취하며, '창조적인 예술가'를 강조합니다.

미술에서는 야수파에서 입체파, 추상주의 등 새로운 변화를 시도하는 아방가르드 Avant-garde 운동이 그 대표적인 것이며, 문학에서는 본격적으로 전개되는 실존주의적 관점이나 의식의 흐름 기법 등이 대표적인 예라 할 수 있답니다. 음악에서도 전통적 멜로디와 리듬을 깨뜨린

스트라빈스키Igor Stravinsky나 쇤베르크Arnold Schönberg 같은 인물이 있었고요. 이처럼 모더니즘은 기존의 관례를 깨뜨림으로써 새로운 예술 형식과 문체를 창조해냈으며, 그를 통하여 부르주아 문화의 규범과 권위에 도전해나갔습니다. 하지만 전통과 인습에 맞서 혁명적인 태도를 보이던 모더니즘은 시간이 흐름에 따라 비판적인 기능을 잃고 일종의 전통으로 굳어져 갔습니다.

▶ 포스트모더니즘 Postmodernism

포스트모더니즘은 20세기 후반, 통신기술 및 대중매체의 발달 등으로 급변한 세계에서 모더니즘적 세계관이 갖는 한계를 지적하면서 등장합니다. 포스트모더니즘은 말 그대로 모더니즘이란 단어에 'post'라는 접두어가 붙은 것인데요, 이에 '후기 모더니즘' 또는 '모더니즘 이후'라는 이중적 의미를 갖고 있답니다. 즉 모더니즘의 연장선에서 변형된 모더니즘이라는 의미와 모더니즘 이후에 또 다른 사조라는 의미를 가지고 있으며, 실제로도 서로 다른 의미에 대한 논쟁이 계속되고 있답니다. 어쩌면 이런 이중적 의미를 가장 잘 닮고 있으면서도 포스트모더니즘의 특징을 잘 드러내는 것이 철학에서의 후기구조주의일 것입니다.

앞에서도 설명했듯이 후기구조주의는 언어 과학을 이용한 구조주의로 출발했지만, 언어의 의미가 정착되지 않는다는 점이 지적되면서, 기존에 가졌던 가치 체계와 이성에 대한 확신이 모두 흔들려버렸지요. 이제 고정된 선악의 기준이나 절대적 진리는 인정되지 않고, 이성은 끝없이 공격받게 되었습니다. 더 이상 우월한 것도 절대적인 이론도 존재하지 않게 되었으며, 서구 중심의 문화도 공격받기 시작했지요. 모더니즘이 추구한 정치적 해방과 거대한 철학 이론도 이제 하나의 이야기에 불과한 취급을 받게 되었습니다.

이런 현상은 예술 분야에서 뚜렷이 나타났지요. 엘리트주의보다는 대중문화가 힘을 얻게 되었으며, 고급 문화와 하급 문화의 구분을 거부합니다. 순수 문화보다는 잡종 문화가 더 각광받고, 모든 장르와 매체 사이의 경계가 소멸하면서 마구 뒤섞였지요. 순수한 창작보다는 패러디가 성행하고, 소외되었던 주변부 문화가 관심받기 시작합니다. 미술가들은 이미 만들어진 변기나 성조기, 만화 등을 아무렇지 않게 자기 작품으로 만들어 등장시키고, 소설가들은 원작을 패러디해 넣거나 이야기 도중에 비평을 하기도 합니다.

모더니즘의 끝없는 변화가 파편화된 현실에 통일성과 질서를 부여하려는 노력이었다면, 포스트모더니즘은 통일성과 확실성이 불가능한 것임을 받아들이고, 상대적인 다양성을 인정하거나 그저 그것을 즐기려는 것처럼 보이기도 합니다.

제6장

미래 지성인의
필수 상식,
세계화와 그 이슈

우리와 무관하지 않은 **세계의 이슈들**

『청소년을 위한 지금 시작하는 인문학 – 가로 읽기』에서는 국내 이슈를, 여기에서는 세계의 이슈를 다루어보려고 합니다. 여기서 다루는 세계의 이슈는 크게 3가지로 이야기할 수 있습니다.

먼저 '지역 분쟁'입니다. 오늘날 종교와 민족 등의 이유로 세계 각지에서는 많은 분쟁이 일어나고 있습니다. 그들은 테러와 전쟁 등 언제나 무력적인 위협을 동반하고 있으며, 우리나라 및 세계경제에도 적지 않은 영향을 미치고 있지요.

두 번째는 '세계화'입니다. 오늘날 지구는 교통 통신의 발달과 빈번한 교류를 통해 하나의 세계로 통합되어가고 있으며, 그 중심에는 말도 많고 탈도 많은 신자유주의가 있습니다. 신자유주의 논쟁은 나라와 나라 사이에서는 자유무역이냐 보호무역이냐의 논쟁으로, 한 국가 내에서는 복지 확대냐 복지 축소냐의 문제로 요약될 수 있답니다.

마지막으로 '환경문제'가 있습니다. 이 또한 신자유주의가 초래하는 상품 생산 및 소비의 속도와 관계가 있답니다. 환경 위협이야말로 지구 존폐가 걸린 가장 중대한 사안이라고 할 수 있습니다.

이상의 이슈들은 세계의 정치·경제 변화에 많은 영향을 주며, 인류의 안정과 평화, 번영과도 관계가 있는 것이지요. 이에 세계의 뉴스에 수시로 오르내리는 초미의 관심사들이라 할 수 있답니다. 그럼에도 이 이슈들은 우리와는 별개의 것처럼 느껴지기도 합니다. 하지만 분명한 것은 이 이슈들이 우리에게 다양한 영향을 미칠 뿐 아니라, 우리 개개인 또한 이 이슈들에 어느 정도 영향을 미칠 수 있다는 사실입니다. 우리가 이 이슈들에 관심을 가지고 함께 고민하고 참여한다면, 새로운 대안과 지지를 만들어내거나 변화의 방향을 바꿀 수도 있기 때문이지요.

중동 문제와
세계 각지의 지역 분쟁

세계를 둘로 나누며 제3차 세계대전으로 치달을 것만 같았던 동서 대립은 구소련의 개혁과 함께 의외로 싱겁게 끝이 났습니다. 하지만 심각하게 대립했던 이념 문제가 사라지자, 이념 문제로 인해 억눌려 있던 민족과 종교에 대한 문제들이 터져 나왔지요. 그 문제들은 대부분 제1·2차 세계대전을 일으켰던 제국주의가 만들어놓은 후유증에 기인하고 있는 것들이었지요. 그래서일까요? 제국주의 열강이 전 세계를 지배했던 만큼, 오늘날 거의 대부분의 대륙에서 목숨을 건 테러와 전쟁이 일어나고 있답니다. 20세기 후반은 한마디로 지역 분쟁의 시대라고 할 정도랍니다.

테러와 전쟁이 들끓는 팔레스타인

　세계 뉴스에 가장 많이 오르내리는 분쟁 지역은 중동입니다. 그중에서도 가장 치열하고, 많은 사건 사고를 몰고 다니는 것은 팔레스타인과 이스라엘의 분쟁일 것입니다. 이 분쟁은 강대국 영국과 미국의 무책임한 욕심이 만들어낸 대표적인 갈등으로, 억울하게 모든 걸 빼앗긴 팔레스타인 사람들의 피 끓는 절규와 저항이 뒤섞인 분쟁이라 할 수 있지요.

　팔레스타인^{Palestine}은 원래 16세기 이후부터 오스만 투르크 제국의 통치하에 있었습니다. 대항해 시대 이후 영국과 러시아 등 서구 열강이 세력을 확대하고 있었고, 이에 눌린 오스만 투르크 제국은 쇠락을 거듭해가고 있었지요. 오스만 투르크 제국이 약해지자 그 밑에서 숨죽여 있던 민족들이 독립을 꿈꾸면서 민족주의를 내세우게 됩니다. 그런데 이 민족주의는 유대인에게는 아주 위협적인 것이었지요. 『성경』에 따르면 하느님은 유대인을 젖과 꿀이 흐르는 가나안 땅(지금의 팔레스타인)으로 이끌어 왕국을 건설하게 했지만, 머지않아 그 왕국은 멸망해버립니다. 이후 유대인은 단 한 줌의 땅도 갖지 못하고 세계 각지에 뿔뿔이 흩어져 살아왔답니다. 그런데 민족주의를 내세우며 타민족을 몰아내려는 움직임이 시작된 것이지요. 세계 곳곳에서 갈 곳을 잃은 유대인은 시오니즘^{Zionism} 운동을 전개하기 시작합니다. 시온^{Zion}은 예루살렘에 있는 언덕의 이름으로, 3000년 전 하느님이 부여해준 자신들의 땅으로 돌아가 독립국가를 세우자는 운동이었습니다.

청소년을 위한 지금 시작하는 인문학

그런 와중에 제1차 세계대전이 터졌습니다. 오스만 투르크 제국을 무너뜨리고자 했던 영국은 당시 팔레스타인 사람들에게 자신들을 도우면 독립시켜주겠다고 약속합니다. 그런데 2년 후, 영국은 유대인에게도 전쟁 자금을 지원해주면 팔레스타인 지역에 유대인 국가를 세울 수 있게 해주겠다고 약속해버립니다. 영국은 하나의 땅을 두고 두 민족과 약속을 한 것이지요. 제1차 세계대전이 끝나자, 영국은 자신들을 위해 열심히 싸워준 팔레스타인과의 약속을 저버리고, 유대인을 팔레스타인 지역으로 이주시키기 시작합니다. 특히 히틀러Adolf Hitler가 등장해 유대인을 대대적으로 탄압하자, 대규모의 유대인이 팔레스타인으로 들어와 자리를 틀게 되었지요. 당연히 땅을 잃어버린 팔레스타인과 새로 이주한 유대인 간의 대립은 피할 수 없는 것이었답니다.

제2차 세계대전이 끝나자 그 대립은 더욱 격렬해졌습니다. 입장이 곤란해진 영국은 이 문제를 국제연합UN에 넘겨버립니다. 국제연합에서는 2가지 안을 내놓았습니다. 어쩔 수 없으니 현 상태를 유지하며 하나의 연방하에 지내자는 '연방안'과 아예 2개의 나라로 나누어버리자는 '분할안'이었지요. 이에 팔레스타인 사람들은 겸허히 연방안을 수용하려 했지만, 유대인과 미국이 분할안을 밀어붙였습니다. 그들이 내세운 분할이란 지중해 연안의 비옥하고 공업이 발달된 지역은 유대인이 갖고, 척박한 사막을 팔레스타인인이 갖는 것이었기 때문이지요. 유대인은 미국과 영국을 상대로 치열한 로비를 벌였고, 1947년 11월 국제연합은 분할안을 통과시킵니다. 이 황당한 상황 앞에서 전 아랍이 들끓었고, 유대인은 서둘러 이스라엘 건국을 선포했습니다. 이

이스라엘의 폭격을 받고 있는 가자지구 하마스를 색출하기 위해서는 어쩔 수 없다는 이스라엘의 폭격은 민간인은 물론 병원, 학교를 가리지 않고 자행되고 있다.

에 이집트, 레바논, 시리아 등 많은 아랍국들이 힘을 합쳐 이스라엘을 공격해 들어갑니다. 하지만 4차에 걸친 중동전쟁은 모두 이스라엘의 승리로 끝났고, 팔레스타인의 80퍼센트가 넘는 대부분의 지역이 이스라엘의 손에 넘어가게 되었지요. 그 과정에서 수많은 팔레스타인 난민이 발생하기도 했답니다.

　팔레스타인인들 중에는 최후의 방법으로 지하조직을 선택하는 이들도 있었습니다. 그들은 1964년 팔레스타인해방기구PLO를 결성하고 집단적 저항운동을 확산시켜나갔습니다. 한때 의장인 아라파트Yasser Arafat가 이스라엘의 라빈Yitzhak Rabin 총리와 협상하여 평화를 이끌어내기도 했지만, 라빈 총리가 자국의 반대파에게 암살당하고 팔레스타인 내에서도 강경파들이 테러를 계속 자행해나갔지요. 이후 두 나라 모두 강경파들이 득세하면서 팔레스타인 문제는 그 끝이 보이지 않고 있는 실정이랍니다.

한편 협상을 통해 팔레스타인의 자치지구가 된 곳이 바로 가자지구입니다. 이 지역은 팔레스타인 난민들이 모여 살기 시작하면서 형성된 곳으로, 물도 자원도 거의 없이 대부분 국제구호기구의 식량 원조로 살아가고 있는 곳이지요. 이스라엘과 이집트 사이에서 고압 전류가 흐르는 거대한 장벽에 둘러싸여 있어 수용소처럼 생활해야 하는 곳이랍니다. 이스라엘군에 의해 거주와 이전의 자유 등을 제한받고 있는 이곳 사람들은, 2006년 총선거에서 PLO의 외교정책에 실망하며 하마스 Hamas*를 지지하게 되었지요. 이후 하마스는 테러를, 이스라엘은 하마스를 뿌리 뽑기 위해 다양한 명분을 만들어 폭격을 쏟아붓고 있답니다.

민족과 종교가 얽히고설킨 또 다른 중동 문제들

기독교 및 유대교와 이슬람은 똑같은 유일신을 모시고 아브라함이라는 똑같은 조상을 가지고 있지만 끝없이 대립해왔습니다. 이와 마찬가지로 이슬람 세계는 무함마드를 최고의 신의 대리자라고 생각하면

하마스 이스라엘에 대한 테러를 주도하는 무장 단체로, 2006년 팔레스타인 자치정부의 집권당이 되었다.

호메이니 국왕 팔레비(Muhammad Rizā
-Pahlevī)가 추진하던 급격한 서구식
근대화를 반대하며, 1979년 반서구를
외치고 이슬람 전통과 의식을 중시하
는 이란혁명을 성공시켰다. 이 혁명 이
후 이란은 시아파 성직자가 정치 권력
을 갖게 되었다.

서도 수니파와 시아파로 나뉘어 철저히 대립해오
고 있답니다.

현재 이슬람 인구의 85퍼센트 이상을 차지하고
있는 수니파는 정치와 종교가 분리되어 있고, 『코
란』만을 절대적인 진리로 보고 따르지요. 반면 무
함마드의 사위인 알리의 순수한 혈통을 중시하는
시아파는, 알리의 혈통을 이은 이맘(시아파 이슬람
교단의 지도자)만을 최고의 지도자로 인정하고 종교
적 권위와 정치적 권위 모두 이맘에게 부여하고 있
지요. 그만큼 시아파 지도자의 영향력은 강력한 것
이라고 볼 수 있답니다.

이런 수니파와 시아파가 미묘한 관계로 엮인 것
이 이란과 이라크, 그리고 쿠르드 족의 문제랍니다. 먼저 이란은 대표
적인 시아파 국가인데, 특히 호메이니 Ayatollah Ruhollah Khomeini가 등장하
면서 시아파 지도자로서 강력한 영향력을 발휘합니다. 그는 반미, 반
서구를 외치며 이슬람 율법에 입각한 이슬람 원리주의를 내세웠지요.
그의 영향력이 거세지자 수니파인 주변국들이 긴장했으며, 20퍼센트
밖에 안 되는 소수의 수니파가 다수의 시아파를 지배하고 있던 이라크
는 위태로움을 느끼게 되었지요. 하지만 이라크의 수장, 사담 후세인
Saddam Hussein은 이를 기회로 생각합니다. 미국은 물론 모든 주변국들
이 호메이니의 영향력이 확대되는 것을 원치 않는다는 점을 이용한 것
이지요. 이에 그는 미국과 주변 세력을 등에 업고 이란으로 쳐들어갑

니다. 하지만 이슬람 정신으로 똘똘 뭉친 이란을 이겨낼 수는 없었고, 8년 동안의 긴 전쟁 끝에 휴전을 하였지요. 이후 이란은 계속 이슬람 원리주의를 고수하며 서방세계와 대립하고 있으며, 타국의 시아파를 돕거나 테러 단체와의 협력도 아끼지 않고 있습니다.

반면 후세인은 전쟁으로 불어난 채무를 감당해야 했습니다. 이에 원래부터 자신의 영토라고 생각했던 부유한 산유국 쿠웨이트를 침공합니다. 바로 이 사건이 미국과 UN의 원성을 사서 걸프전의 희생양이 되어버렸지요. 여기에 9·11테러까지 일어납니다. 미국은 이라크가 대량학살무기를 보유하고 있으며, 테러조직을 지원한다고 몰아붙이고, 이라크를 침공해 들어갔지요. 결국 침공 이전부터 무기 사찰을 수용하며 무죄를 주장하던 후세인은 어처구니없는 죽음을 맞이해야 했습니다.

후세인이 사라지고 지배 세력인 수니파가 몰락하자 다수파인 시아파가 정권을 잡았습니다. 그리고 제2야당은 이라크의 17퍼센트에 해당하는 북부 쿠르드 족이 차지했고요. 당연히 모든 것을 잃은 수니파는 끝없이 저항을 하고 있어서 이라크의 혼란은 계속되고 있지요.

한편 이라크 내의 북부 쿠르드 족은 미군이 후세인을 공격할 때 적극 협조했습니다. 그 결과 제2야당으로 발돋움했으며, 거대한 유전 지역인 북부 키르쿠크를 차지할 수 있게 되었습니다. 하지만 그들은 시아파가 아닌 수니파이며 같은 민족도 아니기에, 언제 쫓겨날지 모르는 분위기 속에서 주변 쿠르드 족을 모으며 독립을 준비하고 있답니다.

쿠르드 족은 아직 국가를 이루지 못한 소수민족 중 가장 큰 민족이기도 한데요, 그중 터키에 있는 쿠르드 족이 가장 규모가 크답니다. 한때 터키 내 쿠르드 족이 독립을 외치며 강경하게 저항했지만, 근래에는 평화적 투쟁으로 전환했습니다. 하지만 바로 그 점이 독립을 꿈꾸는 쿠르드 족 내에서 또 다른 마찰이 되고 있기도 하답니다.

지역 분쟁으로 들끓는 지구촌

지역 분쟁 하면 흔히 중동 지역을 떠올리지만, 냉정히 말해 세계 전체가 분쟁 지역이라고 말할 수도 있습니다.

먼저 아시아 지역만 보아도 중동만큼이나 치열하고 다양하게 꼬여 있지요. 그 대표적인 곳이 인도와 관련된 문제일 것입니다. 제2차 세계대전 후 영국으로부터 인도 대륙이 독립하면서 힌두교도들은 인도로, 이슬람교도들은 파키스탄으로 분리 독립하였습니다. 문제는 카슈미르 지역이었습니다. 카슈미르 주민의 절대 다수가 이슬람교도로 파키스탄 편입을 요구했지만, 당시 카슈미르 지방의 제후는 힌두교도였기 때문에 파키스탄 편입보다는 차라리 독립을 원했습니다. 결국 파키스탄이 무력으로 개입해오자, 제후가 인도에 파병을 요청해 전쟁으로 번져버렸지요.

인도 반도의 섬나라 스리랑카도 내전으로 골머리를 앓고 있답니다. 제2차 세계대전 후 불교인 스리랑카도 분리 독립했는데요, 그중 25퍼센트가 타밀 족이었지요. 문제는 그들도 힌두교도였고, 끝내 분리 독

청소년을 위한 지금 시작하는 인문학

립을 요구하게 된 것이지요. 그들은 한때 치열하게 투쟁했지만 지금은 독립을 포기하고 자치구로 남아 있는 실정이랍니다.

중국 또한 독립 요구로 들끓고 있지요. 중국 내에는 55개나 되는 소수민족이 살고 있습니다. 그들은 전체 인구의 8퍼센트에 불과하지만 중국 전체의 65퍼센트나 되는 면적에서 살고 있지요. 특히 분리 독립을 요구하고 있는 티베트와 위구르가 분리된다면, 중국 면적의 3분의 1이 날아가는 셈이랍니다. 이곳은 안보적 차원이나 지하자원 및 수자원 때문에라도 놓치기 아까운 곳이지요. 그러나 소수민족들은 경제적 · 문화적 박탈감을 갖고 있으며, 각각 불교와 이슬람교로 공산주의와 어긋나는 점도 많답니다. 중국은 갈수록 자유시장이 활성화되고 문화가 개방되고 있는데요, 그만큼 이들의 독립 의지도 더욱 거세지고 있답니다.

티베트의 자치를 요구해온 달라이 라마
'달라이 라마(Dalai Lama)'는 티베트의 영적 지도자를 의미하는 말이다. 우리에게 알려진 텐진 가쵸(Tenzin Gyatso)는 14대 달라이 라마이다. 그는 1951년 중국 인민해방군이 티베트를 통치하기 시작하자, 8년 후 중국 공산당을 피해 인도로 망명했다. 이후 인도 다람살라에 망명정부를 세우고 티베트 독립운동의 근거지로 삼았으며, 국제사회로부터 많은 지지를 받아 1989년 노벨평화상을 수상하기도 했다. 현재 그는 티베트의 외교 · 군사적 독립 대신 자치권 확대를 요구하는 중도 노선을 취하고 있다.

러시아도 중국만큼이나 복잡한 심정을 가지고 있습니다. 한때 130여 개 민족과 15개 공화국으로 구성된 구소련은 개혁 · 개방정책이 실시된 후, 모든 공화국이 투쟁 등을 통해 독립해버렸지요. 이제 소수민족들만이 남아 여전히 독립을 꿈꾸며 저항하고 있고, 새로 독립한 나라들 내에서도 또 다른 소수민족들이 독립 투쟁을 벌이고 있는 상황입니

다. 그중 러시아를 가장 괴롭게 하는 것이 체첸인데요, 체첸은 러시아
와 언어와 문화도 다르고 종교도 이슬람교로 다릅니다. 게다가 러시아
가 강제로 지배해왔기에 러시아에 대한 악감정도 남아 있지요. 그렇다
고 러시아가 체첸을 놓아주면 더 많은 소수민족들이 독립을 요구할 것
이 뻔해 보입니다. 하지만 진짜 이유는 다른 데 있답니다. 체첸에는 많
은 양의 석유가 매장되어 있으며, 무엇보다 카스피 해에서 생산되는 석
유와 천연가스를 공급하는 송유관이 체첸의 영토를 통과하고 있기 때
문이지요. 러시아가 체첸을 포기할 경우 거액의 송유관 통과료를 지불
해야 하기 때문에, 그에 따른 경제적 손실은 막대한 것이랍니다.

체첸과 같이 송유관 문제가 얽혀 있고, 러시아에서 독립한 후 자신들도 분리 독립 민족 때문에 골머리를 앓고 있는 곳도 있지요. 바로 구소련으로부터 독립해 친서양 정책을 펴고 있는 그루지아랍니다. 이곳에는 카스피 해에서 서유럽으로 관통하는 송유관이 있어, 미국이 송유관을 보호한다는 명목으로 미 공군기지까지 설치해놓고 러시아와 대립하고 있는 곳이지요. 이런 상황에서 친러시아 성향을 가진 남오세티야가 그루지야에 독립을 요구하며 대립하고 있는 것이지요. 그러다 보니 이슬람교도인 압하스인까지 덩달아 그루지아에 독립을 요구하고 있답니다.

한편 서유럽에도 분쟁이 존재합니다. 구교인 아일랜드는 12세기부터 신교인 영국의 지배를 받았는데요, 16세기에 영국이 북아일랜드 지방에 신교도들을 대량 이주시킵니다. 문제는 제2차 세계대전 이후 아일랜드가 영국으로부터 독립하자, 북아일랜드에 분열이 일어난 것이지요. 북아일랜드 내에 구교도들은 아일랜드에 편입되기를 바랐지만, 북아일랜드의 정권을 쥐고 있던 신교도들은 영국에 잔류하는 것을 택하게 됩니다. 결국 두 진영은 폭탄 테러 등으로 대립하였지요. 현재는 북아일랜드 자치 정부가 수립되어 신교도가 제1당을, 구교도가 제2당을 점하고 있는데, 여전히 대립은 계속되고 있답니다.

멀리 아프리카 또한 분쟁이 끊이지 않기는 마찬가지입니다. 아니 어쩌면 분쟁이 없는 지역이 드물 정도이지요. 가장 큰 이유는 제국주의 국가들이 종족 분포나 정치 성향을 고려하지 않고, 자국의 이익에 따라 지역을 분할해왔기 때문이랍니다. 게다가 아프리카 대륙이 아직 국가 개념이 정착되지 못한 시기였기에 그 혼란은 더욱 클 수밖에 없었지요. 한 예로 벨기에가 식민 통치를 하면서 90퍼센트에 해당하는 후투 족을 소외시키고, 10퍼센트밖에 안 되는 투치 족을 철저히 우대했답니다. 벨기에가 쉽게 지배하기 위해 분열을 꾀한 것이지요. 그 결과 1994년 후투 족이 들고일어나 투치 족을 대량 학살하면서 오늘날까지 치열하게 대립하고 있답니다.

또한 아프리카는 풍부한 자원 때문에 분쟁의 희생양이 되는 경우도 많습니다. 그 대표적인 나라가 콩고로, 아프리카 대륙의 군사적 요충지면서 다이아몬드, 구리, 코발트 등 다양한 지하자원을 갖고 있는 나라이지요. 콩고는 투치 족 반군과 카빌라 반군이 대립하고 있는데요, 콩고의 자원을 획득하기 위해 주변 9개국이 끊임없이 개입하는 형국이랍니다. 5년 동안 540만 명의 사상자와 20만 명의 난민을 낳아 아프리카판 세계대전으로 불릴 정도지요.

심지어 아프리카에는 정부가 사라져버린 경우도 있는데요, 심심치 않게 우리 어선을 나포하여 해적의 나라로 알려진 소말리아가 바로 그런 경우지요. 원래 단일민족국가였던 소말리아는 영국, 프랑스, 이탈리아 등 5개 나라에 분할통치되었습니다. 그리고 제2차 세계대전이 끝나자 뿔뿔이 흩어지면서 끝없는 내전으로 치닫게 됩니다. 내전 때문에 국토 전체가 전쟁과 기아에 허덕이면서 최빈국으로 전락했고, 더 이상 해결책도 통제력도 없는 곳이 되어버렸답니다.

그런가 하면 그나마 분쟁이 적어 보이는 지역은 라틴아메리카 대륙으로 보입니다. 이들 지역은 라틴아메리카는 건들지 말라던 미국의 먼로선언 이후, 미국의 영향하에 들어갔지요. 하지만 대토지 소유는 여전히 지속되었고 미국 자본의 갈취만이 성행하였습니다. 이에 쿠바에서 카스트로Fidel Castro가 들고일어나 공산정권을 수립하고, 소련을 끌어들이며 반미를 외쳤지요. 이후 그는 베네수엘라, 과테말라 등에 공산주의 게릴라들을 추동함으로써, 대륙 전체가 좌우익의 분쟁으로 번져 나갔습니다. 결국 공산주의 세력은 수그러들었지만, 이때 형성되었던 혁명의 잔류 세력인 좌익 게릴라와 미국을 등에 업은 정부가 마찰을 일으키며 분쟁을 이어가고 있답니다. 하지만 이들 지역의 더 큰 문제는 국가 부채로 보이는데요, 멕시코나 아르헨티나 등이 그 예입니다. 이들은 정권을 유지하기 위해 무분별하게 외자를 유치해 공업화를 추진했는데요, 대부분 실패하고 막대한 부채만 떠안았답니다.

세계를 뒤덮는 세계화와
신자유주의

제2차 세계대전 후 자유 진영과 사회주의 진영으로 갈라진 세계는 소련의 붕괴로 다시 하나가 되었습니다. 이념을 중심으로 대립한 동서 문제가 사라지자, 민족과 종교 문제가 표면으로 떠올라 세계가 지역 분쟁으로 들끓었지요. 그런데 이념 대립이 사라졌다는 것은 세계가 자본주의 시장 안에 편입되어가고 있다는 것을 의미하기도 합니다. 각각의 나라들은 끊임없이 상품을 만들고 소비하면서 돌아가고, 더 나아가 나라와 나라가 끊임없이 상품을 사고팔고 있는 것이지요. 세계 어디서나 자본가는 투자를 하고, 각국의 노동자는 노동을 제공하고, 또 모두가 그 상품을 소비하면서 말이지요. 세계는 그렇게 하나의 경제체제안으로 휘말려가고 있는데요, 바로 이것이 '세계화'입니다.

하지만 세계화는 단순히 경제가 하나가 되어가는 것만을 의미하지는 않는답니다. 그 과정에서 기술은 물론 정신·문화적인 것까지 서서히 하나가 되어가는 것이며, 어떤 특정한 방향을 요구받기도 하지요. 세계화는 이제까지는 경험하지 못했던 많은 변화를 몰고 왔으며, 또 그만큼 많은 논쟁을 불러일으키고 있답니다.

세계화로 하나가 되는 지구

사실 대항해 시대가 시작되면서 세계경제는 이미 하나로 묶여가고 있었답니다. 하지만 최근에 말하는 세계화는 그 내용 자체가 확연히 달라졌다고 할 수 있지요. 오늘날 우리는 도시뿐 아니라 농촌에서조차 어렵지 않게 외국인과 마주치고, 길거리에는 외제차가 넘쳐나고 있지요. 흔히 가는 마트에서도, 재래시장의 채소 가게에서도, 심지어 TV 광고 모델의 국적에서도 세계적인 것들을 목격할 수 있답니다.

그뿐이겠습니까? 마돈나 메시, 맨체스터 유나이티드 등 우리와 언어도 인종도 다른 그들과 그룹에 우리는 열광하며, 심지어 그들이 입는 옷과 물건을 사용하고 싶어 안달을 합니다. 발달된 전자통신은 그들의 춤과 경기를 동 시간대에 똑같이 흥분하며 지켜볼 수 있게 해주고, 발달된 유통 구조는 그들이 들고 다니는 것과 완전히 똑같은 가방을 동시에 들고 다닐 수 있게 해주지요. 심지어 전 세계로 연결된 인터넷 연결망은 그들이 올려놓은 사적인 사진과 정보를 언제든 볼 수 있게 해주며, 우리가 올린 정보 또한 모든 사람들이 동시에 함께 보고 공감할 수 있게도 해줍니다. 개인과 개인이 국경을 넘어 자유롭게 나누는 정보와 이야기들은 페이스북과 같은 SNS 서비스를 통해 리비아 등 폐쇄적인 국가에도 전해지는데요, 그 결과 곳곳에서 독재 정권을 무너뜨리는 '아랍의 봄'*을 불러오기도 하였지요.

바로 이렇게 하나가 된 경제체제는 물론 방송통신의 발달과 미디어의 확산으로 전 세계가 동시에 똑같은 대중문화를 향유하고, 이로 인해 전 세계의 사람들은 똑같은 취향과 기호를 가지고 마치 표준화된 듯한 소비를 하게 되었지요. 이 획일화된 취향과 욕구는 하나의 브랜드나 상품이 세계로 뻗어나가는 데 더없이 좋은 환경을 만들어주었습니다. 나이키와 같은 세계 기업은 자국에서 개발하고 디자인한 신발을 마이클 조던 등의 스타를 내세워 광고 마케팅을 하고, 세계 각국에 생산 공장을 만들거나 여러 곳에 하청을 나누어주어 생산하게 하지요. 전 세계가 분업 체계망이 되고, 더 이상 지역 특색에 관계없이 하나의 상품에 공통의 환상을 심어 팔 수 있게 된 것입니다.

경제 분야에서는 금융자본까지도 세계화가 되어버렸습니다. 은행, 보험, 주식 등으로 대표되는 오늘날 세계 자본은 세계 곳곳을 자유롭게 돌아다닐 뿐 아니라, 인터넷 등을 통해 세계의 주식시장이 한꺼번에 움직이지요. 심지어 세계적 제도와 기구 등도 세계화된 것이랍니다. 국

아랍의 봄 2010년 말, 튀니지에서 시작되어 아랍 중동 국가 및 북아프리카로 확산된 반(反)정부 시위를 통칭한다.

제연합은 물론 그 산하의 국제사법재판소^{ICJ}, 세계보건기구^{WHO}, 유엔환경계획^{UNEP} 같은 기구들이나 많은 쟁점을 몰고 다니는 국제통화기금^{IMF}이나 세계무역기구^{WTO} 같은 경제 관련 기구들 역시 세계 무대를 전제로 하고 있으니까요.

그리고 그 이면에는 또 하나의 세계화가 도사리고 있는데요, 바로 '문제'의 세계화입니다. 전 세계를 헤집고 다니는 마약 범죄라든가, 순식간에 전 세계로 퍼져 나가는 질병들, 누구의 책임을 떠나 지구 자체를 피폐하게 만드는 환경문제 등은 세계적 차원으로밖에 다루어질 수 없는 세계화 현상인 것이지요. 이렇게 세계는 국민, 국가라는 개념이 희미해지고, 세계라는 개념이 일상화되어가고 있는 것이지요.

아랍의 봄을 촉발시킨 재스민 혁명
2010년 12월, 튀니지의 한 지방 도시에서 대학을 졸업하고도 취직을 하지 못해 노점상을 하던 20대 청년이 경찰의 단속에 항의해 분신자살을 했다. 이 사연은 청년층의 분노를 촉발시켰고, 여기에 극심한 생활고와 장기 집권으로 인한 억압 통치 등 현 정권에 대한 불만이 쌓여 있던 시민들이 합세하면서 독재 타도를 외치는 전국적인 민주화 시위로 번졌다. 결국 당시 튀니지 대통령은 2011년 1월, 사우디아라비아로 망명해야 했다. 튀니지의 국화가 재스민이어서 '재스민 혁명'이라 부르는 이 혁명은 아프리카 및 아랍권에서 쿠데타가 아닌 민중 봉기로 독재 정권을 무너뜨린 첫 사례가 되었다. 이후 인근 이집트를 비롯해 알제리 · 예멘 · 요르단 · 시리아 · 이라크 · 쿠웨이트 등 독재 정권에 시달리던 아프리카 및 아랍 국가로 점차 민주 시위가 확산되고 있다.

그렇다면 이 세계화는 왜 많은 논쟁을 불러일으키는 걸까요?

오늘날 우리는 역사상 유례를 찾아보기 힘들 정도로 더 오래, 더 건강하게, 더 많은 풍요와 물질의 혜택 속에서 살아가고 있습니다. 이 풍요는 자본주의가 전 세계를 무대로 원료를 구하고, 노동력과 기술을 활성화하고, 그것을 판매하여 재투자하는 세계화가 이루어놓은 것들입니다. 이러한 전 세계적 활동이 없었다면 이렇게 빠르게, 그리고 폭넓게 경제적·물질적 혜택을 일궈낼 수 없었을 것입니다. 그래서 세계화에서 밝은 미래를 점치는 사람들은 앞으로도 세계화가 보다 더 많은 부를 선물할 것이며, 더 많은 민주화와 세계적 평등까지도 가져올 것이라고 반깁니다.

하지만 그들의 목소리만큼이나, 세계화에 대한 반대의 소리도 높아지고 있답니다. 그들은 세계화가 빈부 격차를 심화시키고, 빈곤한 국가를 빈곤의 악순환으로 몰아넣을 것이라고 걱정합니다. 세계 금융시장은 도박판이 되고, 환경 파괴는 가속화될 것이라는 염려도 덧붙입니다. 과연 누구의 말이 더 옳은 것일까요? 양측의 주장은 팽팽하고, 그 이론과 증거들도 만만치 않게 쏟아지고 있답니다.

자유주의에서 복지국가로

대항해 시대가 시작되고 산업혁명이 일어나면서 세계는 스스로도 놀랄 만한 속도로 변해갔지요. 자본주의를 앞세운 기업들은 전 세계로 퍼져 나가면서 더 편리하고 풍요로운 상품과 시설들로 우리의 생활공간을 채워갔습니다. 사람들은 인류가 만든 놀라운 풍요에 경도되었고, 앞다투어 근대화와 산업화를 추진해나가려 했습니다. 하지만 그 풍요의 이면에는 착취로 고통받는 노동자와 노예가 있었고, 차별받고 강탈당하는 식민지들이 있었습니다. 세상의 절반 이상이 고통받고 있을 때, 화려한 일부만이 세계의 번영을 찬양하며 자신들의 자본주의와 제국주의를 세계 곳곳으로 펼쳐가고 있었던 것이지요. 그들은 더 많은 원료를 싸게 가져오고, 더 많은 상품을 내다 팔기 위해 아무런 통제도 없는 자유무역을 강제했으며, '자유주의'라는 경제 이론으로 이를 정당화했습니다.

그렇다면 적어도 그들만큼은 오래오래 번영해야 하지 않았을까요? 천만의 말씀입니다. 생산을 무한대로 만들어내면서 착취만을 일삼던 그들은 머지않아 그들의 상품을 사줄 소비자와 시장이 줄어드는 현실을 목격해야 했습니다. 불황으로 시장이 위축되고, 경쟁은 더욱 치열해졌지요. 그 경쟁의 결과는 두 차례에 걸친 세계대전으로 나타났습니다. 인류는 최고의 풍요를 꿈꾸며 달려왔지만, 아이러니하게도 전 세계가 피바다가 되는 인류 역사상 최악의 재앙을 두 번씩이나 연출하고 말았답니다.

하지만 인류는 바로 그 시점에서 이제까지 선보이지 못한 사회제도를 통해 또 다른 희망을 꽃피웁니다. 사회주의 진영은 완전히 평등한 사회를 제시한 마르크스주의 이론을 현실 위에 건설하고 있었으며, 자유 진영은 완전한 평등이 아니더라도 많은 사람들이 최악의 상황에 내몰리지 않고 안정된 고용과 수입, 다양한 복지를 누리는 세상을 선보이고 있었으니까요.

사회주의 진영의 꿈은 러시아나 중국 등 성공적인 산업화를 이루지 못한, 전쟁으로 황폐화된 곳에서 크게 일어나 새로운 국가를 꿈꾸게 되었답니다. 자유 진영의 새 바람 또한 대공황이라는 자본주의의 위기 속에서 꽃피게 되었지요.

살펴보면 유럽 열강들이 제1차 세계대전이라는 악몽에 시달리고 있을 때, 군수품 판매와 획기적인 대량생산이 가능한 포드시스템Ford System까지 갖춘 미국은 엄청난 번영을 누리고 있었지요. 그 번영은 놀라운 것이어서 '미국에 더 이상 빈곤이란 없다'고 믿는 사람까지 생길 정도였답니다. 하지만 1929년 10월 24일, 대공황이 터졌습니다. 주가는 끝없이 폭락했고, '골드만 삭스 주식 한 주마다 권총 한 자루가 덤으로 따라온다'는 농담이 나돌았지요. 더 심각한 문제는 이런 상황이 좀처럼 호전될 기미가 보이지 않았다는 것입니다. 8만 5천 개의 기업이 도산하고 4명 중 1명이 실업자로 나앉아야 했답니다.

이것은 당시 주류인 고전경제학자들이 철저히 믿고 있던, '보이지 않는 손'이라는 시장의 자동 조절 장치가 전혀 작동하지 않았음을 의미하는 것이었지요. 당시에는 아담 스미스Adam Smith의 '보이지 않는 손'을 내세우며 정부가 개입하기보다 기업이 알아서 움직이고, 관세 없이 자유롭게 교역을 한다면 국내외 시장이 모두 최대한 번영할 것이라고 믿고 있었던 시대입니다. 이를 뒷받침하는 이론으로 '세이의 법칙Say's Law'이 당시 정설로 여겨지고 있었는데요, '공급이 수요를 창출한다', 즉 생산하기만 하면 모두 다 팔린다는 법칙이었지요. 결국 이 법칙이 틀렸다는 것을 여실히 보여주는 상황이 연출되고 있었던 것입니다.

이때 미국의 대통령 루스벨트Franklin Roosevelt와 영국의 경제학자 케인스John Maynard Keynes가 등장합니다.

루스벨트는 이제 자유 시장에 맡길 것이 아니라 정부가 시장에 적극

396

개입해야 한다며, 뉴딜정책을 내세웁니다. 먼저 은행과 화폐 공급을 국가가 통제·감독해나갑니다. 파산 직전의 회사와 개인에게 신용 대출을 하고 보조금도 지원했지요. 또한 대규모 토목공사를 벌여 실업자들에게 일자리를 나누어주었습니다. 사람들의 수중에 돈이 들어가자 점차 상품을 사기 시작했고, 경제가 돌아가기 시작했습니다. 루스벨트는 여기서 멈추지 않고 노동자들의 단결권과 단체교섭권도 인정해주어 스스로 환경을 개선할 수 있는 권리를 갖게 해주었지요. 뿐만 아니라 실업보험과 최저임금제를 실시해 사회 안정망을 구축해나갔습니다. 경제는 점점 회복세를 보이기 시작했고, 새로운 경제정책은 엄청난 지지를 불러왔습니다.

케인스 20세기 전반을 대표하는 경제학자로, 케인스는 그의 저서 『고용 이자 및 화폐의 일반 이론(The General Theory of Employment, Interest and Money)』을 통해 실업과 불황에 허덕이는 1930년 자본주의 모순을 해명하며 새로운 경제 이론을 제시했다. 케인스는 '보이지 않는 손'이 알아서 시장을 자동 조절해줄 것이라는 고전경제학의 주장에 수긍했지만, 그것은 이론적으로 완벽한 아주 특수한 상황에서만 가능할 뿐이라고 주장한다. 그는 그렇기 때문에 자신의 이론을 책의 제목과 같이 일반이론이라고 명명했다. 자신의 이론이야말로 일반적인 것이며, 곧 현실에서 살아 숨 쉬는 이론이라는 것이다. 경제문제 해결을 위해 정부가 적극 개입해야 한다고 주장하면서 수정자본주의(Modified Capitalism)의 기초를 세웠다.

경제학자 케인스는 오래전부터 정부의 적극적인 개입을 주장해왔습니다. 하지만 영국에서는 철저히 무시되어왔는데요, 다행히 뉴딜정책이 탄력을 받자 그의 이론에 좋은 증거가 되어주었고, 케인스의 경제학은 새 시대의 주요 이론으로 급부상합니다.

케인스는 제일 먼저 세이의 법칙을 문제 삼았습니다. 세이 Jean B. Say 는 공급이 수요를 창출하기에 만들기만 하면 다 팔린다고 말했지요. 하지만 그것은 물건이 없던 시절의 이야기랍니다. 근대화와 산업화 과정

에서 만들어진 많은 상품들은 만드는 족족 불티나게 팔렸지만, 시장에 물건이 넘쳐나고 서로 경쟁하는 풍요로운 시대가 되자 상황은 역전되었다는 것이지요. 케인스는 오히려 기업이 수요에 맞춰 생산량을 조절해야 한다고 말합니다. 즉 소비가 가능한 사람의 양에 따라 생산 및 공급이 결정된다는 이야기지요. 또한 이렇게 생산량이 결정된 후에야 노동력을 얼마나 투입할지 고용 수준이 결정된다고 단언했지요. 이제 수요에 의해 공급도, 고용 수준도 결정되어버리는 것입니다.

한편 공황이 터졌을 때 고전경제학자들은 가격의 하락이 다시 수요를 키울 것이라고 믿었는데요, 그래서 불경기로 임금이 내려가면 다시 고용이 확대될 것이라고 주장했지요. 하지만 현실은 달랐습니다. 가격의 하락은 사람들에게 추가적인 하락을 예상케 했고, 오히려 오늘 살 것을 내일로 미루게 했답니다. 기업도 가격 하락을 우려해 생산과 고용을 줄였지요. 고용이 줄자 소비할 수 있는 능력도 줄었고, 이런 현상이 반복되면서 경제가 끝없이 나락으로 떨어졌지요. 불황이 불안을 몰고 오면서 아무리 기다려도 공황은 회복되지 않았던 것입니다.

그렇기 때문에 케인스는 정부의 역할을 강조합니다. 더 이상 고전경제학자들이 말하듯 자동적으로 경제가 회복되기는 불가능해 보였고, 그렇다고 사람들에게 "물건을 사라, 그래야 수요가 늘어난다. 투자를 해라, 제발 돈을 풀어라, 그래야 경기가 돈다"고 외치는 것도 소용없다는 것이었지요. 그러므로 이제 정부가 개입해서 소비할 수 있는 능력, 즉 수요를 만들어주어야 한다는 것입니다.

그래서 케인스는 재정정책財政策*을 가장 중요시합니다. 뉴딜정책처럼 정부가 나서서 사업을 일으키고 투자를 하면서 부족분의 수요를 늘려주어야 한다는 것이지요. 여기에 직업훈련이나 다양한 복지 혜택 등이 추가되면, 개인의 고용 기회가 늘고 소비 능력이 늘어나게 되는 것이지요. 당연히 수요는 늘어나고, 생산도 고용도 확대되며 경기가 활력을 얻게 되는 것이랍니다.

이제 더 많은 복지와 더 많은 사회 안정망, 국민들에게 더 많은 혜택이 주어질수록 경기는 활성화되고 더욱 풍요로운 세상이 된다는 생각

 재정정책 조세와 정부 지출의 수준이나 배분을 조작함으로써 경제활동에 영향을 미치기 위해 정부가 사용하는 조치들. 재정정책은 정부가 직접 다양한 기금이나 복지 프로그램, 사업 등을 주관함으로써 상품이나 노동력의 구매자로 등장한다.

이 생기게 되었지요. 결국 자본주의 사회는 국가의 개입을 늘리고 사회복지 프로그램을 확대하면서, 사람들이 이제까지 없었던 많은 혜택을 누려가는 꿈만 같은 세상을 맞이하게 된 것이지요. 미국의 성공은 주변 많은 나라에도 퍼져 나갔고, 세계 곳곳에서 복지국가를 내세우며 멋진 청사진들을 내놓았답니다. 또한 북유럽 쪽에서도 공산주의로 가는 대신 복지를 확대하면서, 복지국가의 풍요를 구가하고 있었지요. 사회주의 진영조차 평등을 실천하며 희망에 가득 차 있었는데요, 실로 인류는 이제까지 없었던 풍요와 희망으로 부풀어 있었답니다.

작은 정부와 세계로 뻗어 나가는 신자유주의

꿈만 같던 인류의 황금기는 그러나 30년도 채 넘기지 못했습니다. 가장 튼튼했던 미국의 경제력이 유럽과 독일의 추격으로 힘을 잃어가고 있었고, 재정 지출은 높아갔지요. 게다가 경기가 호전되어도 복지 지출을 줄이기에는 대중의 반발이 너무 높았습니다. 또한 케인스식 경제 지원은 퇴출되어야 할 기업의 도산까지 막았고, 나태한 복지 수혜자들도 늘어났지요. 이런 상황에서 미국은 베트남전쟁을 단행했는데, 전쟁을 통해 물자 수요를 늘리려 한 것이었지요. 그러나 베트남전쟁에서 패하게 되자, 전쟁에 투입했던 막대한 자금만 증발해버렸답니다. 심지어 석유파동 Oil Shock 까지 불어닥쳤습니다. 미국 경제는 헤어날 수 없는 수렁으로 빠져들었고, 그나마 전쟁 특수를 누리고 있던 유럽 경제도 침체기로 접어들었지요. 하지만 그게 끝이 아니었습니다. 전쟁 등으로 인한 엄청난 물자 고갈과 석유파동으로 물가가 끊임없이 상승하고 있었던 것이지요. 원래 경기가 침체(스태그네이션Stagnation) 되면 물가는 하락해야 하는 것인데, 경기가 침체되었는데도 물가는 계속해서 상승(인플레이션Inflation)을 하고 있는 것이었습니다. 경기 불황에도 물가가 계속 올라가는 '스태그플레이션Stagflation' 현상이 나타난 것이지요. 말 그대로 미국과 유럽은 사면초가가 되어버렸답니다.

이때 프리드먼Milton Friedman이 나타납니다. 그는 인플레이션이란 언제 어디서나 시중에 유통되고 있는 돈의 양, 즉 통화량과 관련된 현상이라고 말합니다. 당시 인플레이션의 원인도 시중에 화폐를 너무 많이 풀어놓았기 때문이라는 것이지요. 쉬운 예로, 시중에 10개의 상품이 있는데 1,000원이 풀려 있다면, 그 상품의 가격은 100원이지요. 이번에는 돈을 더 풀어봅니다. 시중에 상품이 10개 있는데 3,000원을 풀어보는 것이지요. 그러면 그 상품의 가격은 300원이 됩니다. 결국 물가가 상승해버려 인플레이션이 발생하는 것이지요. 그러므로 인플레이션을 조정하려면 곧 통화량을 조절해야 한다고 프리드먼은 주장합니다. 만약 인플레이션이 발생했다면, 그것은 곧 정부가 통화정책이나 그것에 영향을 주는 정책들을 잘못 사용한 것이라고 지적한 것이지요. 심지어 그는 과거 대공황도 통화량을 잘못 조절한 결과라고 재평가했습니다. 당시 중앙은행이 주식시장 과열을 막기 위해 통화를 대폭 줄인 것이 주식 대폭락을 몰고 왔다는 것이지요. 그는 그때 차라리 정부가 개입하지 않고 가만히 놔두기만 했어도, 경제는 잠시 후퇴했다가

프리드먼 미국 뉴욕 출신의 통화주의 경제학자이다. '흔들림 없는 자유주의자' '자유경쟁체제의 굳건한 옹호자'라 불릴 만큼 신자유주의의 대부라 할 수 있다. '반 케인스학파의 창시자'로도 불리며 케인스와 함께 20세기 경제학의 양대 산맥을 이룬다. 1976년 '소비 분석' 등으로 노벨 경제학상을 수상하였으며, TV 시리즈 〈선택의 자유〉에서 자유 시장의 원리를 설파하기도 했다.

금세 제자리를 찾았을 것이라고 덧붙였답니다.

그러면서 프리드먼은 케인스식 재정정책을 비판하고 나섭니다. 수요를 늘리기 위해 지원되는 돈들은 시중의 화폐량을 늘려, 오히려 인플레이션을 불러오기 때문이라는 것이지요. 그러므로 국가가 나서서 대규모 사업을 벌이거나 복지 혜택을 퍼주는 재정정책을 피해야 한다고 역설합니다. 최대한 시장에 개입하지 않는 작은 정부를 원하는 것이지요.

프리드먼은 재정 개입뿐 아니라 통화량을 임의로 조절하는 것도 경계합니다. 그와 그의 동료들은 통화량을 임의적으로 조절해 경제를 교란시키지 않는 한, 자본주의 경제는 본질적으로 안정적으로 돌아간다고 믿고 있는 것이지요. 과거 자유주의를 내세운 고전경제학자처럼 경제의 자연 회복력을 믿고 있는 것이랍니다. 이처럼 그들이 자동 회복이라는 '보이지 않는 손'을 믿고, 정부 개입을 최소화한다는 점 때문에 '신자유주의 Neoliberalism'라고 불리고 있습니다.

프리드먼은 인위적인 통화정책을 최소화하기 위한 통화정책으로 'K%준칙'을 제안했지요. 이는 중앙은행이 그때그때 임의적으로 통화량을 판단하는 것이 아니라, 화폐량의 일정한 증가율에 따라 일정한 퍼센트의 통화를 공급하기로 법으로 정해놓자는 것입니다. 신자유주의자들은 이렇게 K%준칙을 세워 준수하고, 그 외에는 시장이 스스로 할 수 없는 일만을 정부가 개입해야 한다고 주장합니다. 최소한의 시장 개입을 허용하는 것이 과거 자유방임주의와의 차이점이기도 한데요, 먼저 독점이 계속되지 않도록 정부가 규제해야 한다고 말합니다. 반면 도로, 수도, 철도 등과 같이 하나의 생산 단위가 생산하는 편이 기술적으로 효율적인 경우, 독점을 허용해야 한다고도 하지요. 그리고 독점이 이루어져야 한다면 공공기관보다는 민간기관의 독점이 최선이라고 주장하는데요, 이것이 최근 여러 정부들이 입에 올리는 '공공기업 민영화' 논리랍니다.

또한 환경오염과 같이 개인이 사회에 영향을 미치지만 딱히 그것을 개인 책임으로 돌리기 어려운 경우에도 정부가 개입하라고 말합니다. 이런 경우 정부가 개입하여 오염시킨 자에게 과세를 하고, 피해자에게는 보상을 하는 등의 조치를 취하라는 것이지요. 또한 교육 바우처 같은 방법도 권하고 있는데요, 이는 현재 우리나라 아동교육 지원에도 사용되고 있답니다. 각자 개인이 재량껏 교육기관을 이용하고 그 비용을 정부가 지원하는 방법인데요, 그렇게 함으로써 교육기관도 민간 기업끼리 경쟁을 유도하여 그 질을 높일 수 있다고 생각하는 것이지요.

이런 신자유주의자들의 주장은 미국의 레이건 Ronald Reagan 대통령과 영국의 대처 Margaret Hilda Thatcher 수상에게 받아들여졌습니다. 두 정부는 인플레이션을 잡기 위해 서둘러 통화량을 줄이고, 복지병을 밀어내야 근로 의욕이 높아진다며 재정지출도 줄였지요. 저소득층을 위한 식량 공급 프로그램, 실업자를 위한 고용 훈련 프로그램, 사회보장기금 등이 대폭 삭감된 작은 정부로서의 첫발을 내딛게 되었지요. 공공기관이 하던 일은 민간에 위탁하는 등 공기업을 하나하나 민영화해나갔습니다. 기업의 경쟁력을 높인다며 노동법을 수정하여 노조 결성을 어렵게 만들었지요. 또한 노동시장을 유연화한다며 자유롭게 해고할 수 있는 환경도 만들어냈습니다. 저축과 투자를 활성화하기 위해 세금을 내렸고, 기업 활동을 제한했던 각종 규제를 완화시켜나갔지요.

그러자 생산성이 확대되고 기업 경쟁력이 강화되어갔습니다. 세율이 줄어들자 소비 능력이 늘어나면서 소비가 되살아났지요. 특히 부자들의 세금을 대폭 삭감하자 굵직한 소비들이 이어졌습니다. 경제도 다시 활력이 붙기 시작했으며, 특히 부자들과 보수파들이 강력한 지지를 보내게 되었습니다.

미국과 영국은 여기서 멈추지 않았습니다. 그들은 경제적 자유주의가 퍼지면서 정치적 자유주의도 함께 침투할 것이라고 생각했으며, 상대 국가들이 민주화될 것이라 주장했지요. 심지어 상대 국가들도 서둘러 자유 시장을 형성해서 스스로 경쟁력을 키우고, 가장 효율적인 경제체제를 갖추려고 할 것이라고 생각했지요. 정부의 개입도, 국가의 장벽도 없는 기반 위에서 돈 있는 나라는 돈 없는 나라를 위해 스스럼없이 투자하고, 노동력이 싸고 많은 나라는 언제든지 노동력을 제공하는, 원자재와 상품이 관세 없이 자유롭게 오가는 완벽한 자유경제를 통해, 최대의 경제적 효율을 발휘하는 세계를 만들 수 있다고 믿었습니다.

실제로도 두 선진국의 성공은 많은 나라에 신자유주의의 유행을 불러왔습니다. 게다가 소련은 붕괴됐고 정보통신 등이 이끈 사회·문화적 세계화도 확산되고 있었지요. 여기에 신자유주의자들의 세계화 의

청소년을 위한 지금 시작하는 인문학 ·

지가 합쳐지자, 신자유주의적인 세계화는 전 세계를 뒤덮기 시작했답니다. 심지어 국제연합까지 나서서 자유무역을 실현시켜야 한다며, 세계무역기구 등을 만들었습니다.

우리나라 역시 1997년 IMF 위기를 겪으면서 이 흐름에 동참해야 했답니다. 당시 IMF의 원조 조건에는 앞에서 언급한 신자유주의자들의 요구 사항들이 올라와 있었기 때문이지요. 이후 우리나라는 구조조정을 단행하고 정리해고제를 도입하는 등 그들의 조건에 맞추어나갔습니다. 기업의 해외 매각 등으로 외부 자본의 유입이 활발해졌고, 공기업의 민영화, 금융의 자율화도 서둘러 이루어졌지요. 특히 금융권의 성장이 눈에 띄었답니다.

말도 많고 탈도 많은
세계화와 그 대안

경제의 자연 회복력을 믿으며 국가가 개인의 결정과 재산을 함부로 침해하지 못하도록 하고, 최대한 적은 세금으로 최소의 국가 개입만을 주장하는 신자유주의자들. 자국뿐 아니라 다른 나라조차도 관세 없이 자유롭게 상품이 넘나들면서, 세계 곳곳의 사람들이 아주 저렴한 가격으로 상품을 향유하는 세상을 만들고자 하는 신자유주의자들. 자유 사상이 민주화를 이루어왔듯 아직 민주화되지 않은 나라에 자유화의 바람을 불어넣고자 하는 민주주의 사도인 신자유주의자들. 이렇게 인류의 민주화와 풍요를 꿈꾸는 신자유주의자들에게, 또 다른 부류의 사람들은 왜 그토록 많은 비난을 퍼붓고 있는 것일까요?

신자유주의가 만들어낸 문제들

신자유주의와 작은 정부를 내세우는 이들에게 가장 많이 쏟아지는 불만은 소득 불균형과 그에 따른 양극화의 문제입니다. 그들의 첫 번째 목표는 인플레이션을 잡는 것인데요, 이 때문에 그전까지 가장 중요한 문제였던 실업 문제가 등한시되었답니다. 아니 오히려 노동 인력의 해고를 수월하게 하고, 임금 인상이란 말이 쏙 들어가게 만들어버렸지요. 당연히 작은 정부를 만들기 위해 다양한 사회보장제도도 대폭 축소했고요. 소득이 줄거나 빈민층으로 전락해도 예전보다 더 못한 지원이 국민들을 기다리고 있는 셈입니다. 그 결과 마침내 '워킹 푸어Working Poor'라는 말까지 등장했는데요, 아무리 열심히 일해도 가난에서 벗어나지 못하는 계층을 의미하지요. 이들은 일자리가 있어서 얼핏 보기엔 중산층 같지만, 고용도 불안하고 저축할 여분도 없어서 사고나 질병 등의 문제가 터지면 언제라도 극빈층으로 추락할 수 있는 상태랍니다.

반면 자본가와 부자들은 더욱 풍요로워졌습니다. 엄청난 세금 감면과 개선된 기업 환경이 가져다주는 더 많은 수익, 게다가 불리할 때면 언제든지 해고가 가능한 법 제도까지, 마치 종합선물세트를 받은 것 같았겠지요. 1980년대 미국 최상위 1퍼센트의 소득은 전체 소득의 53퍼센트에 달하는 돈을 벌어들였다고 합니다. 결국 국민총생산GDP은 올려놓았을지 몰라도, 사회적 분위기는 날로 악화되고 스스로를 워킹 푸어로 인식하는 사람들만 계속해서 늘고 있는 실정이지요.

이에 대해 부시 정부 때는 트리클 다운Trickle Down 이론*을 내세우며, 다소 불평등해 보일지 몰라도 그것이 더 많은 사람들에게 더 많은 혜택이 가는 것이라고 설득하기도 했지요. 하지만 실제로 기업의 수익은 해외투자로 흘러가는 등 여러 이유로 국내 경제에는 큰 효과가 없었답니다. 우리나라의 경우도 대기업에 막강한 혜택을 주며 키워주자, 그 남은 여력으로 국내 중소기업을 공략해 중소기업의 텃밭을 잠식해버리는 결과만 가져왔지요.

또한 신자유주의자들은 독점을 강하게 견제하고 있었습니다. 하지만 경쟁이 더 치열해지면서 경쟁력이 약한 기업들은 도산했고, 인수 합병에 대한 규제가 없어지면서 기업의 독점현상은 훨씬 더 늘어나 버렸지요. 게다가 그렇게 위풍당당했던 신자유주의의 약진이 보여준 것은 오히려 2007년 미국의 서브프라임 모기지 사태Subprime Mortgage Crisis**였습니다. 이 사건은 그들이 주장하는 경제체제가 금융사건 한 방으로도 얼마든지 무너질 수 있다는 것을 보여주었지요. 더 황당한 것은 그토록 작은 정부를 부르짖었지만, 결국 기업의 욕망이 터뜨린 대란을 정

트리클 다운 이론 말 그대로 '넘쳐흐르는 물이 바닥을 적신다'는 뜻으로, 대기업의 성장을 촉진시키면 덩달아 중소기업과 소비자에게도 그 혜택이 돌아가 경기가 활성화된다는 이론이다.

서브프라임 모기지 사태 서브프라임이란 프라임 이하의 신용등급을 의미한다. 실제로 미국 은행들은 신용등급이 낮은 저소득층을 상대로 고금리의 주택담보 대출을 해주었다. 당시는 저금리 정책으로 주택 가격이 상승하고 있었기 때문에, 은행도 안전했고 대출량도 대폭 늘어났다. 하지만 저금리 정책이 종료되자 부동산 거품이 꺼지면서 대출자들이 원리금을 갚지 못하는 상태가 속출했다. 결국 초대형 모기지론 대부업체들이 파산하기 시작했고, 미국만이 아닌 국제금융시장까지 신용 불안이 번져 세계적 경제 위기를 초래했다.

부가 나서 국민의 혈세로 충당하게 되었다는 것입니다. 배부른 자들이 죄를 짓고 가난한 자들이 죗값을 치르면서, 어느새 큰 정부가 될 수밖에 없었던 것이지요. 심지어 신자유주의의 홍행에 대해 전혀 다른 평가들도 나오고 있답니다. 그간 미국과 영국 등의 성공은 기껏해야 강제로 문호를 개방하여 자본을 수출한 결과와 개방되기 시작한 중국에서 만들어진 엄청난 수요 때문이라는 것이지요.

그들이 강력하게 추진해오던 세계화도 비판에 부딪혔습니다. 먼저 미국 중심 또는 강대국 중심의 세계화가 도마 위에 올랐지요. 세계화를 촉진하고 세계경제의 안정을 관리한다며 만들어진 세계무역기구^{WTO}나 국제통화기금^{IMF} 같은 국제기구라는 게, 그 시발점부터 달러나 경제 규모 등으로 당시 세계경제의 주도권을 갖고 있던 미국의 힘에 의해 좌우되어버렸거든요. 현재에도 예치금에 따라서 투표권이 결정되기 때문에 미국이 가장 큰 투표권을 행사하고 있답니다.

IMF가 만들어질 당시 케인스는 한 나라에 구제금융을 지원할 때 조건을 달지 말아야 한다고 역설했지요. 하지만 IMF는 구제금융을 받아야 하는 나라에 경제적 보호막인 쿼터제^{Quota System}를 제거하고, 수출 보조금을 줄이라고 강요합니다. 또한 구조조정을 통해 해고를 권장하고, 공기업을 민영화해야 하며, 해외 자금 흐름을 막는 모든 장벽을 제거하라고 요청하지요. 신자유주의자들은 그래야만 성공적인 회복이 가능하다고 덧붙입니다. 정말 그럴까요?

사실 그들의 조건에 맞춘다면 단시일 내 경제를 정상화할 수도 있습니다. 하지만 장기적으로 보았을 때 오히려 치명적인 악영향으로 돌아

국제통화기금 창립총회에 참석한 케인스 1946년 국제통화기금의 창립총회에서 케인스와 미국 재무성 해외담당 책임자인 해리 덱스터 화이트(Harry Dexter White)가 대화를 나누고 있다. 이 두 사람은 제2차 세계대전 전후 처리 과정에서 세계의 금융 질서를 이끄는 국제통화기금과 세계은행(IBRD) 창립을 주도하였다. 그 과정에서 케인스는 영국 파운드도 달러처럼 주 통화 화폐로 사용되길 바랐으며, 조건 없는 구제금융을 주장했다.

오는 사례도 많았지요. 그래서일까요? 보수적인 헤리티지재단^{Heritage Foundation}에서조차 IMF의 돈을 받은 89개 저개발국 중 48개국은 경제적으로 과거보다 못해졌다고 평가하고 있습니다.

　일례로 볼리비아의 도시, 코차밤바를 들 수 있지요. 볼리비아 정부는 1999년 IMF로부터 1억 3,800만 달러를 원조받는 대가로 공기업 민영화 요구를 받아들였지요. 그래서 내륙지방인 코차밤바의 상하수도 시설도 미국의 거대 기업에 물 공급권을 넘기게 되었습니다. 문제는 그 기업이 일주일 만에 수도 요금을 3~4배나 올려버렸다는 것이지요. 가구당 최저임금이 6만 원인 나라에서 평균 수도 요금을 15,000원씩이나 내야 했답니다. 이에 분노한 시민들이 들고일어났고, 많은 사람들이 다치거나 사망하는 등의 엄청난 희생을 치르고 나서야 그 기업을 쫓아낼 수 있었지요.

구제금융을 가장 성공적으로 치러냈다는 우리나라의 사정도 크게 환영할 만한 것 같지는 않습니다. 그들은 세계화를 강요하면서 외국 기업들의 국내 진출이 우리 기업의 경쟁력을 강화하는 계기가 될 것이고, 그에 부합한 경쟁 속에서 상품의 질은 높아지고 선진경영 기법도 도입될 것이라고 말했지요.

하지만 높은 기술력을 가진 외국 기업의 직접 투자는 거의 없었답니다. 오히려 우리 기업의 주식을 사들이는 금융자본만 득실거렸는데요, 그 결과 우리나라의 유망한 대기업과 금융기관 주식의 절반 정도를 외국인 투자자 또는 외국 금융기관이 소유하게 되었지요. 그로 인해 우리나라 기업의 경영은 국내 경제 사정보다 외국인 주주의 이해관계에 따라 결정되고 있으며, 아무 때나 해외로 빼내 갈 수 있는 주식으로 인해 한국 경제는 항시 불안한 상태에 놓이게 되었답니다. 심지어 론 스타Lone Star의 세금 미납 사건처럼, 한국 시장에 돈만 가지고 들어와 수익만 챙기고 세금 한 푼 안 내고 도망가버리는 '먹튀 사건'도 일어나고 있답니다.

우리가 받아들인 눈에 띄는 선진경영 기법은 금융권에 집중되어 있는데요, 문제는 그 기법들이 파생상품 등을 남발하여 서브프라임 같은 경제 대란을 이끈 장본인이라는 점입니다.

마지막으로 강대국들은 개구리가 올챙이 시절을 생각 못 하는 듯합니다. 그들은 자유무역만이 경제 강국이나 후진국이나 상관없이 모두의 경제를 활성화시키는 것이라고 강조하고 있지요. 하지만 그들 중 그 어느 나라도 과거에 자유무역을 택한 적이 없답니다. 그들도 어느 정도 경제력을 구축하기 전까지는 무조건 보호무역을 택해왔던 것이지요. 미약한 경제 상황에서 아무런 보호막 없이 외부 강국과 경쟁하면, 쉽게 무너지기 때문입니다.

도대체 누구를 위한 세계화인가?

차분히 살펴보니 세계화가 후진국이나 개발도상국에게는 크게 도움이 될 것 같지 않아 보입니다. 그렇다면 그것은 강대국을 위한 세계화일까요? 엄밀히 말하자면 그런 세계화는 강대국을 위한 세계화도 아니랍니다. 왜냐하면 강대국의 국민들조차 세계화의 혜택과는 무관하며, 빈부 격차로 끝없이 소외되고 있는 희생양일 뿐이니까요.

그렇다면 도대체 누구를 위한 세계화일까요? 바로 부자들만을 위한 세계화입니다. 그래서 개발도상국의 기업이라도 초국적 기업으로 성장했다면, 피해자가 아닌 수혜자가 됩니다. 강력해진 초국적 기업들은 자유무역과 규제 완화의 모든 혜택을 얻으려 하며, 하루빨리 신자유주의적 세계화가 지구 전역을 덮어버리기를 갈망하고 있답니다. 중요한 것은 그들이 우리나 국가가 기대하는 만큼 나라를 생각하지는 않는다는 점입니다. 그들의 관심은 오직 얼마나 이익을 내느냐 하는 것이지요. 만약에 그들이 나라에 관심을 갖고 정부를 지원한다면 그것은 그 나라가 줄 공짜 혜택과 보호망에 눈독을 들이고 있는 것이랍니다.

사실 과거에는 그들이야말로 국내 경제를 활성화시키고 외화를 벌어들이는 주인공이자, 실업을 해소하는 일등공신이었습니다. 하지만 그들이 세계를 무대로 투자하고 생산·판매하는 다국적 또는 초국적 기업이 되자 모든 게 달라졌습니다. 이제는 국내에 생산 공장이 없어서 기업이 아무리 활성화되어도 국내 실업 문제가 함께 해소될 가능성은 적습니다. 오히려 그들은 해외로 더 많은 자본과 설비를 유출할 것이라고 협박할 수 있게 되었고, 더 강한 자본력과 해외 정부의 협조로 국내 정부를 옥죌 수도 있답니다. 외국 노동력을 사용해도 된다며 노조에 으름장을 놓을 수도 있지요. 또한 역으로 초국적 기업들은 진출을 명분으로 저개발국들을 불러 저울질을 하면, 저개발국들은 유치를 위해 스스로 가격을 낮추고, 장벽을 허물기도 하는 실정이지요.

이들 기업은 철새처럼 행동하기를 좋아합니다. 초국적 기업이 저개발국가에 들어오면 쌍수를 들고 환영하지만, 그들은 조금이라도 수지타산이 맞지 않으면 돌아가 버리지요. 문제는 그들이 들어오는 과정에서 많은 규제들을 망가뜨리고 정부로부터 여러 혜택을 받아낸다는 점입니다. 운이 없는 경우 그들이 지나간 자리에는 무너진 담장과 인플레이션만 남게 되는데요, 이는 매우 빈번히 일어나고 있는 현상이랍니다.

투자자들도 둘째가라면 서러운 철새들입니다. 투자자들은 얼핏 자본이 부족한 나라를 일으켜 세울 구세주처럼 등장하지만, 자신들이 빨아먹어야 할 피를 다 빨고 나면, 아니 심지어 중간에 투자 관심이 바뀌

어도 송두리째 자본을 빼서 달아나버립니다. 그 결과 정작 자본이 필요한 그 순간 자본은 사라지고, 더 큰 위기와 무너진 장벽만 남아 있게 되는 것이지요. 더 심각한 것은 그렇게 들여온 외국자본이 생산 투자에 쓰이지 않고, 금융 투기에 쓰인다는 점입니다. 현실의 생산 공장 등은 만들어지지 않고, 단지 기업들의 판돈만 올려주곤 하지요. 우리가 흔히 접하는 합병의 경우도 매한가지입니다. 경영합리화를 내세워 일자리를 날려버리는데, 그러고는 더 이상 투자를 하지 않고 서둘러 그 자금을 주식시장의 투기 자금으로 써버린답니다.

불행하게도 이러한 해외 투자가 미국과 선진국의 경제 부흥 방법이었다는 점입니다. 그들은 해외로 돈을 빼돌림으로써 자국의 국내 수요를 줄여버렸고, 해외시장의 노동임금도 낮게 만들면서 해외 수요마저 줄였지요. 그들이 모든 돈을 움켜쥐자 그들의 상품을 사줄 능력이 있는 사람들은 줄어들었고, 그럴수록 그들은 금융과 주식에 사활을 걸 수밖에 없었던 것이지요.

끝으로 세계화가 만들어내는 속도도 걱정하지 않을 수 없습니다. 갈수록 장벽은 낮아지고, 그만큼 상품이 많이 오가면서 세계의 자원은 고갈되어가고 있기 때문이지요. 또한 급속한 산업화의 여파로 공해와 오염도 날로 심각해져 회복이 불가능한 상태가 다가오고 있답니다.

대안 세계화 운동과 부활을 꿈꾸는 케인스주의자들

신자유주의자들의 전횡으로 미국의 서브프라임 사태가 터져버리자, 월가에서는 1퍼센트를 향한 99퍼센트의 시위가 열렸습니다. 많은 사람들이 세계화가 1퍼센트의 사람들을 위한 것이라는 사실에 공감하기 시작했지요. 사실 세계화에 대한 이러한 인식과 저항은 오래전부터 있었답니다.

아마도 반세계화 운동이 그 시작인데요, 이들은 1999년 11월 시애틀에서 세계경제기구의 부당함을 알리면서부터 전 세계에 반향을 일으켰습니다. 2001년에는 브라질에서 '다른 세계는 가능하다'는 기치 아래, 단순한 저항을 넘어 대안을 세우는 운동으로 발전하게 되었지

나쁜 사마리아인들 원제는 'Bad Samaritans: The Myth of Free Trade and the Secret History of Capitalism', 즉 『나쁜 사마리아인들: 자유무역의 신화와 자본주의의 숨겨진 역사』로, 한글판은 기존 영문판을 번역가 이순희가 옮긴 것이다. 미국 등의 선진국은 개발도상국에게 자유무역 등 신자유주의 경제체제를 요구하고 있지만, 책은 이들 국가가 18~20세기 동안 보호무역 정책을 채택함으로써 경제 발전을 해왔다고 지적하고 있다. 책은 이들 선진국을 상처 난 부위에 소금을 뿌리는 '나쁜 사마리아인'에 비유하면서, 신자유주의 정책이 개발도상국의 경제 발전에 부정적 역할을 한다고 주장한다. 한때 한국의 국방부는 이 책을 불온서적으로 지정해 논란을 일으켰으며, 결국 역으로 이 책을 베스트셀러로 만드는 역할을 했다.

요. 이 '대안 세계화 운동'은 급속도로 확산되고 있으며 현재 4만여 개의 NGO가 관여되어 있답니다. 이들은 외채 탕감, 세계금융기구 통제 등 다양한 사안을 논의하고 있는데요, 그중 토빈세 Tobin's tax 를 소개해보겠습니다. 이는 노벨경제학상 수상자, 제임스 토빈 James Tobin 이 제안한 것으로, 외환 거래에 대해 전 세계적으로 0.2퍼센트 정도의 세금을 붙이자는 것이지요. 그렇게 되면 투기자들의 이윤이 적어져 투기가 줄 것이고, 그만큼 환율이 안정된다는 것입니다. 또한 그 세금은 최소한 연 1,500억 달러에서 3천억 달러가 될 것으로 예상되는데요, 이 정도면 국제연합이 지구상의 악성 빈곤과 환경 파괴를 제거하는 데 드는 비용과 비슷한 규모라고 합니다.

서브프라임 사태로 신자유주의자들의 기세가 한풀 꺾이자, 과거 케인스주의자들과 그 외의 반신자유주의자들이 목소리를 내기 시작했습니다. 신케인스주의자들은 심각하게 적자 예산을 편성하면서까지 정부가 간섭하는 것에는 반대하지만, 사회 안전망을 확충하고 양극화를 극복하기 위해서만큼은 정부가 앞장서서 시장에 개입해야 한다고 주장합니다. 그들은 경기 후퇴가 오면, 과거 케인스가 그러했듯이 정부가 재정정책과 통화정책을 적극적으로 개입해 활용하기를 당부합니다. 그들의 주장은 오바마^{Barack Obama} 정부의 길잡이가 되어주고 있으며, 미국의 계속되는 경기 부양 또한 그러한 맥락에 있는 것이랍니다. 토빈세를 주장한 토빈이나 금융 대란을 예견해서 더 유명해진 폴 크루그먼^{Paul Krugman}도 같은 부류라 할 수 있지요. 국내에서는 신케인스학파는 아니지만 『나쁜 사마리아인들』과 『사다리 걷어차기』로 신자유주의에 대한 비판 열풍을 만들어낸 경제학자 장하준 교수를 들 수 있지요. 그는 경제사 등 제도적 측면에서 경제를 분석하는 제도주의 경제학의 영향하에 신자유주의를 비판하고 있답니다.

복지의
다양한 모습

신자유주의와 신케인스주의는 왜 그렇게 싸우는 것일까요? 더 나아가 사회에 들끓는 반론과 논쟁들은 무엇을 위한 것일까요? 물론 그것은 각자의 이익을 대변하기 위한 것도 있지만, 궁극적으로는 더 살기 좋은 사회가 무엇인지 묻고 또 추구하려는 과정이 아닐까요? 신자유주의자들은 정부가 개입하지 않을 때, 보호무역을 하지 않을 때 국가와 세계가 최적의 삶을 누릴 수 있다고 주장하는 것이고, 신케인스주의자들은 그 반대의 경우가 최적의 삶을 보장한다고 주장하는 것이지요. 이렇듯 우리는 최적의 사회를 꿈꾸고, 또 만들고자 분투합니다. 그리고 그런 노력으로 지금까지 만들어진 최적의 상태를 구현한 것이

청소년을 위한 지금 시작하는 인문학 •

'복지국가^{Welfare State}'라 할 수 있습니다. 물론 여전히 그런 상태가 유지될지 여부와 더 좋은 상태가 있을지의 여부는 두고 봐야 하겠지만요. 한때 우리나라를 비롯해 많은 나라들이 복지국가를 꿈꾸기도 했답니다. 심지어 우리나라의 현행 헌법에서도 전문^{前文}과 제34조 등에서 복지국가 건설을 목적으로 하고 있음을 천명하고 있기도 하지요.

또한 오늘날 벌어지고 있는 신자유주의와 신케인스주의의 논쟁을 뒤집어보면, 그것이 바로 복지국가 논쟁이기도 하답니다. 그리고 그것은『청소년을 위한 지금 시작하는 인문학 – 가로 읽기』에서 살펴본 이념의 스펙트럼과도 깊게 관련되어 있지요. 이번 장에서는 우리 인류의 영원한 이슈일지도 모를, 현실 속의 유토피아 논쟁인 복지국가의 모습들을 살펴보기로 하겠습니다.

역사 속에서 보이는 복지의 모습들

복지란 삶의 안정을 누리고 행복을 추구하는 것입니다. 누구나 그런 삶을 누리고 싶어하지요. 하지만 그것은 생각보다 쉽지 않았습니다. 어떤 사람이 일을 잘하고 건강하게 잘 지내다가도 어느 날 병이 나거나 일자리를 잃어버릴 수 있으며, 흉작으로 굶주리거나 천재지변으로 삶의 터전까지 사라져버릴 수도 있지요. 옛날에는 한 개인에게 이런 일이 벌어지면, 가족, 친족 또는 이웃이 나서서 도와줌으로써 극복해나갔습니다. 하지만 그것은 아주 미미한 도움일 수도 있고, 전혀 그런 환경을 갖지 못하는 사람도 많았답니다.

초기의 국가에서는 이런 어려움에 처한 사람들에게 어떤 지원을 한다기보다, 오히려 갖은 수단을 동원해 착취하는 데 앞장섰지요. 국가보다는 종교 단체 등이 다양한 활동을 통해 가족이나 친지 이외에 개인에게 도움을 주는 상황이 많이 전개되었답니다. 하지만 시간이 지남에 따라 국가의 개입이 하나둘 늘기 시작했지요. 우리나라에도 구휼제도 등이 만들어졌듯이 말입니다. 하지만 그것은 일시적이거나 아주 부분적인 수혜 수준이었지요.

그러던 중 14세기에서 16세기에 걸쳐 영국에서 흑사병과 인클로저 Enclosure 운동*이 발생합니다. 흑사병으로 사람들이 죽어 나가자 발생지를 피해 수많은 유민들이 생겨났지요. 그런가 하면 양모를 얻으려고 양을 키우면서 지주들이 농민들을 내쫓아 또 많은 유민들이 생겨났습니다. 처음에 영국 정부는 떠도는 부랑자들과 구걸하는 걸인들을 체벌하고 탄압했습니다. 그래야만 그 상황을 통제할 수 있다고 생각했던 것이지요. 그러나 빈민들의 폭동만 일어날 뿐 전혀 통제되지 않았습니다. 이에 헨리 8세 Henry Ⅷ 는 건강한 유민이나 걸인은 어떤 일이든 하지 않으면 처벌을 가했지만, 노약자나 노동 불능자에 대해서는 교구와 지방행정 기구가 구제기금을 모아 돕도록 하였지요. 이제 국가가 노동이 힘든 빈민에 대한 책임을 떠안기 시작한 것이며, 그에 따른 실태 조

 인클로저 운동 중세 말 양모 가격이 급등하자 양을 키우기 위해 목초지를 확대하고 울타리를 치는 것을 말한다. 이때 농토와 경작지도 목초지로 전환되어 많은 농민이 쫓겨났다.

사까지 이루어졌답니다. 이후 그의 딸 엘리자베스 Elizabeth 여왕은 '엘리자베스 구빈법'을 만들어, 빈민 구제 업무를 전국적 차원에서 진행하게 됩니다. 이렇게 해서 국가 차원에서의 적극적인 사회 보호가 이루어졌으며, 그 구제를 명분으로 조세 수입 및 인력까지 확보할 수 있어 국가의 성장으로도 이어질 수 있었습니다. 그래서 보통 사회복지의 계기로 엘리자베스 구빈법이 거론되곤 한답니다.

비스마르크 1871년 독일을 통일시키고 초대 수상이 되었다. 비스마르크는 사회주의 운동을 저지하기 위해 사회주의자 진압법을 제정하면서도 세계 최초로 사회보험제도를 실시하였다. 이를 '채찍과 당근 정책'이라고 부른다.

하지만 당시의 구빈법은 정말로 구제가 필요한 극히 일부에만 적용되는 복지였답니다. 이를 '잔여적 복지'라고 하며, 이미 그런 사람이 생겨난 후에야 지원한다고 해서 '사후적 복지'라고도 합니다. 또한 오늘날 국가에서 아무런 조건 없이 제공한다고 해서 '공적부조 公的扶助'라고도 하지요.

한편 근대 산업사회로 접어들고 민주주의가 태동하면서, 많은 사람들이 생활의 안정과 삶의 윤택함을 갈망하게 되었지요. 이들의 새로운 욕구는 드디어 사회복지라고 할 만한 제도를 창출하게 하는데요, 후발 산업국인 독일에서 그 시작을 알렸습니다. 1871년 뒤늦게 통일국가를 이루며 산업화에 박차를 가한 독일은 그 본격적 시작에서부터 노동자의 저항에 부딪히고 맙니다. 마르크스를 배출한 독일인 만큼 이미 세계 최초의 사회주의 정당이 만들어졌고, 통일국가 설립과 때를 같이하여 남성 보통 선거권까지 확보되어 있었답니다. 이제 막 절대왕정의

옷을 벗고 도약하려는 상태에서 결코 함부로 물리칠 수 없는 민중 세력이 거칠게 새로운 체제를 요구하며 밀고 들어오는 형국이었지요. 이에 철혈재상 비스마르크Otto Eduard Leopold Bismarck는 사회보험이라는 특단의 방법을 들고나옵니다. 국가가 나서서 미래의 위험을 책임질 테니 잔말 말고 따라오라는 것이지요. 이에 그는 1880년대 '질병보험법' '산업재해법' '노령 및 폐질보험법'을 순차적으로 만들어, 중간 규모 이상의 기업에 해당하는 노동자들은 강제로 가입하게 만들었지요. 세계 최초의 사회복지라 할 수 있는 이 법들은 저항하던 노동자들을 안심시키며 자리 잡을 수 있었고, 경제성장에 집중할 수 있는 여력을 제공해주었답니다. 특수한 수혜층을 대상으로 하는 잔여적 복지가 아닌 일반 노동자를 대상으로 하는 복지이며, 사후가 아닌 미리 준비하는 선제적 복지라는 점에서도 의미가 깊은 이 사회보험제도들은 이후 주변 유럽 국가에서도 적극적인 호응을 얻으며 도입되어갔지요. 제1차 세계대전이 종결될 즈음에는 거의 대부분의 유럽 국가에 정착되었답니다.

그리고 세계 대공황이 일어납니다. 이른 산업화가 가져온 안정과 인종차별로 노동자 계층이 쉽게 결집하지 않았던 미국은, 공황을 타개할 목적으로 수요 확대를 위해 산재보험 등 복지 프로그램을 시작하게 되었습니다. 하지만 미국의 복지는 당시 유럽에 비해 선별적이며 경기부양에 집중되어 있는 것이어서 좀 더 수정자본주의적인 면모를 강하게 풍겼습니다.

반면 스웨덴 등 북유럽에서는 대공황의 여파로 사회민주주의 세력이 주도권을 잡았습니다. 혁명적 사회주의 대신 점진적 사회주의를 택한 사회민주주의 정당이 자리 잡자, 기존의 복지보다 더 광범위하고, 더 노동자 중심적인 복지정책들이 쏟아져 나오기 시작했습니다. 그들은 전체 국민을 대상으로 복지 체제를 확립했으며, 위험이 터지는 것을 미리 막으려는 예방적 복지로 가족 복지 등에도 많은 노력을 기울였습니다.

마침내 세계적으로 복지의 황금기가 구가되기 시작했습니다. 유럽과 미국 등은 갈수록 복지 범위와 혜택을 늘려나갔으며, 그만큼 예산도 크게 확대되었습니다. 공산권도 나름대로 다 함께 잘사는 세계를 꿈꾸며 분투하고 있었고, 개발도상국들도 너나없이 목표만큼은 복지국가 건설을 내세웠지요. 하지만 석유파동과 세계경제의 침체는 복지에 대한 회의를 몰고 왔고, 신자유주의자들이 등장해 과도한 세금과 복지병, 복지의 인플레이션 유발 등을 비판하기 시작했지요. 다양한 복지 프로그램이 폐지되기 시작했으며, 복지 예산도 대폭 삭감되었습니다. 하지만 열심히 신자유주의자들의 가르침을 따른 미국조차 서브프라임 등의 대형 사고에 휘청거리자 또다시 복지 이야기가 고개를 들고 있지요. 신자유주의자들과 신케인스주의자들이 논쟁하듯, 오늘날 복지 축소냐 복지 확대냐의 논쟁은 계속되고 있답니다.

우리에게 익숙한 복지국가들의 모습

오늘날 많은 나라들이 실제적이든, 암묵적이든, 또는 형식적이든

간에 복지국가를 지향하고 있답니다. 하지만 복지국가라고 다 같은 복지국가가 아닙니다. 각 나라마다 복지의 혜택 범위도 다르고, 복지를 조달하는 방식도 다르며, 복지정책을 결정하는 방법도 다르답니다. 여기서는 가장 흔히 분류하는 자유주의적 복지국가, 보수주의적 복지국가, 사회민주주의적 복지국가 등의 3가지 유형을 살펴보고자 합니다. 이 분류만으로도 복지가 대체로 어떻게 이루어지고 작동하는지를 어림잡을 수 있기 때문이지요.

먼저 우리에게 잘 알려져 익숙한 자유주의적 복지국가와 보수주의적 복지국가를 살펴보기로 하지요.

자유주의적 복지국가Liberal Welfare State의 가장 대표적인 예는 미국입니다. 자유주의는 개인의 자유와 재산권을 중시하지요. 자유주의의 시작이 '국가로부터의 자유'이며, 신자유주의 또한 작은 정부를 지향하는 만큼 자유주의적 복지국가는 국가적 복지보다는 개인 스스로의 자립을 강조합니다. 그래서 개인의 자립이 곤란한 경우에만 국가의 구제가 지원되는 잔여적·제한적 복지를 선호하며, 지속적이기보다는 일시적인 복지 프로그램이 시행되는 경우가 많습니다. 그들에게 복지는 목표라기보다 시장경제를 유지하고 보충하기 위한 수단으로 작용하며, 시장경제를 해치지 않는 범위 내에서의 선택을 매우 중요시합니다. 이들에게는 경제정책과 복지정책이 상반되는 관계라는 생각이 강하게 자리 잡고 있는데요, 일본이나 캐나다도 이 유형에 속한다고 할 수 있답니다. 이들 유형은 복지적 차원에서 본다면 복지 후진국에 속한다고 볼 수 있으며, 심지어 미국은 오바마 정부에 이르러서야 전국

적인 의료보험제도를 시도하고 있을 정도랍니다. 하지만 오늘날에는
최소한의 사회보장이 제도화되어 있지 않은 선진 자본주의 국가란 존
재하지 않는다는 점에서 이들 역시 복지국가의 범주로 볼 수 있답니
다. 이들은 오히려 경제위기나 재정위기가 급습해올 때 복지에 대한
관심이 급부상하는 경향이 있답니다.

　　보수주의적 복지국가Conservative Welfare State°를 대표하는 나라는 독일
이랍니다. 이 유형은 앞에서 언급한 비스마르크가 도입한 사회보험제

 보수주의적 복지국가 에스핑 앤더슨(Gosta Esping-Andersen)의 경우 보수주의 복지국
가를 협동조합 중심이란 뜻으로 '조합주의(Corporatist) 복지국가'라고 부른다. 이는 스
웨덴의 정책 결정 방식인 조합주의와 다르므로 주의를 요한다.

도에서 시작되었지요. 유럽은 전통적으로 가족이나 교회, 길드 등의 상호부조에 의해 복지를 해결해왔는데요, 이런 상호부조의 전통을 이은 복지라고 해서 보수주의적 복지국가라고 부르는 것이지요. 또 그런 만큼 이 유형의 핵심은 사회보험 원칙입니다. 이때 직업별·지위별로 차등을 두어 피보험자의 기여를 산정하며, 수급자의 획득 조건 또한 기여금의 성실한 납부를 기준으로 이루어집니다. 보험은 개인 단위가 아니라 세대 단위로 이루어지며 전통적인 가족 형태, 즉 남성 소득자를 중심으로 한 제도로 되어 있답니다. 오스트리아, 프랑스, 이탈리아 등의 유럽 국가들이 여기에 해당되는데요, 당연히 사회보험과 함께 충분한 공적부조도 병행하고 있답니다. 교육을 국가에서 철저히 보장함으로써, 기회 평등을 확보하려는 경향도 강하답니다. 시장 규제와 복지 지출이 높지만 그 효과가 사회민주주의 복지 체제에 못 미친다는 평가를 받고 있답니다.

사회민주주의적 복지국가와 스웨덴

사회민주주의적 복지국가Social Democratic Welfare State를 대표하는 나라는 복지국가의 대명사 스웨덴이랍니다. 말 그대로 사회민주주의 세력이 주도권을 잡으면서 형성된 복지국가 형태라고 볼 수 있지요. 자본주의 체제에서 사회주의만큼이나 노동자의 평등과 복지를 원했던 사회민주주의자들은, 대공황 이후 주도권을 잡자 그에 상응하는 방법으로, 그에 상응하는 정책들을 착수해나갔습니다. 그리고 때마침 불어온 경기 회복과 호조로 인해 자연스럽게 그 방법과 정책들이 하나의 복지 체계로 자리 잡게 된 것이고요.

이들 복지 체계의 눈에 띄는 특징은 조합주의^{Corporatism}적 방법입니다. 사회주의가 노동자들이 하나 되어 생산과 분배과정을 결정해나가듯이, 사회민주주의 또한 강력한 노동조합 세력이 경제활동과 분배과정에 적극적으로 참여해나가기 위한 방법으로 조합주의를 택하였지요. 이는 경영자 대표들과 노동조합 대표들이 만나, 정부의 강력한 중재하에 다양한 정치·경제적 사안들을 협의하고 결정해나가는 방식이지요. 그래서 이것을 '조합주의' 또는 '협조주의'라고 하는 것이랍니다. 이들 나라의 노동조합은 다른 나라들에 비해 아주 견고하게 조직되어 있어 강한 결집력을 보여주는데요, 그만큼 노동조합이 안팎으로 강한 영향력을 행사합니다. 만약에 그들이 파업을 선택한다면 순식간에 전국적인 파업으로까지 몰고 갈 수 있기 때문이지요. 얼핏 노동조합의 힘이 너무 강력해 파업이 수시로 일어날 것 같지만, 실제로는 그렇지 않습니다. 노동조합 대표들은 자신들이 파업을 결정했을 때 그 여파가 엄청난 것임을 알기에 쉽게 파업을 단행하지 않으며, 또한 경영자 대표들과 노동조합 대표들의 타협 결과가 전국적인 영향을 미치기 때문에 오히려 안정적인 타협과 경제 상황을 유지할 수 있게 된답니다. 노사 간의 협조와 타협으로 완전고용을 성취할 가능성이 높아졌으며, 그에 따른 국내 수요 확대와 경제성장을 기대할 수도 있는 것이지요.

스웨덴의 복지는 누구나 누릴 수 있는 보편적 복지에 맞추어져 있으며, 특히 그 수준이 하위층이 아닌 시대를 대표하는 신중간 계층에 맞추어져 있답니다. 그 결과 최저생활보장이 아닌 가능한 한 최대한의 보장을 추구합니다. 또한 그 임금의 격차도 누구나 납득할 만한 보편적인 것이지요. 특히 복지 황금기 때 스웨덴 등에서는 각 직업별·직능별 임금 평등이 엄격히 지켜져, 같은 일을 하는 사람이면 어느 회사든 간에 같은 임금을 받았을 정도랍니다.

사회민주주의적 국가들의 복지는 무엇보다 예방적 차원에 집중되어 있습니다. 가족의 안정과 복지를 위해 가족생활에 필요한 비용이 복지 서비스화되었으며, 아동·노인·교육 등 미래를 위하거나 미래의 위험 등에 대비해야 하는 분야들이 모두 복지 서비스 안에서 해결되도록 노력해왔답니다. 이러한 강력한 국가 지원은 부와 가난이 세습되는 확률을 낮추었는데요, 미국의 세습률이 54퍼센트인 데 비해 스웨덴의 세습률은 2퍼센트밖에 안 된다고 합니다. 스웨덴을 비롯해 노르웨이, 핀란드 등 북유럽 국가들이 이 유형에 속한다고 할 수 있답니다.

하지만 이들도 석유파동 등이 터지고 경제성장이 정체되자, 복지병 등의 비판을 받으며 개혁 작업에 들어가야 했습니다. 대대적인 복지 서비스로 지나치게 많은 세금과 일하지 않고도 누리는 복지가 유발한 나태함 등이 도마 위에 오른 것이지요. 그들은 특히 작은 정부를 지향하는 신자유주의자들에게 광범위한 복지 수혜가 근로 의욕을 상실시키고 기업의 투자 능력을 저하시킨다는 집중적인 공격을 받았는데요, 이에 그에 상응하는 수정 개혁이 상당 부분 진척되기도 했답니다.

한편 통계로 볼 때 경제성장을 중요시한 서유럽의 신자유주의 국가

환경도시 스톡홀름 본래 14개의 섬을 연결해 만든 도시. 섬과 섬 사이에 다리를 놓고 더러워진 바다는 꾸준히 정화하고 관리해 완성했다. 과감한 교통정책으로 출근자의 80퍼센트가 대중교통을 이용하고 있으며, 최근 10년 동안 자전거 이용자 수도 130퍼센트 증가했다. 특히 획기적인 쓰레기 배출 프로세스 등을 통해 탄소 배출을 급속히 줄이고 있으며, 2050년에는 탄소 배출을 완전히 없앤다는 계획을 가지고 있다. 무엇보다 거주민의 95퍼센트가 300미터 이내에 '진짜' 녹지를 가지고 있어 말 그대로 환경도시의 풍모가 한껏 드러나고 있는 도시다.

들의 성장률이나, 복지를 기반으로 성장한 이들 북유럽 국가의 성장률은 크게 차이가 나지 않았습니다. 반면 서유럽 국가들은 서브프라임 같은 대형 악재에서 자유롭지 못했으나, 북유럽 국가들은 크게 위축되지 않았지요. 서유럽과 미국이 복지를 희생하면서까지 읽은 대가치고는 썩 마음에 들지 않는 결과라 할 수 있지요.

또한 의식을 가진 노동조합의 활동이 활발한 북유럽 국가들은 미래를 생각하고 준비하는 경향도 매우 강합니다. 이런 특징은 핀란드의 앞선 교육 방식이나 스웨덴의 세계 최고의 교육 비용 지출 등에서도 찾아볼 수 있지만, 무엇보다 환경문제에서 돋보이는 듯합니다.

특히 스웨덴이 그러한데요, 온실효과 가설이 나온 곳도, 국제사회에서 환경문제를 최초로 이슈화한 곳도 스웨덴이랍니다. 최초의 국제 환경 회의인 '유엔인간환경회의UNCHE'도 1972년 스웨덴의 수도 스톡홀름에서 열렸는데요, 이때부터 스웨덴의 정책들이 환경을 중시하는 '지속가능한 발전'에 입각해 추진되어왔지요. 스웨덴은 현재 전체 발전량의 49퍼센트가량을 원자력 발전에 의존하고 있지만, 대체에너지 개발에 힘써 풍력이나 연료용 버드나무를 통한 바이오매스 에너지Biomass Energy로의 전환을 시도하고 있습니다. 바이오매스는 식물이나 미생물 등 에너지원으로 이용되는 생물체를 열분해하거나 발효시켜 연료를 얻는 방법인데요, 현재 스웨덴의 전체 에너지 소비량의 20퍼센트를 바이오매스로 충당하고 있다고 합니다. 2020년경에는 화석연료로부터 완전히 독립한다는 목표를 갖고 있다고 합니다. 또한 최근 유럽연합은 도시 환경에 대한 관심을 높이고자 매년 '유럽의 녹색 수도'를 선정하기로 했는데요, 2010년 그 첫 번째 영광을 스톡홀름이 가져가기도 했답니다.

이상으로 복지국가의 다양한 모습들을 살펴보았습니다. 동시에 그것을 떠받치는 정치적 스펙트럼이 함께한다는 것도 알 수 있었지요. 스웨덴의 경우처럼 광범위한 복지에는 좀 더 광범위한 좌파적 스펙트럼이 필요합니다. 이런 관점에서 본다면 우리나라가 스웨덴식 복지국가를 꿈꾼다는 것은 무모할 수도 있습니다. 엄청난 사회 지출 때문이 아니라, 국민이 가진 민주주의에 대한 정치적 스펙트럼이 좁기 때문이지요. 그렇다고 스웨덴식 복지 체제가 무조건 좋다고 말하고자 하는 것은 아닙니다. 복지란 경제 현실과 어우러져야 안정적으로 유지·관리될 수 있기 때문입니다.

다양한 복지 유형과 폭넓은 정치 스펙트럼이 존재한다는 것은 이제 우리가 사는 사회에 대한 더 다양한 변형이나 조합도 가능하다는 것을 의미합니다. 이렇게 다양한 유형이 존재할수록 우리는 이를 참고로 더 좋은 사회로의 다양한 방법을 모색해볼 수 있지 않을까요? 더 폭넓은 스펙트럼과 더 다양한 방법의 모색, 그 몫을 조심스럽게 미래의 여러분에게 떠밀어봅니다.

환경과
지구의 미래

인류는 산업화 이후 더 많은 풍요를 꿈꾸며 발전을 거듭해왔습니다. 최적의 삶을 위해 다양한 논쟁을 거듭하고, 자유방임에서 복지국가나 공산주의까지 사회적 실험도 마다하지 않았지요. 그 과정에서 많은 기술적·물질적 발전도 맛보았으며, 인구도 셀 수 없을 만큼 늘어났지요. 문제는 그 과정에서 자원이 고갈되고, 수많은 종류의 오염 물질이 지구를 오염시키고 있다는 것입니다. 여기에 신자유주의가 만들어낸 세계화가 그 속도를 더욱 부채질하고 있고요. 갈수록 국가 간의 장벽은 낮아지고 있고, 기업이 만든 상품이 바다 건너 지구를 한 바퀴 돌 때마다 지구는 한 걸음 더 벼랑 끝으로 내몰리고 있는 실정이랍니다.

지구가 죽어가고 있다는 증거들

2013년 세계 인구는 72억에 육박하고 있습니다. 2008년 미국 인구 조사국의 통계에 따르면 초당 4.3명이 태어나고, 1.8명이 사망한다고 하는데요, 이는 매일 21만 명씩 늘어나는 셈이지요. 그렇게 1년이 되면 8천만 명이 늘어나는데, 이는 독일만큼의 거대 인구가 하나 더 생겨나는 것을 의미합니다. 한편 UN이 제시한 지구에 가장 적절한 인구는 10억이라고 하는데요, 이는 이미 19세기 초에 넘어서 버렸답니다. 인구가 늘어나는 만큼 자원도 더 많이 고갈되고 있으며, 공해도 더 많아질 것은 불 보듯 뻔한 것이지요. 지구의 최대 수용량이라던 100억 명이 된다면, 정말 지구상에 아무것도 남아 있지 않을지도 모릅니다.

인구는 이렇게 오늘날 자원 고갈과 환경오염의 주범 중 하나로 지적되곤 합니다. 하지만 그것을 단순한 인구 수의 증가 문제로 받아들이기에는 곤란한 점이 있답니다. 왜냐하면 대부분의 인구 증가는 가난한 나라에 집중되어 있고, 반면 자원 고갈의 주범들은 선진국에 몰려 있기 때문이지요. 통계로 봐도 높은 출산율은 보통 경제성장과 함께 한풀 꺾이는데요, 경제성장이 저조한 나라에서는 꾸준히 증가하기만 한답니다. 그 결과 가난한 나라는 인구가 더욱 늘어나고, 1인당 소득은 더욱 감소해 빈곤은 악순환으로 이어지게 됩니다. 빈곤한 그들이 사용할 수 있는 자원이나 상품은 그렇게 많지 않기 때문입니다.

반면 선진국은 인구 감소로 곤란을 겪고 있습니다. 그럼에도 그들은 더 많은 소득으로 더 많은 소비를 하고 있지요. 통계만 보아도 전체 국가 가운데 6분의 1에 해당하는 부유국이 세계 절반의 자원을 소비하고 있습니다. 미국인 한 사람이 사하라 남부 아프리카 주민 30명보다 더 많은 전기를 소비하고, 미국인 하루 에너지 소비량이 인도인 16명의 하루 에너지 소비량과 똑같다고 하니까요. 이렇게 본다면 인구 증가 자체가 지구를 위태롭게 하는 원인이라고 보기가 애매할 것 같습니다. 오히려 자원의 고갈과 상품을 만들면서 배출하는 수많은 오염 물질들은 인구가 감소하고 있는 부유한 나라들의 책임이니까요.

그렇다면 진짜 지구를 위태롭게 하는 직접적인 원인들은 무엇일까요? 아마도 그것은 인간이 경제개발과 풍요를 추구한답시고 저질러놓은 환경에 대한 만행에서 찾아야 할 것 같습니다. 그리고 그 만행의 결과는 우리 주변에 너무나도 많이 존재하고 있답니다.

우리는 이미 오래전부터 그 만행이 불러온 재난을 경험했습니다. 1952년 12월, 영국에서 발생한 런던 스모그 사건이 그것이지요. 이 스모그 사건은 당시 주요 연료로 사용했던 석탄이 연소하면서 배출한 아황산가스 때문에 생긴 것인데요, 이 스모그로 인해 하루아침에 4천 명의 시민이 죽기도 했답니다. 이후 스모그는 3개월 동안 1만 2천 명의 목숨을 더 앗아갔지요.

오늘날 지구가 병에 걸렸다는 대표적인 증상이 지구온난화입니다. 이는 석탄, 석유와 같은 화석연료를 태울 때 생기는 이산화탄소가 주범이지요. 이 이산화탄소가 지구로 들어온 태양열이 지구 밖으로 방출되는 것을 막기 때문에 생기는 현상입니다. 보통 '온실효과'라고 불리는 이 현상은 기온을 상승시키는데요, 기온이 상승하면서 지구의 얼음을 녹게 한다는 것도 문제입니다. 실제로 1979년에 비해 2005년의 북극 빙하는 영국보다 더 큰 면적이 줄었다고 하고요, 심지어 극지방이 아닌 히말라야 산맥의 빙하도 계속 녹아 호수가 생길 정도라고 합니다. 이 빙하가 녹은 물은 바다로 흘러 해수면을 상승시키는데요, 이미 북태평양의 일부 주민들은 해수면 상승으로 삶의 터전을 잃고 난민생활을 하고 있답니다.

빙하가 녹아 고통받는 북극곰 온난화로 고통받는 동물은 펭귄만이 아니다. 온난화로 빙하가 녹으면서 북극곰의 쉼터가 줄어들었고, 빙하 간 거리가 멀어져 헤엄을 치다가 익사하는 경우도 있다.

기온 상승의 여파는 최근 엘니뇨 현상이라는 또 다른 모습으로 나타나기도 합니다. 이는 남미의 페루 연안에서 적도에 이르는 태평양의 수온이 3~5년을 주기로 상승하면서, 세계 각지에 홍수·가뭄·폭설 등을 몰고 오는 기상이변 현상을 말하지요. 엘니뇨의 발생 원인은 아직 밝혀지지 않고 있으나 일단 발생하면 엄청난 기습 폭우나 태풍, 따뜻한 겨울 같은 이상기후를 몰고 옵니다. 최근 우리나라에 자주 발생하는 집중 폭우도 이 현상과 무관하지 않다고 합니다.

기온 상승과 기후 변화로 괴로움을 겪는 것은 인간만이 아닙니다. 일례로 남극에는 얼음 조류가 살면서 생태계에 식량을 공급하고 있는데요, 온난화로 인해 이들이 사라지면서 크릴의 수도 적어지고 그 여파로 남극의 펭귄들까지 굶어 죽어가고 있답니다.

프레온가스로 인한 오존층 파괴도 문제입니다. 오존층이 사라지면 식물성 플랑크톤 감소와 엽록소 파괴로 인해 해양 미생물이 사라지고, 이로 인해 먹이사슬 전체가 위태로워질 수 있기 때문입니다. 또한 사람들이 자외선에 직접 노출되어 건강을 해칠 수도 있지요.

수질오염도 빼놓을 수 없는 문제입니다. 수질오염의 주 원인은 공장 폐수와 축산 폐수인데요, 이 폐수에는 다양한 중금속과 농약 등이 들어 있답니다. 또 사막화도 문제입니다. 사막화는 가뭄이나 건조화 현상과 같은 자연적 요인 위에 관개농업, 산림 벌채, 환경오염 등과 같은 인위적 요인이 복합적으로 작용하면서, 토지가 사막과 같은 환경으로 변하는 현상이지요. 특히 인간의 무리한 개발로 숲이 사라져서 더욱 빠른 속도로 사막화가 진행되고 있다고 합니다. 매년 봄, 우리나라를 괴롭히는 중국의 황사도 이 사막화의 결과랍니다. 또한 러시아의 체르노빌이나 2011년 3월, 일본의 후쿠시마에서 발생한 원전사고처럼, 그 오염의 수위가 회복하기 어려운 사건들도 인간의 생태환경을 벼랑으로 몰아가는 주범이랍니다.

'공유지의 비극'을 피할 수 있을까?

지구 곳곳에서 일어나는 사건들을 보면, 정말로 위태롭기 짝이 없습니다. 그런데도 우리는 왜 이토록 강 건너 불구경하듯이 환경문제를 등한시하고 있는 것일까요? 이에 대해 '공유지의 비극'이라는 비유가

있습니다.

　모두에게 개방되어 있는 한 목초지가 있다고 합시다. 즉 공유지이지
요. 소 치는 사람들은 자신의 이익을 최대한으로 내기 위해 저마다 가
능한 한 많은 소를 키우려고 합니다. 그러다 보면 사람들은 저마다 한
마리를 더 키우고, 또 한 마리를 더 키우고, 끊임없이 소를 늘려나갑니
다. 그것은 개인으로 보았을 때는 분명 이익의 증대입니다. 하지만 마
침내 그들의 욕심으로 인해 풀이 하나도 없는 황폐한 방목지만 남게
되지요. 결국 그 소들은 굶어 죽거나 잡아먹을 수밖에 없게 됩니다. 이
렇게 개인주의적 사리사욕이 결국 공동체 전체를 파국으로 몰고 간다
는 것이 공유지의 비극입니다.

레이첼 카슨 『침묵의 봄』을 내놓아 환경의 역사를 바꾼 레이첼 카슨은 『TIME』지가 선정한 20세기 중요한 100인 중 한 명이다. 해양생물학자이지만 작가가 꿈이었던 그녀는 환경 파괴의 결말을 다음과 같이 아주 생생히 표현하기도 했다. '돌아오는 새들로 봄을 맞는 지역이 점점 줄어들고 있다. 한때 새들의 지저귐으로 요란했던 이른 아침도 이상할 정도로 고요하기만 하다.'

지구 자체는 하나의 공유지입니다. 그것도 단지 우리만의 공유지가 아니라 후손의 후손들까지 물려주어야 할 공유지이지요. 아니 인간을 뛰어넘어 모든 생명체의 공유지라고 할 수 있답니다. 하지만 지구가 바로 공유지이기 때문에, 개인이나 기업, 심지어 국가들까지도 자신의 이익만을 얻어가려고 혈안이 되어 있을 뿐, 그 목초지가 어떻게 될지 염려도 돌보려고도 하지 않는 것이지요. 더 불행한 것은 오염을 일으키는 장본인인 대기업이나 선진국들은 엄청난 이익과 풍요를 만끽하고 있는데, 정작 오염이나 공해의 직접적인 원인과는 거리가 먼 빈곤한 나라 사람들이 그 피해와 고통을 다 받고 있다는 사실입니다. 투발루 같은 작은 섬이 물에 잠기고, 아프리카의 땅이 말라서 쫙쫙 갈라지고 있는 것처럼 말이지요.

그나마 다행인 것은 어디에나 어느 시대에나 차가운 눈으로 그리고 뜨거운 가슴으로 현실을 직시하는 사람들이 있다는 사실이지요. 그 대표적인 사람으로 레이첼 카슨Rachel Carson을 들 수 있습니다. 그녀는 1962년 『침묵의 봄Silent Spring』이라는 책을 통해 살충제가 생태계 파괴의 주범이라고 지적하고 있습니다. 여기서 침묵의 봄이란 살충제와 살균제 농약 등의 남용으로 생태계가 파괴되고, 더 이상 새가 지저귀지 않는 봄을 말하지요. 이 책은 당시 많은 반향을 일으키며 사람들로 하여

금 환경문제에 귀 기울이게 했답니다.

경제학자 및 기업인들이 모인 로마클럽도 사람들의 관심을 불러일으켰습니다. 그들은 경제성장이 환경오염, 자원 고갈 등에 미치는 영향을 분석하고, 이를 「성장의 한계 The Limits To Growth」라는 보고서에 담았습니다. 이 보고서에는 유한한 환경에서 계속 인구 증가 · 공업화 · 환경오염 · 식량 감소 · 자원 고갈이 일어난다면 100년 안에 성장이 한계에 도달할 수밖에 없다고 보고하고 있습니다. 특히 지구의 위기를 다음과 같이 수련에 비유해 큰 울림을 주었답니다.

'연못에 수련水蓮이 자라고 있다. 수련이 하루에 갑절로 늘어나는데, 29일째 되는 날이면 연못의 반이 수련으로 덮인다. 아직 반이나 남았다고? 연못이 완전히 수련에게 덮이는 날은 바로 다음 날이다.'

이후 환경에 대한 관심이 더욱 커져갔으며, 많은 환경단체와 환경정당이 만들어졌습니다. 각 국가들도 환경부를 신설하기 시작했으며, 마침내 환경문제가 국가들 간의 국제 협약의 대상으로 떠올랐지요. 그 대표적 협약이 교토의정서 Kyoto Protocol 인데요, 1997년 일본 교토에서 결의되고, 2005년 2월에 공식 발효되었답니다. 이 협약에는 선진국마다 얼마만큼의 온실가스를 감축해야 하는지가 제시되어 있으며, 이 선진국들이 배출 가능한 온실가스 할당량도 제한해놓았답니다. 선진국이야말로 세계 온실가스의 80퍼센트를 배출하고 있기 때문이지요.

세계의 주요 분쟁 지역

세계 곳곳은 여전히 분쟁으로 가득합니다. 지금 이 시간에도 전쟁과 테러, 침묵 속의 반목 등으로 치열하게 대립하고 있으며, 그 모든 것을 한 번에 파악하기가 힘들 만큼 산적해 있다고 할 수 있지요. 여기서는 중동 지역 등 종교적 분쟁이 두드러진 곳을 중심으로 분쟁 지역을 정리해보겠습니다.

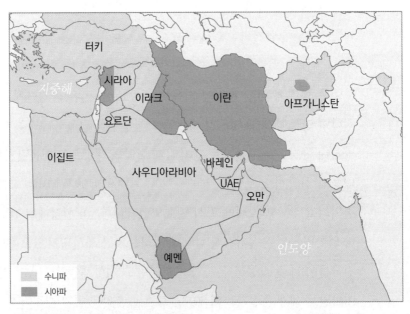

- 이라크·시리아 : 정부는 시아파, 반군은 수니파
- 예멘 : 정부는 수니파, 반군은 시아파
- 아프가니스탄 : 수니파 다수, 하자라 족 등 소수민족은 시아파

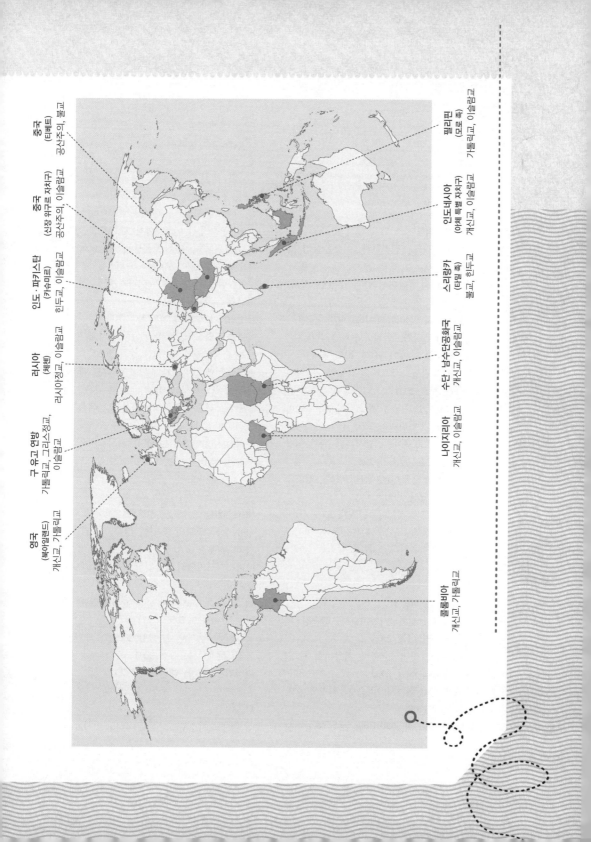

중국
(티베트)
공산주의, 불교

중국
(신장 위구르 자치구)
공산주의, 이슬람교

인도·파키스탄
(카슈미르)
힌두교, 이슬람교

러시아
(체첸)
러시아정교, 이슬람교

구 유고 연방
가톨릭교, 그리스정교,
이슬람교

영국
(북아일랜드)
개신교, 가톨릭교

필리핀
(모로 족)
가톨릭교, 이슬람교

인도네시아
(아체 특별 자치구)
개신교, 이슬람교

스리랑카
(타밀 족)
불교, 힌두교

수단·남수단공화국
개신교, 이슬람교

나이지리아
개신교, 이슬람교

콜롬비아
개신교, 가톨릭교

참고 문헌

제1장 심리학

H.H. Kendler, 『심리학사』, 이승복 옮김, 학문사, 1996

현성용 외, 『현대심리학 입문』, 학지사, 2010

윤가현 외, 『심리학의 이해』, 학지사, 2012

사에키 유타카, 『인지과학 혁명』, 김남주·김경화 옮김, 에이콘출판, 2010

수전 그린필드, 『브레인 스토리』, 정병선 옮김, 지호, 2004

지그문트 프로이트, 『히스테리 연구』, 김미리혜 옮김, 열린책들, 2004

지그문트 프로이트, 『정신분석 입문』, 이명성 옮김, 홍신문화사, 1987

지그문트 프로이트, 『꿈의 해석』, 김기태 옮김, 선영사, 1990

이부영, 『분석심리학』, 일조각, 2003

빅터 프랭클, 『죽음의 수용소에서』, 이시형 옮김, 청아출판사, 2005

제2장 서양 미술사

E. H. 곰브리치, 『서양미술사』, 백승길·이종숭 옮김, 예경, 2003

캐롤 스트릭랜드, 『클릭, 서양미술사』, 김호경 옮김, 예경, 2000

H.W. 잰슨 외, 『서양미술사』, 최기득 옮김, 미진사, 2008

질 플라지 외, 『이미지로 보는 서양미술사』, 이봉순 옮김, 마로니에북스, 2007

키릴 알드레드, 『이집트 문명과 예술』, 신복순 옮김, 대원사, 1996

구어슈쉬앤, 『그림을 보는 52가지 방법』, 김현정 옮김, 예경, 2006

유경희, 『아트 살롱』, 아트북스, 2012

아르놀트 하우저, 『문학과 예술의 사회사 1, 2』, 백낙청 옮김, 창작과비평사, 2000

헨드릭 윌렘 반 룬, 『세계 예술의 역사』, 곽복록 옮김, 문화문고, 2004

진중권, 『진중권의 서양미술사 고전예술 편』, 휴머니스트, 2008

홍태희, 『3일만에 읽는 서양미술사』, 서울문화사, 2006

제3장 동양사

싱유, 『중국신화의 즐거움』, 정수국 옮김, 차이나하우스, 2011

사마천, 『사기열전 상』, 김원중 옮김, 을유문화사, 2002.

헤로도토스, 『페르시아 전쟁사』, 강은영 옮김, 시그마북스, 2008

유흥태, 『이란의 역사』, 살림, 2008

윤진, 『헬레니즘』, 살림, 2003

김정위, 『중동사』, 대한교과서, 2005

존 드레인, 『성경의 탄생』, 서희연 옮김, 옥당, 2011

장 피에르 이즈부츠, 『성서 그리고 역사』,

이상원 옮김, 황소자리, 2010

정규영, 『나일강의 선물 이집트』, 여름언
덕, 2003

박영목, 『과학이 말해주는 신화의 진실』,
북스힐, 2012

김산해, 『최초의 신화 길가메쉬 서사시』,
휴머니스트, 2005

타임라이프 편집부, 『초창기 문명의 서사
시』, 김석희 옮김, 이레, 2008

안나 반잔, 『페르시아』, 송대범 옮김, 생각
의나무, 2008

유흥태, 『고대 페르시아의 역사』, 살림,
2008

진원숙, 『이슬람의 탄생』, 살림, 2008

허승일 외, 『인물로 보는 서양고대사』, 길,
2006

무타구치 요시로, 『중동의 역사』, 박시진
옮김, 삼양미디어, 2010

피에르 베즈바크, 『세계경제사』, 박상은 옮
김, 현실문화연구, 2012

오인석, 『세계 현대사』, 서울대학교출판문
화원, 2014

패트리샤 버클리 에브리, 『사진과 그림으
로 보는 케임브리지 중국사』, 이동진 외 옮
김, 시공사, 2010

우경윤, 『청소년을 위한 세계사 동양편』,
두리미디어, 2004

제4장 동양과 한국의 철학

이야기연구회, 『청소년을 위한 이야기 세
계신화』, 민중출판사, 2006

박영목, 『과학이 말해주는 신화의 진실』,
북스힐, 2012

신동흔, 『살아있는 한국 신화』, 한겨레출
판, 2014

장현근, 『중국사상의 뿌리』, 살림, 2004

순자, 『순자』, 김학주 옮김, 을유문화사,
2001

순자, 『순자』, 장현근 옮김, 책세상, 2002

왕필, 『노자 도덕경과 왕필의 주』, 김학목
옮김, 홍익출판사, 2012

노자, 『도덕경』, 오강남 풀이, 현암사, 1995

장자, 『장자』, 오강남 풀이, 현암사, 1999

장자, 『장자』, 김학주 옮김, 연암서가, 2010

권오영, 『조선 성리학의 의미와 양상』, 일
지사, 2011

공자, 『논어』, 김형찬 옮김, 홍익출판사,
2005

맹자, 『맹자』, 박경환 옮김, 홍익출판사,
2005

주희 엮음, 『대학·중용』, 김미영 옮김, 홍
익출판사, 2005

태공망 외, 『육도·삼략』, 유동환 옮김, 홍
익출판사, 2005

손무, 『손자병법』, 유동환 옮김, 홍익출판
사, 2005

임승국 주해, 『한단고기』, 정신세계사,
1992

김백현, 『중국철학사상사』, 차이나하우스,
2006

임선영, 『청소년을 위한 동양철학사』, 두리
미디어, 2009

부남철, 『조선시대 7인의 정치사상』, 사계
절, 1996

제5장 현대 철학과 과학

배리 가우어, 『과학의 방법』, 박영태 옮김,
이학사, 2013

존 로제, 『과학 철학의 역사』, 정병훈 외 옮
김, 동연, 1998

존 L. 캐스티, 『현대과학의 6가지 쟁점』, 김희봉 외 옮김, 지식의풍경, 2005

박민아, 『뉴턴 & 데카르트』, 김영사, 2006

리처드 커니, 『현대유럽철학의 흐름』, 임헌규 외 옮김, 한울, 2011

서용순, 『청소년을 위한 서양철학사』, 두리미디어, 2007

박이문, 『현상학과 분석철학』, 지와사랑, 2007

콜린 A. 로넌, 『세계과학문명사 1, 2』, 김동광 외 옮김, 한길사, 1997

곽영직, 『과학기술의 역사』, 북스힐, 2009

김영식 외, 『과학사신론』, 다산출판사, 2007

오진곤, 『과학사 총설』, 전파과학사, 1996

홍영석, 『과학의 역사』, 교우사, 2002

배리 가우어, 『과학의 방법』, 박영태 옮김, 이학사, 2013

일본 뉴턴프레스, 『상대성이론』, 뉴턴코리아, 2009

일본 뉴턴프레스, 『양자론』, 뉴턴코리아, 2010

배리 파커, 『상대적으로 쉬운 상대성이론』, 이충환 옮김, 양문, 2002

곽영직, 『양자 역학의 세계』, 동녘, 2008

토머스 S. 쿤, 『과학혁명의 구조』, 김명자 옮김, 까치, 2007

공하린, 『3일만에 읽는 과학사』, 서울문화사, 2006

이종필, 『물리학 클래식』, 사이언스북스, 2012

장대익, 『쿤 & 포퍼』, 김영사, 2008

이현경, 『아인슈타인 & 보어』, 김영사, 2006

권택영, 『포스트모더니즘이란 무엇인가』, 민음사, 1990

김욱동, 『포스트모더니즘의 이해』, 문학과지성사, 2001

존 헨리, 『서양과학사상사』, 노태복 옮김, 책과함께, 2013

아시다 이기라, 『구조주의와 포스트구조주의』, 이정우 옮김, 새길, 1995

제6장 세계화와 그 이슈

정경영 외, 『글로벌 이슈와 한국의 전략』, 밀레, 2009

프랑수아 제레, 『세계 분쟁 지도』, 전혜영 옮김, 현실문화연구, 2012

마이클 T. 스나르 외, 『글로벌 이슈』, 김계동 외 옮김, 명인문화사, 2006

김용호, 『세계화시대 국제관계』, 오름, 2010

옥한석 외, 『세계화 시대의 세계지리 읽기』, 한울아카데미, 2005

이정록 외, 『세계의 분쟁지역』, 푸른길, 2005

구동회 외, 『세계의 분쟁』, 푸른길, 2010

김태성 외, 『복지국가론』, 나남, 1995

가스통 V. 림링거, 『사회복지의 사상과 역사』, 한국사회복지학 연구회 옮김, 한울아카데미, 1996

박승희 외, 『스웨덴 사회복지의 실제』, 양서원, 2007

홍명진, 『쉬는 시간에 읽는 세계화』, 인물과사상사, 2010

앤서니 기든스, 『질주하는 세계』, 박찬욱 옮김, 생각의나무, 2000

피에르 베즈바크, 『세계경제사』, 박상은 옮김, 현실문화연구, 2012